C·H·Beck
PAPERBACK

Die Deutschen und der Nationalsozialismus
Herausgegeben von Norbert Frei

Sybille Steinbacher
«Dass ihr mich gefunden habt»
Hitlers Weg an die Macht

Dietmar Süß
«Ein Volk, ein Reich, ein Führer»
Die deutsche Gesellschaft im Dritten Reich

Markus Roth
«Ihr wißt, wollt es aber nicht wissen»
Verfolgung, Terror und Widerstand im Dritten Reich

Moritz Föllmer
«Ein Leben wie im Traum»
Kultur im Dritten Reich

Tim Schanetzky
«Kanonen statt Butter»
Wirtschaft und Konsum im Dritten Reich

Birthe Kundrus
«Dieser Krieg ist der große Rassenkrieg»
Krieg und Holocaust in Europa

Norbert Frei
«Niemand will Nazi gewesen sein»
Die Nachgeschichte des Dritten Reiches

Markus Roth

«Ihr wißt, wollt es aber nicht wissen»

Verfolgung, Terror und Widerstand im Dritten Reich

C.H.Beck

Mit 5 Abbildungen

Originalausgabe

Satz: Druckerei C.H.Beck, Nördlingen
Druck und Bindung: Pustet, Regensburg
Umschlagentwurf: Geviert, Grafik & Typografie
Umschlagabbildung: Berlin, November 1938, zerstörtes und geplündertes, jüdisches Geschäft in der Friedrichstraße © akg-images
ISBN 978 3 406 67517 1
Printed in Germany

www.beck.de

Inhalt

«Ihr wißt, wollt es aber nicht wissen»

November 1941. Seit einigen Monaten stehen deutsche Truppen tief in der Sowjetunion; Einsatzgruppen der SS und des Sicherheitsdienstes sowie Polizeibataillone haben in zahlreichen Massakern Hunderttausende sowjetische Juden – Männer, Frauen und Kinder – ermordet. Im Reich sitzen Zehntausende in den Konzentrationslagern ein; Millionen nach Deutschland verschleppter Zwangsarbeiter arbeiten in Betrieben und auf Bauernhöfen. Über 70 000 Behinderte aus den Heil- und Pflegeanstalten sind in Gaskammern mitten im Lande umgebracht worden, und seit einigen Tagen rollen die Deportationszüge mit deutschen Juden nach Polen.

Im kalifornischen Exil zeichnet zur gleichen Zeit Thomas Mann seine monatliche Ansprache auf, die der deutschsprachige Dienst der BBC senden wird und die Millionen im Deutschen Reich hören können. Thomas Mann wendet sich wieder einmal gegen den Krieg: Der «Sumpf von Blut und Verbrechen»[1] habe auf deutscher Seite schon viele sinnlose Opfer gefordert. Während an der Ostfront Ärzte und Medikamente fehlten, bringe man in deutschen Lazaretten und Krankenhäusern «die Schwerverwundeten zusammen mit Alten, Gebrechlichen, Geisteskranken zu Tode»[2]. Dann spricht er die Massenverbrechen im Osten an: «Das Unaussprechliche, das in Rußland, das mit den Polen und Juden geschehen ist und geschieht, wißt ihr, wollt es aber lieber nicht wissen aus berechtigtem Grauen vor dem ebenfalls unaussprechlichen, dem ins Riesenhafte heranwachsenden Haß, der eines Tages, wenn eure Volks- und Maschinenkraft erlahmt, über euren Köpfen zusammenschlagen muß.»[3] Die Rolle, die Thomas Mann den Deutschen bei den Verbrechen zuschreibt, ist die von Mitwissern, einer verführten und fehlgeleiteten Masse: «Sie, die euch zu all diesen Schandtaten verführt haben, sagen euch: Nun habt ihr sie begangen, nun seid ihr unauflöslich an uns gekettet, nun müßt ihr durchhalten bis aufs Letzte, sonst kommt die Hölle über euch. Die Hölle, Deutsche, kam über euch, als diese Führer über euch kamen.»[4]

Damit hatte Thomas Mann eine Frage angesprochen, die zentral ist für die Verbrechensgeschichte wie für das Verständnis der NS-Herrschaft insgesamt: die Frage nach dem Verhältnis von Volk und Führung und nach ihren jeweiligen Rollen in der Gewaltgeschichte von 1933 bis 1945. Diese Frage, jedoch mit anderen Antworten als denen Manns, steht auch im Mittelpunkt dieses Buches. Der Gegensatz zwischen einer geradezu teuflischen Führung auf der einen und einem verführten Volk auf der anderen Seite ist eine Zuspitzung, die ein Entlastungsbedürfnis der vielen bedient, indem es die Verantwortung (und die Schuld) an den Verbrechen an die wenigen an der Spitze delegiert. Diese Sicht lässt sich nach den Forschungen der letzten Jahrzehnte nicht mehr aufrechterhalten. Im Zentrum der Darstellung stehen daher die Dynamiken der Gewalt, die sich im und aus dem Beziehungsdreieck zwischen Verfolgern, Verfolgten und der breiten Masse der Bevölkerung entwickelten. Wie beeinflusste sich ihr Verhalten wechselseitig? Wie wirkten Zustimmung, Schweigen und offen geäußerte Ablehnung? Und schließlich die Frage, was Gewalt und Terror mit der Gesellschaft machten, inmitten deren und aus der heraus sie geschahen.

Die nationalsozialistische Verfolgungspolitik vollzog sich nicht im Verborgenen, sie war in weiten Teilen ein öffentliches, bisweilen gar ein mediales Ereignis. Die tausendfachen Verhaftungen politischer Gegner 1933 wurden häufig am helllichten Tage durchgeführt, die Presse und auch der Rundfunk berichteten; Nachbarn, Freunde und Verwandte erfuhren vieles aus direkter Nähe. Zwangssterilisationen wurden in einem normalen Gesetz beschlossen und öffentlich propagiert, Hunderttausenden Schülerinnen und Schülern brachten die Lehrer diese Rassenideologie bei, Zehntausende wurden durch die Heil- und Pflegeanstalten geführt. Razzien gegen Bettler, Obdachlose, Kriminelle oder Sinti und Roma führte die Polizei nicht im Geheimen durch, im Gegenteil – sie wurden von lautem Propagandagetöse begleitet, die Ergebnisse gefeiert, da man sich der Zustimmung der überwiegenden Mehrheit der Bevölkerung sicher wähnen konnte. Kaum anders erging es den Homosexuellen, die wohl fast alle als «widernatürlich» verachteten.

Auch die Verfolgung und Entrechtung der Juden vollzog sich Schritt für Schritt im öffentlichen Raum. Die einschlägigen Gesetze und Verordnungen wurden in den ersten Jahren in der Presse breit besprochen; in wechselnder Intensität prasselte antisemitische Propaganda auf die «Volksgenossen» ein, der kaum zu entgehen war. Die Zurückdrängung von jüdischen Rechtsanwälten und Ärzten, von Lehrern und Hochschullehrern betraf ein Vielfaches an Nichtjuden, die zuvor zu deren Klienten, Schülern oder Studenten gehört hatten. Hunderttausende nichtjüdische Kinder sahen ihre jüdischen Klassenkameraden aus den Schulen verschwinden.

Mit der «Reichskristallnacht» schließlich erreichte die Judenpolitik des Regimes im November 1938 einen neuen Höhepunkt offen zur Schau getragener Gewalt, dem sich niemand entziehen konnte; tagelang, mitunter noch Monate später, waren die Ereignisse Gesprächsthema im Deutschen Reich. Manches hatte sich in der Nacht abgespielt, die Zerstörungen aber waren am nächsten Tag vielerorts zu sehen.

Was dachten die Passanten auf dem Foto des Umschlagbildes? Hatte das, was sie sahen und hörten, Konsequenzen für ihr Handeln, für ihre Einstellung zum Regime? Auch die Deportationen waren keine Nacht-und-Nebel-Aktionen, sondern von langer Hand in vielen Behörden von etlichen Beteiligten vorbereitete, häufig von der örtlichen Bevölkerung begaffte Ereignisse. Daran, dass die so Weggeschafften nichts Gutes erwartete, konnten die wenigsten einen Zweifel haben, zumal bald schon durch die Soldaten der Wehrmacht, durch Polizisten und Besatzungsfunktionäre tausendfach Berichte über das mörderische Treiben «im Osten» in das Reich drangen. Die martialische Propaganda, die Nachrichten in den viel gehörten Auslandssendern und die mitunter unverblümten Äußerungen führender Nationalsozialisten bestärkten das ungute Gefühl, dass an den kaum fassbaren Gerüchten und Erzählungen etwas dran sein müsste, zumal die Erfahrungen der vorangegangenen Jahre lehrte, dass das Vorgehen gegen Juden stets radikaler wurde.

Kurzum: Von den Verfolgungen und den Verbrechen des Regimes nichts zu erfahren, war schlechterdings unmöglich. Mochten die Zeitgenossen der NS-Zeit dies auch jahrzehntelang nicht eingestehen: Heute kann die Frage nicht mehr lauten, ob die Deutschen «davon» etwas gewusst haben. Die Frage ist vielmehr: Wie verhielten sie sich dazu, und was machte das Wissen mit ihnen?

Freilich gab es auch Widerstand, gegen das NS-Regime im Ganzen wie auch gegen einzelne Verfolgungs- und Gewaltakte. Das waren nach der Etablierung der NS-Diktatur jedoch Einzelphänomene, die nicht darüber hinwegtäuschen dürfen, dass die Geschichte der nationalsozialistischen Herrschaft von der großen Masse der «Volksgenossen» nicht als Geschichte von Gewalt, Verfolgung und Unterdrückung, sondern als eine von außenpolitischen Erfolgen, sozialen Verheißungen und Errungenschaften sowie wiedererlangter nationaler Größe erfahren wurde. Unzufriedenheit mit einzelnen Erscheinungen oder Kritik an bestimmten Maßnahmen des Regimes wuchsen sich in den seltensten Fällen zu fundamentalem politischen Widerstand aus.

Dem stand auch die – durchaus kalkulierte – Präsenz der repressiven Akte im öffentlichen Raum entgegen, wenn auch die meisten «Volksgenossen» es nie direkt mit den Verfolgungsinstanzen zu tun bekamen. Der Widerstand gegen den Nationalsozialismus hat – freilich nicht ohne quälende Auseinandersetzungen – erst nach 1945 die große Bedeutung erlangt, die er, vor allem erfahrungsgeschichtlich betrachtet, vor 1945 nicht hatte und vielleicht auch nicht haben konnte.

Ich werde
mich nie mehr
bei der Polizei
beschweren

I.

«Warum macht man uns zu Parias?»

«Vor meinen Augen, begeifert und bespieen von hysterischen Bestien, treiben S. A.-Leute mit Peitschen am hellen Mittag einen Mann vor sich her. Er trägt weder Schuhe noch Strümpfe, keinen Rock, keine Hose, nur ein Hemd und zerrissene Unterbeinkleider», beschrieb der Nazi-Gegner Walter Gyssling in seinem Tagebuch die Szene, die sich am 10. März 1933 in München vor aller Augen abspielte und die ein Fotograf in zwei Aufnahmen festhielt.[1] Nur einen Tag nachdem die Nationalsozialisten auch in Bayern die Regierungsgewalt übernommen hatten, bot sich den Münchnern dieses Bild, das wenig später bereits um die Welt ging. Nord- und südamerikanische Zeitungen zeigten es, das im Pariser Exil von Willi Münzenberg in Auftrag gegebene und seit Juli 1933 massenhaft vertriebene «Braunbuch über Reichstagsbrand und Hitler-Terror» bildete es ab.

Diesem demütigenden Umzug durch die Münchener Innenstadt war am Tag zuvor ein antisemitischer Gewaltrausch vorangegangen. SA-Männer und andere demolierten die Schaufenster jüdischer Geschäfte oder beschmierten sie mit Parolen, zertrümmerten vielerorts ihre Einrichtungen, verprügelten die Ladeninhaber. Eines der Opfer war der jüdische Kaufhausbesitzer Uhlfelder. Für ihn wollte sich Michael Siegel, ein alteingesessener jüdischer Rechtsanwalt, auf dem Polizeipräsidium einsetzen. Dort allerdings hatte Heinrich Himmler als frisch installierter Polizeipräsident das Sagen. Statt dass Polizeibeamte seine Beschwerde aufnahmen und der Sache nachgingen, geriet Siegel in die Hände von SA-Männern, die nun auch in Bayern in den Rang von Hilfspolizisten aufgestiegen waren. Sie schlugen ihn blutig, zerschnitten seine Kleider und hängten ihm ein Schild um, mit dem sie ihn dann durch die Stadt führten.[2] «Der Jude soll froh sein, daß ich ihm nicht die Kehle durchgeschnitten habe», prahlte später einer der beteiligten SA-Männer.[3] An dem Fotografen hatte er sich nicht nur nicht gestört, sondern ihm befohlen, einen Abzug zu bringen.

Innerhalb weniger Wochen hatte sich Deutschland so grundlegend gewandelt, dass Recht und Ordnung, an deren Gültigkeit Michael Siegel im März 1933 noch fest glaubte, auf den Kopf gestellt waren. In den Rang von Hilfspolizisten erhobene Schlägertypen konnten nun vor aller Augen ungestraft ihre Brutalität zelebrieren – von vielen Passanten anscheinend nicht weiter beachtet, von manchen neugierig beäugt und verfolgt. Walter Gyssling beendete diesen Tag mit der traurigen Erkenntnis: «Ich weiss seit heute, was ein Pogrom ist.»[4]

Der Terror der ersten Wochen

«Die Zeichen stehen auf Sturm»[5], kommentierte die *Vossische Zeitung* bereits am Abend des 30. Januar 1933 die Einsetzung der Regierung Hitler. Doch was bedeutete dieser Regierungswechsel, der so umfassend gar nicht schien, blieben doch einige der alten Minister im Amt und war auch der neue Kanzler auf die Unterstützung Hindenburgs angewiesen? Was wollte, was konnte dieser «Führer» überhaupt? Der Hitler, der den einen nun als Verheißung erschien, der von den anderen verachtet oder nicht ernst genommen wurde, den manche fürchteten – und der vielen schlicht noch rätselhaft in seinen Absichten war.

Die *Jüdische Rundschau* machte sich am Tag darauf einerseits keine Illusionen, da «eine uns feindliche Macht die Regierungsgewalt in Deutschland übernommen» habe, beruhigte sich aber zugleich mit der Tatsache, dass «Deutschlands Stellung innerhalb der gesamten Kulturnationen abhängig von seinem Verhalten in der Judenfrage» sei, außenpolitische Gründe und Einflüsse also mäßigend wirken würden.[6] Der am nächsten Abend über Rundfunk von Hitler verlesene Aufruf der Regierung schien die Bestätigung zu liefern: Von Juden, von irgendwelchen antisemitischen Maßnahmen gar, war nicht die Rede. «Sollte», fragte sich der Schriftsteller Erich Ebermayer in Dresden, «der Kanzler Hitler anders denken, als es der Stimmenfänger Hitler tat?»[7] Willy Cohn in Breslau vermochte nichts Beruhigendes zu entdecken, fürchtete einen Bürgerkrieg und am Ende einen Sieg des Kommunismus. Doch wie auch immer die Entwicklung weitergehen sollte, er sah «trübe Zeiten, besonders für uns Juden» aufziehen und fühlte sich wie in einer Mausefalle gefangen.[8]

Manche politischen Auguren in Berlin hingegen wähnten Hitler in der Falle. Der ehemalige Finanzminister Hugo Simon, ein linker Sozialdemokrat, sah ihn «an Händen und Füssen gefesselt den gerissenen Intriganten Papen und Hugenberg ausgeliefert»[9]. Ihm bleibe nur ein schmählicher schneller Abgang oder aber das Einschwenken auf den Kurs der Deutschnationalen, was ihn unweigerlich vor seinen Anhängern desavouieren würde. Der tschechische Diplomat Camill Hoffmann schrieb angesichts der Kabinettszusammensetzung spöttisch in sein Tagebuch: «Kein Drittes Reich, kaum ein 2 ½.»[10]

Die Überzahl der Rechtskonservativen und die starke Stellung des Reichspräsidenten verleiteten viele politische Beobachter in den ersten Tagen der neuen Regierung zu solch einer Unterschätzung Hitlers. Überdies war die Annahme verbreitet, auch dieses Kabinett werde, wie so viele andere vor ihm, nur von kurzer

Dauer sein. Der junge Gerichtsreferendar Reimund Pretzel – er sollte später als Sebastian Haffner Bekanntheit erlangen – war sich mit seinem Vater am Abend des 30. Januar einig, dass die Regierung Hitler «zwar eine Chance hatte, eine ganze hübsche Menge Unheil auszurichten, aber kaum eine Chance, lange zu regieren»[11].

Für die Lehrerin Luise Solmitz in Hamburg hingegen war die Kabinettsliste Grund zu unbändiger Freude. «Und was für ein Kabinett», jubilierte sie in ihrem Tagebuch. «Wie wir es im Juli nicht zu erträumen wagten: Hitler, Hugenberg, Seldte, Papen!!!»[12] Auch Elisabeth Gebensleben, die Ehefrau des stellvertretenden Bürgermeisters von Braunschweig, wo die Nationalsozialisten schon länger an der Landesregierung beteiligt waren, überschlug sich in einem Brief an ihre in den Niederlanden lebende Tochter vor Begeisterung, sah aber auch Unheil kommen: Am 1. Februar geriet sie in einen Zug von Kommunisten, die gegen die neue Regierung demonstrierten. «Als ich diese großen Volksmassen verblendeter, haßerfüllter Menschen sah», schrieb sie ihrer Tochter, «kam blitzschnell ein banger Gedanke: Zu spät? Kam Hitler nun endlich ans Ruder, aber zu spät? Der Bolschewismus ist ja viel, viel weiter drin im Volke, als man ahnt [...]. Hitler allein hat wohl die Gefahr erkannt. Er wird den Bolschewismus bezwingen; wenn er es nicht kann, dann schafft es keiner.»[13]

Kommunisten und Sozialdemokraten mussten Schlimmstes von der neuen Regierung befürchten. Von Anfang an hatte sich die nationalsozialistische Propaganda vor allem gegen sie gerichtet, in den letzten Jahren der Republik war es überdies immer wieder zu brutalen Zusammenstößen mit zahlreichen Todesopfern gekommen. Nun hatten die Nationalsozialisten die Regierung inne und die Polizei auf ihrer Seite, was vor allem Kommunisten, aber auch zunehmend Sozialdemokraten zu spüren bekamen. In Braunschweig zum Beispiel wurde einen Tag vor Elisabeth Gebenslebens Erlebnis der kommunistische Landtagsabgeordnete Paul Gmeiner ohne Rechtsgrundlage verhaftet.

Diese reichte der nationalsozialistische Innenminister des Landes Braunschweig, Dietrich Klagges, am 3. Februar mit einer Notverordnung nach.

Auch andernorts erfuhren sozialdemokratische und kommunistische Politiker unmittelbar nach Regierungsantritt Hitlers schmerzhaft, wie sehr sich das Blatt jetzt gegen sie gewendet hatte und dass die Staatsmacht, die die Sozialdemokraten so viele Jahre während der Weimarer Republik mitgetragen hatten, sich nun gegen sie richtete. In Lübeck feierten die Nationalsozialisten ihre Regierungsübernahme am 31. Januar mit einem Fackelzug. Sozialdemokraten, die dagegen mit Rufen wie «Nieder» oder «Freiheit» anbrüllten, schlug die Polizei nieder, bis sich ihnen Julius Leber, der Lübecker SPD-Abgeordnete im Reichstag, entgegenstellte. Als Leber in der Nacht in Begleitung von zwei Reichsbannerleuten auf dem Heimweg war, fielen SA-Leute über sie her. Ein Begleiter Lebers verletzte einen SA-Mann in der Schlägerei tödlich mit einem Messer. Am Abend darauf wurde Leber wegen Beihilfe zum Totschlag verhaftet. Am nächsten Tag streikten in einigen Betrieben die Arbeiter, tags darauf kam es zu einem einstündigen Generalstreik. Offenen Widerstand oder Protestaktionen wie diese waren jedoch selten.

Dass die Nationalsozialisten nun vor allem gegen Kommunisten, Sozialdemokraten und andere sozialistische Parteien und Organisationen vorgehen wollten, ging bereits aus dem Regierungsaufruf hervor: «Soll aber Deutschland diesen politischen und wirtschaftlichen Wiederaufstieg erleben und seine Verpflichtungen den anderen Nationen gegenüber gewissenhaft erfüllen», verkündete Hitler, «dann setzt dies eine entscheidende Tat voraus: *die Ueberwindung der kommunistischen Zersetzung Deutschlands.*»[14] Was unter «Überwindung» zu verstehen war, sollte ein ungezügelter Terror in den nächsten Wochen in aller Deutlichkeit zeigen.

Die Lage aber blieb unübersichtlich. Zum einen entfachten SA-Führer und andere Nationalsozialisten vielerorts eine Terrorwelle: Sie sprengten Veranstaltungen der Opposition, wenn diese nicht kurzerhand verboten wurden, überfielen Kommunisten und Sozialdemokraten, verprügelten, entführten und misshandelten sie. Die Zeitungen waren voll von Berichten über gewaltsame Zusammenstöße zwischen Nationalsozialisten und Kommunisten. Zugleich gab es mäßigende Töne «von oben», etwa in einem Aufruf Hitlers an seine Parteigenossen, der zu «Ruhe und Disziplin» mahnte und sie auf eine kommende Stunde der Abrechnung vertröstete: «Die Stunde der Niederbrechung dieses Terrors kommt.»[15] Doch für viele Nationalsozialisten war der Moment der Rache bereits da. Daher mussten solche Mahnungen auf Betroffene und kritische Zeitgenossen als bloße Lippenbekenntnisse wirken, mehr mit Blick auf die Koalitionspartner, den Reichspräsidenten und das Ausland gesprochen, als ernsthaft an die eigenen Anhänger gerichtet. Dennoch verursachte diese Gemengelage, dass Hitler in den Augen vieler als Ordnungsfaktor gesehen wurde, als der Mann, der allein der bürgerkriegsähnlichen Zustände und der weithin als größte Gefahr wahrgenommenen Kommunisten Herr werden konnte. Der stetige Zulauf zu den Kommunisten seit der Weltwirtschaftskrise wirkte zusammen mit der Gewalt auf der Straße, die viele der Linken zuschrieben, vor allem auf Bürgerliche äußerst bedrohlich.

Während seine Anhänger ihn feierten, waren diejenigen, die die Nationalsozialisten am meisten zu fürchten hatten – Juden, Kommunisten, Sozialdemokraten, Pazifisten, linke Intellektuelle und andere –, sehr verunsichert. Wie war die Situation einzuschätzen? Was bedeutete dies für sie selbst? Wie sollte man reagieren? Wer bereits im Ausland war, schien die Lage am klarsten und damit pessimistischsten zu sehen. Klaus Mann machte bereits Mitte Februar eine «kaum verhüllte Diktatur»[16] aus, ungefähr zur gleichen Zeit ließ Joseph Roth in einem Brief an Stefan Zweig keinen Zweifel daran, «daß wir großen Katastrophen zutreiben». «Es ist gelungen», schrieb Roth nachdrücklich an den

Freund und Förderer, «die Barbarei regieren zu lassen. Machen Sie sich keine Illusionen. Die Hölle regiert.»[17]

Kurt Tucholsky, der bereits länger im Ausland lebte und sich resigniert zurückgezogen hatte, unterschätzte zwar den Terror, den er als eine vorübergehende Erscheinung ansah, nicht aber die Herrschaft Hitlers. Nach der blutigen Unterdrückung der Kommunisten, setzte er hellsichtig seinem Freund Walter Hasenclever in einem Brief auseinander, herrsche Totenstille. «Dann», so Tucholsky weiter, «setzt etwas viel, viel Schlimmeres ein: nach dem Spiel ‹Das dürfen die Leute ja gar nicht!› kommt das Spiel: ‹Ich weiß gar nicht, was Sie wollen – so schlimm ist es nun auch wieder nicht!›»[18] Vor allem beobachtete er bereits nach wenigen Wochen eine Verschiebung der Maßstäbe, denn alle erkannten die von Hitler und den Nationalsozialisten gesetzten Kategorien an, stritten um das Für und Wider einzelner Konsequenzen daraus, statt sie grundsätzlich in Frage zu stellen.

In Deutschland schwirrten in linksintellektuellen und oppositionellen Kreisen die Gerüchte; unablässig diskutierten sie die Entwicklung. Die an einem Tag geäußerte Meinung war oft schon am Tag darauf, bisweilen nur Stunden später, durch neue Tatsachen widerlegt und so schwankte auch die Gefahreneinschätzung erheblich. Doch im Laufe des Februar kristallisierte sich zusehends heraus, dass die Sicherheit vieler gefährdet und der bisherige Terror nur ein Vorspiel gewesen war. Harry Graf Kessler sah durch laufend neue Verordnungen der Regierung Hitler, etwa zur Einschränkung der Versammlungs- und Pressefreiheit, die Legalität immer stärker schwinden. Noch am 6. Februar aber hielt er, wie viele andere auch, daran fest, in Hitler eine letztlich von Papen gesteuerte Marionette zu sehen. Eineinhalb Wochen später hatte sich die Situation fundamental geändert. Hermann Göring befahl in seiner Funktion als kommissarischer preußischer Innenminister der Polizei, nun mit schärfsten Mitteln gegen Kommunisten und «staatsfeindliche Organisationen» vorzugehen. «Wir alle, die wir nicht auf dem sogenannten ‹nationalen›

Boden stehen, d.h. nicht Nazis sind», folgerte Kessler am 17. Februar, «sind von jetzt an vogelfrei.»[19]

Am 19. Februar kamen viele von jenen «Vogelfreien» in Berlin bei einer großen Abendgesellschaft mit Musik im Hause des ehemaligen Chefredakteurs der *Vossischen Zeitung*, Georg Bernhard, zusammen; auch zahlreiche Diplomaten gaben sich die Ehre. Das beherrschende Thema des Abends war das politische Tagesgeschehen, die «vordringende Macht der Nazis»[20]. Der Gastgeber wie auch der ehemalige SPD-Finanzminister Rudolf Hilferding befürchteten, dass die SA am Abend der Reichstagswahl ein Blutbad anrichten werde. Heinrich Mann, der just an diesem Tag den Vorsitz der preußischen Akademie der Künste niederlegen musste, glaubte, Hitler werde nach wenigen Monaten abgewirtschaftet haben; der einstige Leiter der Polizeiabteilung und Staatssekretär im preußischen Innenministerium, Wilhelm Abegg, aber warnte Mann und Kessler eindringlich. Seinen Informationen nach stehe ein Blutbad rund um die Wahlen bevor, Listen, «nach denen systematisch gemordet werden solle»,[21] seien vorbereitet.

Drei Tage später konnte Abegg bei einem Frühstück mit Kessler mit genaueren Informationen aufwarten: Es sei ein fingiertes Attentat auf Hitler geplant, was der ehemalige Reichstagspräsident Paul Löbe, SPD, in den nächsten Tagen öffentlich machen wolle. Da in wenigen Wochen, spätestens im Sommer aber ohnehin Schluss mit Hitler sei, gehe es nur darum, «die nächsten Wochen zu überleben». Kessler müsse daher unbedingt vor den Wahlen ins Ausland gehen.[22] Gerüchte von einem inszenierten Attentat kursierten auch in kommunistischen Kreisen.

Es war dann kein Anschlag auf den Reichskanzler, sondern der Reichstagsbrand am 27. Februar, der den Vorwand zum Losschlagen lieferte. Inszeniert war dieser wahrscheinlich nicht von den Nationalsozialisten, obwohl er ihnen einfach zu gut ins Konzept zu passen schien. Gleichwohl wussten sie den Brand weidlich auszunutzen, um vor der eine Woche später stattfindenden

Reichstagswahl zum großen Schlag vor allem gegen die Kommunisten auszuholen.

«Es gibt jetzt kein Erbarmen», soll Hitler in der Nacht vor dem brennenden Reichstag gewütet haben, «wer sich uns in den Weg stellt, wird niedergemacht. Das deutsche Volk wird für Milde kein Verständnis haben.»[23] Wenige Stunden später unterzeichnete Reichspräsident Hindenburg die «Verordnung zum Schutz von Volk und Staat», die der «Abwehr kommunistischer staatsgefährdender Gewaltakte»[24] dienen und den nun folgenden Terror legalisieren sollte: Zentrale Grundrechte wie die Meinungs- und Versammlungsfreiheit oder das Briefgeheimnis wurden de facto außer Kraft gesetzt, Verhaftungen und Hausdurchsuchungen waren ungeachtet bislang geltender Gesetze möglich. Überdies wurde die Eingriffsmöglichkeit des Reichs in die Selbstständigkeit der Länder erheblich ausgeweitet. Die Todesstrafe erstreckte sich nun auch auf Delikte wie Hochverrat und Brandstiftung. Die Reichstagsbrandverordnung ging damit weit über die einschlägigen Gesetzgebungen der vergangenen Wochen hinaus und war neben dem wenig später verabschiedeten sogenannten Ermächtigungsgesetz die zentrale Grundlage für die weitere Etablierung der NS-Diktatur. Die Zerstörung des Parlaments symbolisierte wie kaum etwas anderes den Untergang der Demokratie in Deutschland. Dieser war noch nicht vollständig vollzogen und nahm damit auch nicht seinen Anfang, dennoch verstanden viele Zeitgenossen die mehr als nur symbolische Wirkung dieses Ereignisses sehr genau. Erich Ebermayer brachte dies auf den Punkt: «Jetzt erst, gestern abend hat die Revolution wahrhaft begonnen!»[25]

Der umfassende Terror gegen die Linke setzte noch in der Nacht vor Erlass der Verordnung ein. Die Polizei war auf einen solchen Schlag gut vorbereitet, verfügte sie doch schon seit Längerem über umfangreiche Namenslisten, die es nun abzuarbeiten galt. Sie verhaftete rund 4000 Kommunisten und andere, bis Mitte März waren gar etwa 10 000 Kommunisten in «Schutzhaft».

Obwohl die KPD schon vor dem 30. Januar mit Vorbereitungen für ein Fortbestehen in der Illegalität begonnen hatte und mit ihrer Auflösung rechnete, war sie doch Ende Februar weitgehend unvorbereitet, ihre Funktionäre waren dem systematischen Zugriff von Polizei, SA und SS überwiegend schutzlos ausgeliefert. Neben kommunistischen Abgeordneten und Funktionären traf es vor allem auch linke Journalisten und Intellektuelle, mit denen die Nationalsozialisten noch eine Rechnung offen hatten. In der Frühe des nächsten Morgens wurde zum Beispiel der Journalist Carl von Ossietzky verhaftet, ebenso der Schriftsteller und Anarchist Erich Mühsam, den die Nationalsozialisten seit seiner Beteiligung an der Münchner Räterepublik hassten. Andere entgingen der Festnahme, weil sie vorgewarnt waren und sich verborgen hielten oder weil sie gerade im Ausland weilten – so Ernst Toller oder Lion Feuchtwanger.

Nach dem Reichstagsbrand und den Wahlen vom 5. März, die der Koalition eine Mehrheit bescherten, wurde die Zurückhaltung, von der politische Gegner und auch Juden in vielen Orten bis dahin ohnehin nur wenig gemerkt hatten, vollends aufgegeben. Solange es nur gegen die Linke ging, konnte man auf einen breiten Konsens in der Gesellschaft bauen, weit in konservative und bürgerliche Schichten hinein. Andere politische Kräfte wie das Zentrum schonte man noch mit Rücksicht auf das sicherlich zu erwartende sehr viel lautere negative Echo im Ausland und weil man noch auf ihre Unterstützung bei der Verabschiedung des Ermächtigungsgesetzes angewiesen war.

Spätestens in den Wochen zwischen Reichstagsbrand und Ermächtigungsgesetz gingen vielen, die bis dahin geglaubt hatten, Hitler werde von Papen kontrolliert, die Augen auf: Die Nationalsozialisten hatten zwar nicht viele, aber dafür die Schlüsselministerien besetzt. Vor allem Hermann Göring wurde zur zentralen Figur der brutalen Machtdurchsetzung. Als Reichskommissar für das preußische Innenministerium hatte er vollen Zugriff auf die preußische Polizei, der er zudem am 22. Februar schon Zigtausende SA- und SS-Männer als Hilfspolizisten an die Seite gestellt hatte. Die Parteisoldaten konnten seitdem ihren Terror mit staatlicher Autorität ausüben. Die eigentliche Polizei hatte Göring einige Tage zuvor per Verordnung auf schärfstes Vorgehen gegen die Linke eingeschworen; vieler Personaländerungen bedurfte es nicht, um sie zu einem gefügigen Instrument im Kampf gegen die Arbeiterbewegung zu machen.

Bereits nach dem Preußenschlag im Juli 1932, der putschartigen Ausschaltung der SPD-geführten Koalition in Preußen durch die Regierung Papen, hatten viele republiktreue Männer ihre Posten räumen müssen. Es waren jetzt, im Frühjahr 1933, vor allem einige Personen in höheren Rängen, wie Polizeipräsidenten, die weichen mussten. Die große Masse der Polizisten versah ihren Dienst ganz im Sinne der neuen Machthaber, sie wussten sich einig in der Wahl des Gegners und bekamen nun Mittel an die Hand, die der Polizeiarbeit lästige Hindernisse aus dem Weg räumten. Göring als oberster Dienstherr betätigte sich dabei als Scharfmacher. Vorwürfen, er messe bei seinen polizeilichen Maßnahmen mit zweierlei Maß, entgegnete er am 3. März in einer Rede in Frankfurt am Main mit skrupelloser Offenheit: «Wir haben ja keinen bürgerlichen Staat mehr. Meine Maßnahmen werden nicht angekränkelt werden durch irgendwelche juristische Bedenken und durch irgendwelche Bürokratie. Ich habe keine Gerechtigkeit zu üben, sondern zu vernichten und auszurotten.»[26]

Dass dies nicht nur kraftmeiernde Sprüche eines geltungssüchtigen Ministers waren, konnten die Deutschen täglich auf den Straßen beobachten, wo es immer wieder Verhaftungen oder Durchsuchungen von Parteibüros zu sehen gab und durch die vielerorts Verhaftete mit demütigenden Schildern geführt wurden. Die Zeitungen meldeten, oft prominent auf der Titelseite, die Verhaftungen bekannter linker Politiker, die Absetzung von Bürgermeistern, Oberpräsidenten und anderen.[27]

Dem konnte sich kaum ein Deutscher entziehen. Die Wirkung jedoch war recht verschieden. Willy Cohn, als Sozialdemokrat und Jude besonders betroffen, kam sich vor wie in einem Krieg und beklagte, wegen der Zensur kein wirklich vollständiges Bild zu erhalten.[28] Elisabeth Gebensleben in Braunschweig hingegen echauffierte sich über vermeintliche Fehlinformationen im Ausland, die sie Sozialdemokraten und Kommunisten zuschrieb, während sie, der NS-Propaganda folgend, nur lobende Worte für die Vorgänge in Deutschland fand: «Die ‹Revolution von rechts› geht in großer Ordnung und strenger Disziplin vor sich im Gegensatz zu der ‹Revolution von links› im November 1918, die mir noch in grausiger Erinnerung ist.»[29] Kommunistenhass und Kommunistenfurcht waren weit verbreitet, so dass im Grundsatz viele Bürger mit der Regierung einig waren,[30] wenngleich manch einer die Methoden der Nationalsozialisten missbilligte.

Bis Mitte März waren bereits gut 10 000 Kommunisten in «Schutzhaft». Überdies befanden sich Tausende Sozialdemokraten, Pazifisten, Journalisten und andere Gegner des Nationalsozialismus in Haft. An der Abstimmung über das sogenannte Ermächtigungsgesetz konnten die kommunistischen Abgeordneten nicht mehr teilnehmen, da viele von ihnen verhaftet, manche untergetaucht oder geflohen waren. Auch bei den Sozialdemokraten hatten sich die Reihen schon gelichtet. Julius Leber zum Beispiel war am 22. März vor Betreten der Kroll-Oper in Berlin, wo der Reichstag nun zusammenkam, verhaftet worden.

Seit der Verabschiedung des «Gesetzes zur Behebung der Not von Volk und Reich», wie das Ermächtigungsgesetz eigentlich hieß, konnte die Regierung selbst verfassungsändernde Gesetze ohne Beteiligung des Parlaments beschließen. Auch wenn es noch kein Verbot der Nichtregierungsparteien gab, war Opposition, zumindest für Kommunisten und Sozialdemokraten, praktisch nur noch in der Illegalität möglich. Damit war ein wichtiger Meilenstein in der Errichtung der Diktatur erreicht – zur Begeisterung vieler und fast ohne Widerstand.

Viele Deutsche erkannten den tiefen Einschnitt dieser Phase; die Gegner registrierten es sicherlich sensibler, doch auch Anhänger des Nationalsozialismus und Indifferente erkannten hier eine Zäsur – mit dem Unterschied, dass sie diese feierten. «Die Ermächtigung erteilt, d.h. eigtl. die Diktatur», schreibt Luise Solmitz und kommentiert dies knapp: «Ein Glück.»[31] Der Schein der Legalität – immerhin hatte der Reichspräsident die Reichstagsbrandverordnung unterzeichnet und der Reichstag dem Ermächtigungsgesetz zugestimmt – und die Tatsache, dass bis dahin fast ausschließlich Kommunisten und einige andere Linke angegangen worden waren, erleichterten die Zustimmung ganz erheblich. Jetzt schien die kommunistische Gefahr gebannt und eine starke Regierung vorhanden, die sich der drängenden Probleme annehmen könne.

Doch längst nicht alle stimmten in die Begeisterung ein. Die Annahme des Ermächtigungsgesetzes deutete Erich Ebermayer in Dresden als «die Totenfeier für die Sozialdemokratie, das Begräbnis der Opposition»[32]. «Wir werden», prophezeite er, «in Zukunft nur noch Jasager haben. Alles andere ist stumm, niedergeknüppelt, erledigt.»[33] Nikolas Sieveking in Hamburg hatte keinen Zweifel, was das neue Gesetz bedeutete. «Damit ist die Diktatur in Deutschland zur Tatsache geworden.»[34] Der Mitarbeiter des Hamburgischen Welt-Wirtschafts-Archivs sah niemanden mehr, der noch erfolgreich Widerstand leisten könnte, und fragte sich: «So schwach, so erstaunlich schwach war das Fundament der Deutschen Republik?»[35] Auch Victor Klemperer wunderte sich schon früher über den fast widerstandslosen Untergang der Demokratie und war erschüttert.[36] Die Hoffnung Willy Cohns nach dem Reichstagsbrand, der verschärfte Terror gegen die Linke könne diese nun zusammenschweißen, erfüllte sich nicht.[37]

Der Hass der Nationalsozialisten galt Linken und Juden gleichermaßen: Der Terror in der Anfangszeit des NS-Regimes richtete sich vornehmlich gegen die politische Linke, deren Ausschaltung unter großer Zustimmung weiter Kreise vorrangiges Ziel war. Das Triumphgefühl der Nationalsozialisten entlud sich jedoch auch in Gewalt gegen Juden.

Nur wenige Tage nach dem Regierungswechsel, am 4. Februar, kam es zum Beispiel im hessischen Gersfeld zu Ausschreitungen gegen Juden. Der örtliche NS-Funktionär Heun hetzte eine Menge auf, sie solle die Juden aus ihren Häusern holen. Vorher waren bereits bei mehreren Familien die Fensterscheiben eingeworfen und ein jüdischer Kaufmann, der dies nicht widerspruchslos hinnahm, mit Messerstichen schwer verletzt worden. Nach Heuns Ansprache zog die Menge zum Haus des Kaufmanns Sally Bacharach. Drei Nationalsozialisten drangen ein, schlugen und traten ihn und verletzten ihn erheblich. Die jüdische *C. V.-Zeitung*, die darüber berichtete, unterschätzte offenkundig noch den blindwütigen Antisemitismus vieler Nationalsozialisten: «Der rohe Überfall ist um so unverständlicher, als Kaufmann Bach[a]rach niemals politisch hervorgetreten ist und sich persönlich wie geschäftlich allgemeiner Beliebtheit erfreut.»[38]

Besonders hart traf es in der Tat politisch aktive Juden, während die meisten anderen in der Regel zunächst unbehelligt blieben und den Regierungswechsel nicht direkt spürten. Sie konnten sich anfangs noch in Sicherheit wähnen. Auch sie unterlagen wie viele in Deutschland der Illusion, die Nationalsozialisten würden durch Hindenburg und die Konservativen kontrolliert und sie müssten in Regierungsverantwortung ihren Radikalismus der Vergangenheit abstreifen. Die zionistische *Jüdische Rundschau* sah Hitler in einer Zwickmühle zwischen den Erwartungen aus den eigenen Reihen und der im Interesse Deutschlands notwendigen Rücksichtnahme auf das Ausland.[39] Willy Cohn in Breslau befürchtete zwar einen Tag nach Hitlers Ernennung zum Reichskanzler, der «Boykott gegen alles Geistige und Jüdische» werde immer schlimmer werden. «Aber», so sprach er sich selbst zu, «es heißt eben: die Zähne zusammenbeißen und durch diese Dinge hindurchkommen.»[40] Diese an sich selbst gerichtete Mahnung, die er im Februar mehrfach niederschrieb, zeigt, dass er noch mit einer nur kurzen Regierungszeit der Nationalsozialisten rechnete.

Fast zur gleichen Zeit waren nach dem Bericht von Walter Tausk SA-Leute in Breslau unterwegs und erpressten Geld von wohlhabenderen jüdischen Kaufleuten. Allerdings konnte man auch hier annehmen, es handele sich nur um Übergriffe Einzelner, die eben im Siegestaumel vorkämen, und Recht und Ordnung hätten noch Geltung: Der Inhaber der Konditorei Seelig, von dessen Frau die SA-Männer 700 Reichsmark erpresst hatten, fuhr umgehend zur NSDAP-Zentrale, wo er den Raub meldete. Ein NS-Funktionär von dort begleitete ihn dann auf der Suche nach den Tätern, die sie schließlich fanden. Die SA-Männer gaben alles zu, Seelig bekam sein Geld zurück. Der NS-Funktionär gab ihm zum Abschied noch das Versprechen mit auf den Weg, auch die anderen Geschädigten bekämen ihr Geld zurück.[41]

Das jedoch wurde nicht eingehalten. Im März kulminierte schließlich der Radau-Antisemitismus in Breslau. Treibende Kraft war der SA-Führer Edmund Heines, der mit Mitte dreißig schon eine lange Gewaltkarriere im völkischen Milieu hinter sich hatte. Nach dem Ersten Weltkrieg war er in Freikorps aktiv und an Fememorden beteiligt gewesen und hatte sich 1922 der NSDAP angeschlossen. In der SA stieg er, unterbrochen von einem kurzzeitigen Ausschluss, stetig auf und gehörte zum engeren Kreis um Ernst Röhm. Heines war weithin bekannt und wegen seiner Brutalität gefürchtet. Unter seiner Regie gab es in Breslau Mitte März 1933 erste Boykottaktionen gegen jüdische Kaufhäuser und Geschäfte. SA-Männer hatten unter anderem das Kaufhaus Wertheim besetzt, wurden aber nach einigem Hin und Her von der Polizei abgedrängt. Die Warenhäuser schlossen schließlich «freiwillig» für eine gewisse Zeit.[42]

Fast in aller Munde war Breslau aber wegen des Sturms auf das Landgericht, den die SA am 11. März anzettelte. Die SA-Männer brüllten «Juden raus» und verjagten alle jüdischen Juristen, auch aus laufenden Verhandlungen; Einzelne schlugen sie blutig. Zunächst verließen sie nach Aufforderung durch die Polizei das Gericht, kehrten später aber wieder zurück und stellten Wachen auf, die in den nächsten Tagen Juden am Betreten des Gebäudes hinderten. Bis zum 15. März wurden alle Verfahren ausgesetzt; Justiz und Polizei ließen es geschehen, dass eine kleine Radautruppe ihre Arbeit lahmlegte. Max Moses Polke, ein jüdischer Anwalt in Breslau und SPD-Mitglied, berichtete, die Richter hätten sich «einwandfrei verhalten», bis sie dem Druck nachgeben mussten; manch andere hätten ihre Schadenfreude und einige Anwälte ihre Freude über die Ausschaltung der Konkurrenz kaum verbergen können.[43] Auch nach Wiederaufnahme der Arbeit wurde jüdischen Kollegen geraten, erst einmal fernzubleiben, da weiterhin SA-Trupps um das Gericht herumpatrouillierten.[44] «Also Mittelalter im 20. Jahrhundert», kommentierte Walter Tausk die Vorgänge.[45] Der Polizeipräsident, der die SA schon zu Beginn der Aktion gewarnt hatte, beklagte sich über Heines' Vorgehen; der jedoch berief sich auf Göring und sagte, «er müsse die nationale Welle vorwärts treiben»[46].

In Breslau gingen die Nationalsozialisten besonders entschlossen vor. Aber auch in anderen Orten wollten manche die «Welle vorwärts treiben». Es wurden Gerichte gestürmt und jüdische Juristen verjagt, es kam zu Boykottaktionen. Berlin erlebte unmittelbar nach der Reichstagswahl tagelang offene Gewalt gegen Juden, vor allem in Krawallen auf dem Kurfürstendamm. Ende März berichtete der *Manchester Guardian* von den pogromähnlichen Ereignissen des 9. März in Berlin: «Viele Juden wurden von den Braunhemden geschlagen, bis ihnen das Blut über Kopf und Gesicht strömte, Rücken und Schultern zerschlagen waren. Viele brachen ohnmächtig zusammen und wurden in den Strassen liegen gelassen, bis sie von Freunden oder Passanten aufgehoben und ins Krankenhaus gebracht wurden.»[47] Häufig, so der Korrespondent, plünderten die SA-Leute, von denen viele auch noch Hilfspolizisten waren, ihre Opfer aus. Ähnliches ereignete sich in Magdeburg, Worms und anderen Orten.

Derartige gewaltsame Aktionen riefen anfangs noch vielfach Unmut hervor, auch in der Masse der Anhänger und Bewunderer

Hitlers. Als Elisabeth Gebensleben in Braunschweig die Spuren des dort von Innenminister Klagges organisierten Boykotts sah, schien sie zunächst erschrocken; «es sieht wirklich grausig aus», schrieb sie ihrer Tochter, «all die riesengroßen Fensterscheiben bei Frank, Karstadt, Hamburger, vollständig kaputt».[48] Das alles aber ließ sich durchaus noch als Ausnahme, als Übergriff besonders radikaler Nationalsozialisten, als Werk Übereifriger deuten. Elisabeth Gebensleben räumte ein, dass der Nationalsozialismus auch Auswüchse habe, die Hitler aber auf das Schärfste bekämpfe, und verstieg sich zu einer Vermutung, die letztlich die Schuldigen wieder bei den Kommunisten fand: «Oft sind diese Übergriffe auf Provokateure zurückzuführen, die, wie feststeht, sich in die NSDAP eingeschlichen haben, um die nationale Bewegung in Mißkredit im In- und Ausland zu bringen. Der Schaufenstersturm wird von dummen Jüngern ausgeführt sein, Kommunisten und Mitläufern. Das ist die allgemeine Ansicht.»[49]

Manche, wie Willy Cohn, hofften geradezu darauf, dass es nur Auswüchse wären: «Hoffentlich wird Hitler nun mit den Illegalitäten fertig! Breslau ist darin die schlimmste Stadt. Aber es sieht doch so aus, als ob die Nazileitung das nicht will. Hoffen wir, daß sie sich durchsetzt. Nun sollen sie zeigen, was sie können.»[50]

Für eine solche Haltung hatten manche, die Deutschland bereits verlassen hatten, nur Unverständnis und Spott übrig. Die Schriftstellerin Thea Sternheim, die schon seit 1932 in Frankreich lebte, wunderte sich Mitte März über «die Vertrauensseligkeit des vom nationalen Mob so scharf aufs Korn genommenen deutschen Juden, der seine Hoffnung auf Recht und Gesittung nicht aufgibt».[51] Das Gegenteil sollte bald der Fall sein: Statt, wie von Willy Cohn erhofft, die Breslauer und andere Nationalsozialisten in ihre Schranken zu weisen, griff die NS-Führung diese Beispiele auf und übertrug sie auf das gesamte Reich.

«Dem Terror von oben kam der Terror von unten zur Hilfe»[52], fasste der geflohene Journalist Konrad Heiden wenige Monate später das Zusammenspiel von lokalen Initiativen Einzelner und den Maßnahmen «von oben» zusammen. Dieses Zusammenspiel, das half, Druck gegen die Bürokratie und Koalitionspartner aufzubauen und radikalere Schritte durchzusetzen, sollte das Modell für die nächsten Jahre werden.[53]

Die Systematisierung der Gewalt

Innerhalb weniger Wochen hatte das Land ein vollkommen neues Gesicht bekommen, hatte sich tatsächlich eine Revolution vollzogen. War am Anfang noch die Ungewissheit groß, wohin die Entwicklung führen werde, und hielt man die Regierung Hitler weithin für ein kurzlebiges Phänomen, ein neues Kabinett nach so vielen anderen, die man schon erlebt hatte, war nun vielen klar geworden, dass sie in einer Diktatur im Werden lebten. Thea Sternheim schrieb wie selbstverständlich Ende März von einem «neuen System».[54]

Die Gewalt der ersten Wochen rief ein geteiltes Echo hervor. Dabei lässt sich nicht immer klar trennen zwischen den Anhängern Hitlers, die sie begrüßten, und den politischen Gegnern und Verfolgten, die sie ablehnten. Die große Masse der NSDAP-Wähler frohlockte über die Ausschaltung der Kommunisten und der politischen Linken insgesamt. Bis weit in bürgerliche Kreise hinein überwog die Zustimmung. Auch in der Notwendigkeit, den vermeintlich viel zu großen Einfluss von Juden in manchen Bereichen einzudämmen, wussten sich weite Teile der Gesellschaft einig. Dass etwas unternommen werden müsste, konzedierten auch politische Gegner. Die Methoden aber, die offene Gewalt auf den Straßen, lehnten viele ab, während manche sie zumindest eine Zeit lang als vorübergehende Auswüchse einer Revolution hinzunehmen bereit waren.

Eine klare Unterscheidung einer Phase «wilden» Terrors bis zum Ermächtigungsgesetz und einer dann einsetzenden Phase der «geregelten», mit «legalen» Mitteln betriebenen Verfolgung lässt sich nicht treffen. Beide Elemente traten oft parallel auf, bedingten einander mitunter und verstärkten sich wechselseitig. Gleichwohl machten viele Zeitgenossen ab Ende März, Anfang April ein Abflauen der ungezügelten Gewalt zugunsten von Zuständen aus, die sie als «geordneter» wahrnahmen. Dass nun in ihren Augen das Klima von Gewalt und Rechtlosigkeit langsam überging in eine Verfolgung «auf dem Rechtswege», dürfte wesentlich zu einer höheren Akzeptanz dieser Maßnahmen beigetragen haben, auch und gerade bei denjenigen, die den Terror aus moralischen Erwägungen oder «Stilfragen» bislang abgelehnt hatten. Damit waren auch manche skeptischen Zeitgenossen nun auf der schiefen Ebene angelangt, auf der ihre Maßstäbe und die der Mehrheit der Gesellschaft immer mehr ins Rutschen kamen. Eine solche Entwicklung hatte Kurt Tucholsky bereits Anfang März erkannt, als er Walter Hasenclever – mehr im Blick auf die Exilanten – schrieb: «fast alle erkennen die von Adofn gesetzten Kategorien an und streiten sich nur um ihre Einordnung [...]. Viele sind nur gegen die Methoden Hitlers, nicht gegen den Kern seiner ‹Lehre›.»[55] Am Verfolgungsdruck für die politischen Gegner und für Juden änderte sich durch vermeintlich «gesetzlichere» Bahnen nichts, er nahm eher noch zu; für Juden begann sich dieser erst jetzt umfassend zu entfalten.

Im Boykott gegen jüdische Geschäfte und Arztpraxen am 1. April 1933 kam beides zusammen: Den Terror in den Wochen zuvor griff die Führung auf, in modifizierter Form und propagandistisch als Abwehr gegen «Gräuelhetze» verbrämt und reichsweit organisiert. Boykottaktionen gegen jüdische Geschäfte hatte es bereits während der Weimarer Republik gegeben. Im Laufe des März kam es dann zu mitunter gewaltsamen Boykotten, die örtliche Nationalsozialisten, vornehmlich SA-Männer, durchführten, etwa in Bochum, Dortmund und Oberhausen.[56] Solange sich die NS-Führung der Zustimmung zum Ermächtigungsgesetz nicht sicher sein konnte, bremste sie nach Kräften die Basis. Ende März entschloss sie sich dann, den aufgestauten Drang zu Aktionismus in einem reichsweiten Boykott sich entladen zu lassen. Propagandaminister Joseph Goebbels legte Hitler am 28. März einen Aufruf zur Genehmigung vor, und unter Leitung des fränkischen Gauleiters Julius Streicher wurde ein Boykottkomitee ins Leben gerufen.

Am 30. März veröffentlichte der *Völkische Beobachter* den Boykottaufruf an die Parteigenossen, der die propagandistische Begleitmusik, aber auch detaillierte Anleitungen zur Durchführung lieferte. Goebbels malte in grellen Farben das Bild einer vermeintlichen Gräuelpropaganda gegen Deutschland und spielte virtuos auf der Klaviatur der antisemitischen Stereotype: «Die kommunistischen und marxistischen Verbrecher und ihre jüdisch-intellektuellen Anstifter, die mit ihren Kapitalien rechtzeitig in das Ausland ausrückten, entfalten nun von dort aus eine gewissenlose landesverräterische Hetzkampagne gegen das deutsche Volk überhaupt. Da ihnen das Lügen in Deutschland unmöglich wurde, beginnen sie von den Hauptstädten der ehemaligen Entente aus dieselbe Hetze gegen die junge nationale Erhebung, die sie zu Kriegsbeginn schon gegen das damalige Deutschland getrieben haben.» Da Juden die Anstifter seien und sie es in der Hand hätten, dies zu stoppen, es aber nicht täten, richte sich der Boykott gegen die Juden in Deutschland, denn: «Die Boykott- und Generalhetze darf und wird nicht das deutsche Volk treffen, sondern in tausendfacher Schwere die Juden selbst.»[57]

Tatsächlich gab es im Ausland zahlreiche Proteste gegen die Verfolgung von politischen Gegnern und Juden in Deutschland, private Initiativen und nichtstaatliche, vielfach jüdische Organisationen riefen auch Boykottbewegungen ins Leben. Hierüber berichteten die deutschen Diplomaten laufend nach Berlin. Der Botschafter in den USA mahnte angesichts der wachsenden Proteste und der spürbaren Auswirkungen auf die Handelsbeziehungen deutliche Erklärungen und Richtigstellungen aus Deutschland an.[58] Die Stimmen im Ausland gegen die deutsche Politik wurden immer lauter. Unmittelbar bevor die NS-Führung mit ihren Boykottplänen an die Öffentlichkeit trat, kam es in New York zu einer großen Demonstration von mehr als 20 000 Menschen.[59] Der Protest auf der Straße konnte die US-Regierung aber nicht zu deutlichen Worten gegen die Entwicklung in Deutschland bewegen.

Zu einer differenzierten, mitunter aber auch für die NS-Führung verständnisvollen Einschätzung kam der französische Botschafter André François-Poncet Ende März in einem Bericht nach Paris. Er verhehlte nicht, dass auch Juden «belästigt werden», dass neben Linken auch Juden «verhaftet, eingesperrt, verprügelt und zum Teil ausgeraubt wurden» und der Antisemitismus zum Kern des Nationalsozialismus gehöre, sah aber auch in der ausländischen Presse viele Übertreibungen über die Lage in Deutschland. Dem hielt er entgegen, dass bislang wenig Blut geflossen sei und «die Revolution Hitlers bis zum jetzigen Zeitpunkt eine der unblutigsten der modernen Geschichte» sei. Hitler sah er als Getriebenen der antisemitischen Propaganda der letzten Jahre, der, durchaus im Bewusstsein der außenpolitischen Komplikationen, ein Ventil öffnen müsse, um schlimmere Ausschreitungen zu verhindern.[60] Der amerikanische Generalkonsul George S. Messersmith hingegen sah in den Boykottplanungen bestätigt, dass die Nationalsozialisten schlicht keinerlei Vorstellung von der Welt und ihren Reaktionen hätten.[61] Thomas Mann hinterfragte das vorgeschobene Argument von der «Abwehr der Gräuelpropaganda» nicht und wunderte sich im Schweizer Exil über den Zeitpunkt, da doch seiner Einschätzung nach gerade diese «auswärtige Propaganda» nachlasse.[62]

Den meisten Juden lagen solche Überlegungen fern, bei ihnen herrschte vor allem blankes Entsetzen. «Wir sind Geiseln»,[63] schrieb Victor Klemperer, nachdem er den Boykottaufruf der Nationalsozialisten gelesen hatte. Walter Tausk in Breslau, der sich selbst nicht als Jude sah, ärgerte sich über die Juden im Ausland, die mit in seinen Augen unsinnigen Aktionen den Vorwand geliefert hätten. Als schließlich noch am 30. März in Breslau die Verordnung, dass Juden ihre Pässe abgeben mussten, als Vergeltungsmaßnahme gegen die Boykottbewegung im Ausland ausgegeben wurde, schäumte er vor Wut: «Man ist durch diese verlauste koschere Bande im Ausland, mit denen man absolut nichts gemein fühlt und denkt, ein ‹Bürger zweiter Klasse›, ein ‹Gefangener›».[64]

Wie die nichtjüdische Mehrheitsgesellschaft die Nachrichten vom bevorstehenden Boykott aufnahm, liegt weitgehend im Dunkeln. Ihr Verhalten während der Durchführung und in den Tagen danach lässt darauf schließen, dass eine passiv-gleichgültige Haltung überwog, zumal Ende März für viele noch nicht absehbar war, wie sich diese «Abwehraktion» konkret gestalten würde. Die meisten Nationalsozialisten dürften die Meldungen begrüßt haben, da aus ihrer Sicht die Regierung endlich etwas gegen den Einfluss der Juden unternahm, nachdem um dieses Thema seit Längerem schon eine deutlich vernehmbare Stille geherrscht hatte. Viele frisch bekehrte Hitler-Anhänger waren der Propaganda verfallen, obwohl und weil die wenigsten von ihnen überhaupt einen Blick in ausländische Zeitungen warfen: «Das marxistische Gift hat ja das Volk zu sehr vergiftet», wetterte Elisabeth Gebensleben in einem Brief an ihre Tochter unmittelbar vor dem Boykott. «Die Nachrichten in der Auslandspresse über deutsche Greueltaten sind einfach lächerlich. [...] Das Judentum wird als Antwort jetzt am eigenen Leib spüren, was seine Genossen im Ausland und hier selbst angerichtet haben. Bis jetzt ist keinem Juden ein Haar gekrümmt und wird es hoffentlich auch in den kommenden Tagen nicht werden. Aber schließlich wird die Wut im Volke riesengroß, und wenn nicht Hitler diese Eisenfaust hätte, wer weiß, ob er seine ungeheuren Massen so halten könnte. Ich habe zu Hitler riesengroßes Vertrauen.»[65]

Propagandagläubigkeit konnte aber auch andere Folgen zeitigen. Luise Solmitz in Hamburg, die mit einem jüdischen Mann verheiratet war, verurteilte das Vorgehen gegen die Juden als «eine Dummheit, ein[en] Irrsinn, ein[en] Wahnsinn», allerdings weniger aus menschlichen oder grundsätzlichen Erwägungen, sondern gerade weil sie antisemitischen Klischees aufgesessen war. «Weil ich die Macht der Juden kenne», schreibt sie weiter, «ihre Gefährlichkeit, will ich nicht, daß wir uns mit einem Mut, der Verrücktheit, aber keine Abwehrmöglichkeit ist, ihnen entgegenwerfen.» Die Macht der Chimäre «Weltjudentum» hielt sie für so grenzenlos, dass die Gefahr bestünde, die Deutschen endeten als Knechte «von Judas Gnaden».[66] Es gab jedoch auch die Stimmen solcher Nichtjuden, die die Propaganda durchschauten und sich schlicht schämten oder die Maßnahmen verurteilten.[67]

Am 1. April fand der Boykott statt, an manchen Orten wie Breslau gab es erste Schritte bereits in den Tagen zuvor. SA-Kommandos zogen in den Städten und Dörfern vor den Geschäften, den Arzt- und Anwaltspraxen von Juden auf, postierten sich mit Schildern, beschmierten die Schaufenster und Gehwege mit Parolen und versuchten, Kunden, Klienten und Patienten den Zutritt zu verwehren. Wer dennoch eintrat, wurde oft verhöhnt, beschimpft und fotografiert. Oftmals versammelte sich eine Menge Neugieriger vor den Warenhäusern und Läden und beobachtete das Treiben. Auf die Mehrheit wirkte die Aktion tatsächlich abschreckend, und viele blieben an diesem Tag fern.

Für die jüdischen Ladeninhaber, Ärzte und Anwälte war der 1. April 1933 ein tiefer Einschnitt in ihrem Leben. «Mit Flammenschrift steht dieser Tag in mein Herz eingegraben. Daß so etwas im 20. Jahrhundert noch möglich ist»,[68] schrieb die jüdische Ärztin Hertha Nathorff zornig in ihr Tagebuch, nachdem auch bei ihr manche Patienten ausgeblieben waren. Viele hatten an diesem Tag resigniert, doch nicht alle nahmen die Demütigung widerstandslos hin. Einige legten demonstrativ ihre Orden aus dem Ersten Weltkrieg an, um ihre Zugehörigkeit zum deutschen Volk und ihren Patriotismus unter Beweis zu stellen. Erich Leyens, der in Wesel ein Kaufhaus besaß, hatte ein Flugblatt drucken lassen, das er am 1. April – in seine alte Felduniform gekleidet, an der er seinen Orden und einen gelben Fleck angebracht hatte – vor dem

Laden verteilte. Er verwies darin auf seinen Kriegsdienst und den seiner Brüder und verurteilte den Boykott als Angriff auf seine Ehre «und als Schändung des Andenkens von 12 000 gefallenen deutschen Frontsoldaten jüdischen Glaubens». Leyens' Aktion zog viele Neugierige an, von denen einige lautstark zustimmten.[69] In Rostock verklagten die Inhaber eines jüdischen Geschäfts, noch im Glauben an den Fortbestand rechtsstaatlicher Grundsätze, den örtlichen Stadtrat und Kreisleiter der NSDAP, weil dieser in Flugblättern zum Boykott aufgerufen hatte. Das Gericht wies die Klage jedoch ab.[70] Einzelne Nichtjuden ließen sich von den SA-Posten nicht am Einkauf in jüdischen Geschäften abhalten. Doch dies war das Verhalten einer Minderheit, worüber auch die Berichte von Juden, die diese Gesten sehr aufmerksam registrierten und dementsprechend mehr darüber schrieben, nicht hinwegtäuschen können.

Der Theologe und Schriftsteller Jochen Klepper, der mit einer jüdischen Frau verheiratet war, sah einen «stille[n] Pogrom» nun auf dem Höhepunkt und fragte sich, ob dies der «Anbruch einer neuen Zeit» sei.[71] Dass er damit nicht Unrecht hatte, zeigte sich bald in der Flut antisemitischer Gesetze und Verordnungen, die nach dem Boykott erlassen wurde. An der Haltung der Regierung zu den Juden konnte nach dem 1. April kein Zweifel mehr bestehen. Vielmehr wurde offenbar, dass man im Kampf gegen die Juden sogar außenpolitische Nachteile in Kauf zu nehmen bereit war. Die gesetzgeberischen Maßnahmen der nächsten Zeit untermauerten diesen Befund.

Die passive und stille Haltung der überwiegenden Mehrheit Anfang April musste auf die Machthaber in Berlin und andernorts wie eine Bestärkung wirken, dass sie nun, nachdem die Opposition praktisch ausgeschaltet war, gegen die Juden vorgehen konnten, ohne auf nennenswerten Widerstand zu treffen. Das Verhalten der Gesellschaft bestätigte Tucholskys einen Monat zuvor geäußerte Einschätzung. «Das Seltsame und Entmutigende freilich war», fasste Sebastian Haffner wenige Jahre später seine

Beobachtung zusammen, «daß – jenseits des ersten Schreckens – diese erste großzügige Bekundung einer neuen Mordgesinnung in ganz Deutschland eine Flut von Unterhaltungen und Diskussionen entfesselte – nicht etwa über die Antisemitenfrage, sondern über die ‹Judenfrage›.»[72] Nicht mehr das Ob, sondern nur noch das Wie stand im Mittelpunkt des Interesses – damit war auch in der Judenpolitik innerhalb weniger Wochen für das Regime schon viel erreicht.

Etwaige Bedenken gegen die Methoden der Nationalsozialisten sahen viele durch die nun einsetzenden gesetzlichen Maßnahmen zerstreut. Nicht jede Verordnung oder jedes Gesetz stieß auf ungeteilte Zustimmung, aber immerhin, so mag sich mancher gesagt haben, ging alles nun einen geordneten legalen Weg, und der ungezügelte Terror schien überwunden. «Das hätte man doch schon verfügen können, ehe die Hetze auf die Beine gebracht wurde», kommentierte Luise Solmitz die ersten antijüdischen Gesetze Anfang April 1933 und sah darin einen generellen Weg: «Überhaupt: der kalte Weg».[73]

Dieser «kalte Weg» per Gesetz und Verordnung wurde Ende März und im April rasant vollzogen; Schlag auf Schlag folgte eine Maßnahme nach der anderen. Kaum einen Juden in Deutschland traf nicht mindestens eine davon. An der generellen Linie, Juden zu diskriminieren, sie aus der Volksgemeinschaft auszuschließen, konnte kaum ein Zweifel bestehen, wenn auch Ausnahmen und «Quotenregelungen» eine beruhigende Wirkung haben konnten, zumal – auch in den folgenden Jahren – bei jedem Gesetz die Hoffnung bestand, dieses eine Übel noch ertragen zu müssen, und dann kehre Ruhe ein.

Die NS-Führung hatte den an der Basis vielerorts von ihren Anhängern entfalteten antisemitischen Aktionismus aufgegriffen und die günstige Gelegenheit genutzt, diesen als Druckmittel gegen die Ministerialbürokratien und ihre deutsch-nationalen Regierungspartner zu nutzen. So konnten sie innerhalb kurzer Zeit ein ganzes Bündel an antisemitischen Maßnahmen umsetzen und dem Ideal der rassisch fundierten Volksgemeinschaft ein gutes Stück näher kommen.

Die ersten Gesetze dienten dem Zweck, Juden aus zahlreichen Berufen, Interessenvertretungen und gesellschaftlichen Organisationen auszuschließen. Allerdings gab es auch Verordnungen, die vulgären Radau-Antisemitismus in Gesetzestexte übersetzten und eher propagandistisch-symbolischer Natur waren, orthodoxe Juden gleichwohl hart trafen. Dies galt zweifellos für das Schächtverbot, das der sächsische Innenminister schon im März einführte. Die Reichsregierung zog am 21. April nach und erließ ein reichsweites Verbot, Tiere ohne vorhergehende Betäubung zu schlachten. Darauf hatten manche Nationalsozialisten ein besonderes Augenmerk, ließ sich hier doch eine sentimentale Tierliebe vieler Deutscher mit dem Judenhass ideal verbinden. Der Frankfurter Polizeipräsident General Reinhard von Westrem war einer dieser Vorreiter. In einer Rede am 21. März sprach er sich generell für eine legislative Bekämpfung der Juden aus, die er als «Schimmelpilz am deutschen Volke» beschimpfte, und kam – nach einer Auflistung antisemitischer Stereotype – auf das Schächten zu sprechen: «Ich werde es auch nicht mehr länger dulden, dass auf deutschem Boden geborene Tiere unter der sadistisch-asiatischen Schächtmethode qualvoll verenden müssen. Kann der Jud' unser Fleisch nicht essen, dann mag er, der sich als Kriegsgewinnler mästete, Kohlrüben und Kartoffeln essen, wie Ihr im Hungerwinter des Weltkrieges. Deutschland ist erwacht. Ihr Juden, Ihr braucht nicht zu zittern, wir bleiben legal, so legal, dass Euch vielleicht die Legalität unbehaglich wird, dann könnt Ihr ja nach Palästina gehen und Euch das Fell gegenseitig über die Ohren ziehen.»[74]

Im Visier der Nationalsozialisten waren weniger solche symbolischen «Nebenschauplätze», sondern der Ausschluss von Juden aus der Mitte der Gesellschaft: Bayern verfügte Ende März die Entlassung der jüdischen Schulärzte, die Stadt Köln verbot jüdischen Sportlern die Benutzung städtischer Spiel- und Sportplätze, in München durften ab Anfang April jüdische Ärzte in den Krankenhäusern nur noch jüdische Patienten behandeln. Kurz darauf wurden Juden in Bayern nicht mehr zum Medizinstudium zugelassen, der Boxer-Verband schloss Juden von Wettkämpfen aus, und bald wurden in allen Sport- und Turnvereinen «Arierparagraphen» eingeführt.[75] Dieser kleine Ausschnitt aus der Flut der Erlasse zeigt, wie sich die Volksgemeinschaft gegen die jüdische Minderheit abzuschotten begann.

Besonders stark traf es Juden im Staatsdienst; gegen sie wurde am 7. April das «Gesetz zur Wiederherstellung des Berufsbeamtentums» erlassen, das zudem eine nachträgliche rechtliche Grundlage für Entlassungen aus politischen Gründen schuf. Das Gesetz sah die Entlassung von Beamten «nichtarischer» Abstammung in den Ruhestand vor, machte aber, auch wegen einer Intervention Hindenburgs, Ausnahmen für diejenigen, die schon vor dem 1. August 1914 im Dienst waren, im Weltkrieg an der Front gekämpft hatten oder aber deren Väter oder Söhne gefallen waren.[76] Mit diesem Gesetz brachte sich die Regierung allerdings in die Verlegenheit, bestimmen zu müssen, wer als Jude galt. Diese Definition schob sie vier Tage später nach und lieferte eine letztlich tautologische Regelung: «Als nicht arisch gilt, wer von nicht arischen, insbesondere jüdischen Eltern oder Großeltern abstammt. Es genügt, wenn ein Elternteil oder ein Großelternteil nicht arisch ist.»[77] Damit war im Grunde mit vielen Worten nichts geklärt. An der Umsetzung hinderte dies die Behörden aber nicht. Innerhalb der nächsten Wochen und Monate verloren circa 2500 jüdische Beamte ihre Stellung, rund die Hälfte aller Juden im Staatsdienst. Victor Klemperer fiel als Frontkämpfer unter die Ausnahmeregelung und konnte, zumindest vorläufig – wie er richtig annahm – im Amt bleiben.[78]

Am gleichen Tag erließ die Regierung ein Gesetz, das sich gegen jüdische Anwälte richtete und die Aberkennung ihrer Zulassung bis zum 30. September 1933 ermöglichte. Auch hier galten die gleichen Ausnahmen.[79] Die Nationalsozialisten übten zur Enttäuschung mancher Anhänger zunächst noch Zurückhaltung – rund ein Drittel der jüdischen Anwälte verlor dennoch die Zulassung. Besonders in der nichtjüdischen Anwaltschaft war die Unzufriedenheit groß, da man auf die weitgehende Ausschaltung unliebsamer Konkurrenz gehofft hatte. Versuche wurden unternommen, den jüdischen Kollegen die Klienten abspenstig zu machen, was Kurt Rosenberg, Rechtsanwalt in Hamburg, schon am 7. April registrierte. Er verlor am 25. April seine Zulassung, musste seine Angestellten entlassen und die Praxis auflösen. «Wir sind bei der Auflösung unseres Lebenswerkes», notierte er, «und sind voller Bitterkeit und ohnmächtigem Zorn.»[80] Rosenberg berichtete aber auch von vielen Nichtjuden, die er nun nicht mehr vertreten durfte, die Blumen und kleine Geschenke brachten und ihm gut zuredeten. «Ich habe», schrieb er bitter, «zu meinen Lebzeiten ein gutes Dutzend schöner Nekrologe gehört.»[81]

Für manche gingen die Maßnahmen nicht weit genug; insgesamt aber war man zufrieden, brachten sie doch eine Eindämmung des vermeintlich großen Einflusses von Juden in manchen Bereichen. «Für mich ist die Judenfrage eine Frage der Gerechtigkeit», leitete Luise Solmitz ihre Überlegungen dazu ein. «Also: Heil Juda!? Nein, Heil Hitler. Denn 1% kann nicht 45% der Stellen beanspruchen. Das ist nicht gerecht, das ist Selbstvernichtung, ist Untergang in fremdem Geistesgut.»[82]

In nur einem Vierteljahr hatten die Nationalsozialisten weite Teile der Opposition ausgeschaltet, mit Hilfe konservativer und bürgerlicher Kräfte die Republik beseitigt, sich umfassende diktatorische Vollmachten geben lassen und schließlich die Grundlagen für die antijüdische Politik der nächsten Jahre gelegt. An keiner Stelle stießen sie dabei auf nennenswerten Widerstand. Auf diese dynamische, quasi-revolutionäre Phase folgte nun keineswegs, wie unter anderem die antisemitischen Gesetze womöglich vermuten ließen, eine ruhige. Terror und Gewalt gingen weiter, sie verlagerten sich nur tendenziell weg von der Straße in eigens dafür geschaffene Einrichtungen – in die vielen Konzentrationslager. Dort war die Gewalt aber mitnichten völlig von der Öffentlichkeit abgeschottet. Sie kam in Zyklen und regional verschieden immer wieder auf die Straße zurück, verschwand eigentlich nie ganz von dort – und sei es, dass sie bisweilen nur als Drohung schattenhaft präsent war.

In den zahlreichen «wilden» Lagern und Folterkellern, die im Februar und März 1933 entstanden, und in den bald zentral organisierten staatlichen Konzentrationslagern, kam beides zusammen: die organisierte Verfolgung und Gewalt sowie ungeregelter und ungehemmter Terror. Sie waren von Beginn an ein zentrales Instrument für die Zerschlagung der politischen Opposition. Allein im März und April 1933 wurden über 45 000 Menschen verhaftet, Ende Juli waren noch rund 27 000 in Haft, insgesamt hatte es in diesen Monaten mehr als 80 000 Menschen getroffen.[83] Um dieser großen Menge Herr zu werden – die Strafanstalten waren schnell überfüllt – oder um direkten und dauerhaften Zugriff auf die Häftlinge zu haben, richteten örtliche staatliche Behörden, die Polizei und auch die SA Konzentrationslager ein. Mindestens 70 solcher Lager und 30 «Schutzhaftabteilungen» in den Gefängnissen existierten 1933 für einige Wochen, Monate und in wenigen Fällen auch Jahre. Überdies gab es noch eine unbekannte, wohl in die Hunderte gehende Zahl von Folterstätten, die unter der Aufsicht örtlicher SA-Verbände standen. Die Haftbedingungen, die Bewachung, die Unterbringung und die Lebensverhältnisse in diesen Lagern unterschieden sich erheblich. Erste Versuche einer Systematisierung und Angleichung wurden ab Sommer 1933 unternommen.

Eines dieser frühen Lager war das heute weithin vergessene Konzentrationslager Breslau-Dürrgoy, das der frisch ernannte Polizeipräsident Edmund Heines Ende April auf dem Gelände einer alten Düngemittelfabrik einrichten ließ. Dies geschah keineswegs im Verborgenen; wie an vielen anderen Orten auch spielte sich vieles vor den Augen der Öffentlichkeit ab, und die Presse berichtete ausführlich. Die Einlieferung der ersten 120 Gefangenen gestaltete Heines als großes Spektakel. Schon Stunden bevor die Gefangenen aus dem Polizeigefängnis abgeführt wurden, hatte sich dort eine große Menge angesammelt, und Musik spielte auf. Mittags schließlich begann das Schauspiel: Inzwischen hatten sich so viele Gaffer eingefunden, dass die Polizei nur mit Mühe und mit Hilfe eines großen Polizeiautos überhaupt für den Gefangenenzug Platz schaffen konnte. Bewacht von Polizei und SA wurden die Häftlinge nun durch die Stadt geführt. «Der ganze Zug», beschrieb Walter Tausk den Anblick, «schritt schweigend dahin, umlagert und gefolgt von einer dichten schweigenden Menge. Unter den Gefangenen war ein Beinverkrüppelter, der mühsam hinkte: ein Arbeiter. Man sah: hier wurde ein ‹Schauspiel› aufgeführt.»[84]

Bei solchen Inszenierungen vor einer breiten Öffentlichkeit und laufender Berichterstattung in Presse und Rundfunk ging es um zweierlei: die Verhafteten zu demütigen und alle anderen abzuschrecken. Das zeitigte durchaus Wirkung. Noch am gleichen Tag zum Beispiel ging Walter Tausk bis zum Lager und verschaffte sich einen Eindruck. Er sah die Wachleute, die Stacheldrahtumzäunung und drei Wellblechbaracken sowie aus der Entfernung auch die Häftlinge. Er ging wieder nach Hause und «hatte nur einen Wunsch: nicht in diesen Käfig zu kommen.»[85] Lange dachte er darüber nach, wie er sich verhalten müsste, wenn es ihn doch treffen sollte. Seinem Beispiel folgten viele Breslauer; das Lager wurde zu einem beliebten Ausflugsziel für Schaulustige.

Solche entwürdigenden Prozessionen zum Lager wiederholten sich. Im Juni wurde beispielsweise der ehemalige niederschlesische Oberpräsident von der SPD, Hermann Lüdemann, durch weite Teile der Stadt und durch seine alte Behörde geführt. Er wurde von den begleitenden SA-Leuten und aus der Menge heraus beschimpft, von Polizeipräsident Heines persönlich niedergemacht und schließlich ins Lager Dürrgoy gebracht. Die *Schlesische Tagespost* berichtete darüber am nächsten Tag in großer Aufmachung. Über die Verhaftung und Einlieferung weiterer prominenter Gefangener wie den ehemaligen Reichstagspräsidenten Paul Löbe berichtete die Presse ebenso. Schließlich war auch in Breslau der Spruch verbreitet, den man in Bezug auf Dachau und andere Konzentrationslager kannte: «Lieber Gott, mach mich stumm, dass ich nicht nach Dürrgoy kumm.»[86]

Breslau-Dürrgoy war eines der vielen Lager, die nur vorübergehend existierten; es wurde bereits am 10. August wieder geschlossen. Zu einem «Modell-Lager» hingegen entwickelte sich das KZ Dachau in unmittelbarer Nähe Münchens. Heinrich Himmler, seit 1929 Reichsführer-SS, wurde nach der Absetzung der Regierung Held am 9. März Polizeipräsident in der «Hauptstadt der Bewegung» und kommandierte ab April auch die Politische Polizei. Auf seine Initiative ging wesentlich die Errichtung des Lagers zurück, das ab dem 21. März für die Aufnahme von Häftlingen bereitstand. Auch hier waren die Eröffnung und die Einlieferung der ersten Gefangenen von vielen Schaulustigen beobachtet worden. Die Presse berichtete im ganzen Land: Zahlreiche Zeitungen druckten Himmlers Erklärung ab, in der er die Bildung des Lagers für 3000 Menschen, vor allem Kommunisten, aber auch andere linke Funktionäre ankündigte. Die Gefängnisse seien überfüllt, entlassen könne man die NS-Gegner nicht, da sie «weiter hetzen und zu organisieren versuchen»[87]. Wegen der weiten Verbreitung dieser und anderer Berichte wurde Dachau bald auch über die Reichsgrenzen hinweg eines der bekanntesten Konzentrationslager des NS-Regimes. Die *Dachauer Zeitung* verkündete im Mai 1933 stolz: «Dachau, der berühmteste Ort Deutschlands»,[88] und schon im März hatte es dort hämisch geheißen: «Im schönen Dachau, wo die Rote Armee in der Revolution 1918/19 ihren Stützpunkt hatte, kommen all die Herren der roten Horden wieder zusammen, um brav Arbeit zu verrichten.»[89]

Flucht und Exil

Widerstand gegen das sich etablierende NS-Regime gab es in den ersten Wochen nach der Ernennung Hitlers kaum. In weiten Teilen des konservativen Bürgertums fehlte ein Ansatzpunkt dafür, da man sich in vielem mit den Forderungen der Nationalsozialisten identifizieren konnte, auch wenn das Marktschreierische und manche ihrer Methoden auf Ablehnung stießen. Das aber konnte man noch leichtfertig als vorübergehende Kinderkrankheit der neuen Regierung abtun, die Vizekanzler Papen, Reichspräsident Hindenburg und andere den ungestümen Novizen noch austreiben würden. Kommunisten, Sozialdemokraten und andere linke Parteien und Organisationen waren von der Wucht des Terrors vollkommen überrascht, untereinander uneinig und in ihren Handlungsmöglichkeiten stark eingeschränkt, ließ doch die hohe Arbeitslosigkeit einen Generalstreik, mit dem noch 1920 die Putschisten Kapp und Lüttwitz abgewehrt werden konnten, aussichtslos erscheinen. Hatten die Linken einmal die existentielle Gefahr, die von den Nationalsozialisten in der Regierung ausging, in vollem Umfang erkannt, ging es für sie in erster Linie darum, mit heiler Haut davonzukommen, sich den Verhaftungen zu entziehen. Für alle politischen Kräfte gilt überdies, dass in den ersten Wochen keineswegs ausgemacht war, wohin die Entwicklung führen würde und ob sich Hitler und die Nationalsozialisten überhaupt lange würden halten können.

Dem Terror von SA und SS und der sicheren Einweisung in ein Konzentrationslager waren schon ab Februar daher zahlreiche politische Gegner der Nationalsozialisten, aber auch Juden durch die Flucht ins Ausland entkommen. Manche hatte die Ernennung Hitlers zum Reichskanzler im Ausland überrascht, und sie blieben gleich dort. Die meisten von ihnen rechneten zunächst mit einer relativ kurzen Übergangsphase und ihrer baldigen Rückkehr, wenn erst die Regierung wieder gestürzt sei. Das führte bisweilen auch zur Zurückhaltung beim politischen Engagement gegen Hitler. «Aufforderungen zu antifaschistischen Protestversammlungen u.s.w.», notierte Klaus Mann Ende März in Paris. «Weiss noch nicht, ob mittun soll: hiesse jedenfalls: nicht mehr zurück.»[90] Sein Vater Thomas Mann, der sich in der Schweiz niederließ, glaubte nicht an eine rasche Möglichkeit zur Rückkehr, er konnte keine tragfähigen Gegenkonzepte zum Nationalsozialismus ausmachen und hielt dessen Umgestaltung Deutschlands schon Anfang April für zu grundlegend. «Nichts ist da, was an die Stelle des Gegenwärtigen treten könnte», konstatierte er nüchtern, «und eine staatliche und gesellschaftliche Umgestaltung wie diese in all ihrer Wildheit, Unrechtlichkeit, Bösartigkeit, Krankhaftigkeit, ist nicht wieder rückgängig zu machen. Enttäuschung, Ernüchterung, Verzweiflung sind keine Gegengründe.»[91] Gleichwohl übte auch Thomas Mann längere Zeit Zurückhaltung und achtete sorgsam darauf, nicht mit offenen Briefen und anderen Protesten gegen NS-Deutschland in Verbindung gebracht zu werden. Er wollte nicht leichtfertig seinen Besitz und die Publikationsmöglichkeiten riskieren.

Die deutsche Emigration war in den ersten Monaten zunächst mit der Aufarbeitung ihres politischen Scheiterns beschäftigt. Der sang- und klanglose Untergang der Republik ohne nennenswerte Gegenwehr forderte eine Erklärung, die viele nicht schnell fanden – oder die Suche mündete in gegenseitige Schuldzuweisungen. Viele Flüchtlinge mussten überdies erst einmal ihre persönliche prekäre Situation regeln, Unterkunft und Arbeit finden. Ihre politischen Einflussmöglichkeiten waren ohnehin begrenzt, zumal in der Anfangszeit noch keine Strukturen vorhanden waren, die für eine tragfähige Arbeit dienen konnten. Zwar einte alle die Gegnerschaft zu den Nationalsozialisten, alte Konflikte und Gegensätze aber bestanden fort, mehr noch: Die neue Situation brachte neue Streitpunkte mit sich, so dass von *der* deutschen politischen Emigration nicht die Rede sein konnte. Der zurückgezogen in Schweden lebende Kurt Tucholsky ätzte schon Anfang

März in einem Brief an seinen Freund Walter Hasenclever gegen die Emigranten: «Zweitens zerfallen sie, wie jede Emigration, und nun noch deutsche, in 676 kleine Grüppchen, die sich untereinander viel mehr bekämpfen werden als etwa alle zusammen Adofn».[92]

Deutschlands Nachbarn reagierten in der Anfangszeit durchaus offen auf die Flüchtlinge, doch gab es auch schon frühe kritische Stimmen wie die des stellvertretenden italienischen Generalkonsuls, der in dem Zustrom eine unliebsame Konkurrenz erblickte.[93] Die Belastung für Italien aber war äußerst gering, Ende des Jahres zählte der Hochkommissar für Flüchtlinge aus Deutschland, James McDonald, gerade einmal 500 der insgesamt rund 60 000 deutschen Exilanten in Italien. Vorrangiges Fluchtziel war Frankreich, wo sich 25 000 Flüchtlinge aufhielten, in den Benelux-Staaten waren es rund 10 000, in der Tschechoslowakei 5000, in Polen 6000 und in Palästina 6500; etwa 2500 Menschen flohen in die neutrale Schweiz.[94]

Die weit überwiegende Mehrheit der Flüchtlinge waren Juden. «Viele verlassen Deutschland unter Zurücklassung ihrer Habe», wunderte sich Kurt F. Rosenberg im April 1933. «Wie wollen sie jenseits der Grenzen leben? Viele wollen lieber jenseits der Grenzen hungern, als in Deutschland noch satt zu werden.»[95] Nicht wenige der 51 000 jüdischen Flüchtlinge aber kehrten nach einiger Zeit wieder zurück, weil sie die Gefahrenlage wieder anders einschätzten oder aber weil sie im Ausland nicht Fuß fassen konnten. Die Lage war in den ersten Monaten des NS-Regimes derart unübersichtlich, die weitere Entwicklung nicht absehbar und die Bindungen an die Heimat waren so vielfältig und fest, dass sich viele – zunächst noch – gegen die Emigration entschieden. Sie hofften, die Regierung und die Partei werde sich mäßigen und sie könnten die Zeit überdauern. «Wir sind noch nicht gelöst vom heimatlichen Boden», beschrieb Rosenberg etwas später die Situation seiner Familie, «leben in eine Zukunft ohne Aussicht hinein und finden aus hundert Gründen den Entschluss noch nicht, nach neuer Tätigkeit in fremdem Lande zu suchen. Warten, warten ins Ungewisse – ohne Möglichkeit um Erweiterung des Schaffens, aber neue Schwierigkeiten [...] – wie ein langsames Sterben.»[96]

Nur noch Verbrecher vermehren sich heute im deutschen Volke wirklich.

Es treffen auf:

Männliche Verbrecher

4,9 Kinder

Eine kriminelle Ehe

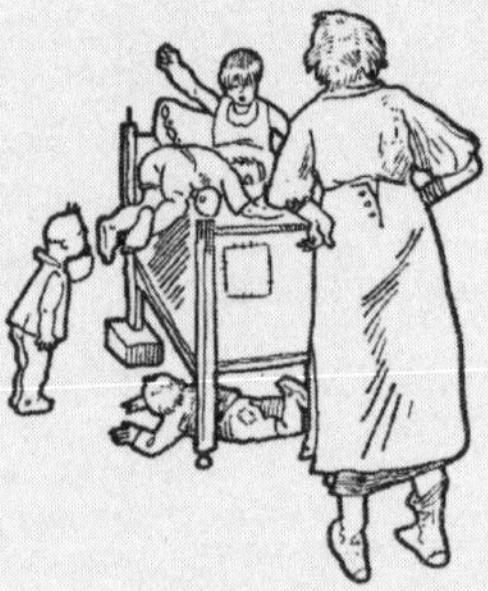

4,4 Kinder

Eltern von Hilfsschulkindern

3,5 Kinder

Die deutsche Familie

2,2 Kinder

Ehe aus der gebildeten Schicht

1,9 Kinder

II.

«Wie ein langsames Sterben»

In der rassistischen Utopie der Nationalsozialisten von einer Volksgemeinschaft frei von «Minderwertigen» waren nicht nur Juden unerwünschte Fremdkörper. Im Laufe der dreißiger Jahre richtete sich die Politik zunehmend radikaler gegen «Asoziale», Obdachlose, «Berufsverbecher», «Arbeitsscheue», Alkoholiker und andere. Was früher eine soziale Frage war, wurde nun eine Frage der «Rassenhygiene». Verwaltung, Partei und Polizei gingen mit zunehmender Schärfe gegen «Abweichler» aller Art vor. Auf breiter Front wurde ihr Handeln von einer Propaganda begleitet, die die Gefahren durch die «rassisch Minderwertigen» hervorhob. Bücher, Zeitschriften, Filme und Ausstellungen sollten der Bevölkerung die Bedrohung vor Augen halten und den Boden für weitergehende Maßnahmen bereiten. In einem Schulbuch wurde die Lage wie folgt beschrieben: «Das Überwuchern der geistig, sittlich und körperlich Erbminderwertigen, das eine schwere rassische Volksentartung bedeutet, muß, wenn nichts gegen die Gefahr unternommen wird, dazu führen, daß in wenigen Jahrhunderten der tüchtige, erbgesunde Bestandteil durch ‹Gegenauslese› zur Bedeutungslosigkeit abgesunken sein wird».[1] Die Rassenhygieniker arbeiteten auf der einen Seite mit einem Gefahrenszenario – «schlechtes Blut» würde Verbrecher, Säufer und Erbkranke zeugen – und auf der anderen Seite mit utilitaristischen Argumenten, mit den Kosten, die angeblich aus ihren Nachfahren, die zwangsläufig Bettler oder Huren würden, erwüchsen. Dieses Geld würde dann für die Gesunden fehlen.

Die Konsequenzen, die daraus zu ziehen waren, wurden in dem Schaubild nicht direkt angesprochen, drängten sich dem Betrachter aber geradezu auf: Die Fortpflanzung von Verbrechern und anderen Unerwünschten muss verhindert, die der gesunden, angepassten Deutschen gesteigert werden. In anderen Kontexten sprach man es aus. Das bereits erwähnte Schulbuch verwendete ein ähnliches Schaubild und sprach die Kinder direkt an: «Sollen Deine eigenen gesunden Nachkommen unter der stetig zunehmenden Last dieser Lebensunfähigen zusammenbrechen?» Dies verbanden die Autoren mit der direkten Rechtfertigung der schon 1933 beschlossenen Zwangssterilisation: «Du bist für ferne Geschlechter verantwortlich; denn durch Dich werden sie erst möglich sein. Darum verstehe und fördere das einschneidende Gesetz, das unsere Reichsregierung im Juli 1933 erlassen hat».[2]

Rassismus im Alltag

Terror und Gewalt richteten sich in der Anfangszeit des NS-Regimes in erster Linie gegen die Linke. Wer sich in der Vergangenheit nicht im Kampf gegen den Nationalsozialismus und als streitbarer Verfechter der Demokratie exponiert hatte, blieb von den repressiven Maßnahmen und der Willkür in den ersten Wochen weitgehend unberührt. Im Gegensatz zur «arischen» Mehrheitsbevölkerung aber hatten Juden und andere als «rassisch minderwertig» stigmatisierte Gruppen wie Sinti und Roma oder Behinderte nicht die Möglichkeit, sich durch politische Enthaltsamkeit oder Anpassung einer Verfolgung zu entziehen.

Die Vorurteile gegen diese und andere Gruppen waren nicht neu, sie hatten eine mitunter jahrhundertealte Geschichte. Auch gab es bereits vor 1933 zahlreiche behördliche und alltägliche Diskriminierungen. Neu aber war, dass mit den Nationalsozialisten eine politische Kraft die Regierung übernommen hatte, die eine umfassende rassistische Utopie verfolgte und sich innerhalb kürzester Zeit die Instrumente und diktatorischen Vollmachten schuf, um diese in die Praxis umzusetzen. Dies war kein reibungsloser Prozess, der einem vorliegenden Masterplan folgte. Außen- und wirtschaftspolitische Rücksichten und Notwendigkeiten sowie die bisweilen mühsame Überwindung bürokratischer, juristischer und auch moralischer Hemmschwellen und Beharrungskräfte in den alten Apparaten machten zeitweilige Zugeständnisse unabdingbar. Überdies waren auch die Nationalsozialisten kein monolithischer Block; konkurrierende Zielvorstellungen, persönliche Eitelkeiten und Kompetenzgerangel konnten radikalisierend, aber auch bremsend wirken.

Nach den ersten antijüdischen Gesetzen Anfang April 1933 war die Reichsregierung zunächst zurückhaltend mit weiteren einschneidenden zentralen Maßnahmen gegen die Juden. Vor allem war es Rücksichtnahme auf das Ausland, auf die Beruhigung der Wirtschaftslage und auf die konservativen Bündnispartner, die die Nationalsozialisten von neuen weitreichenden Schritten vorläufig abhielt. Überdies konzentrierten sie sich weiterhin auf die Ausschaltung der Opposition, auf die Gleichschaltung der Länder und Behörden. Manche Maßnahmen bargen zudem die Gefahr in sich, größere Teile der Bevölkerung zu verärgern oder zumindest zu beunruhigen. Gleichwohl ließen örtliche Parteiaktivisten nicht nach in ihrer Stimmungsmache gegen Juden, die immer wieder auch handfeste gewaltsame Formen annahm. Auf regionaler Ebene und in zahlreichen Verbänden und Vereinen setzten die Verantwortlichen in unterschiedlicher Intensität jedoch den Ausschluss von Juden und ihre Diskriminierung fort.

Nach den Ausschreitungen im März und dem Boykott gegen jüdische Geschäfte, berichtete der polnische Generalkonsul im

Mai 1933 aus Königsberg, «ist seit einer gewissen Zeit grundsätzlich Ruhe eingetreten. In Wirklichkeit dauert die antijüdische Aktion jedoch in Form eines stillen Boykotts weiter an.»[3] Behörden verböten ihren Angestellten den Einkauf in jüdischen Geschäften, Juden erhielten keine öffentlichen Aufträge mehr, Banken vergäben keine Kredite mehr an sie.

Andernorts zeichneten sich ähnliche Tendenzen ab. Die Selbstgleichschaltung griff weiter um sich, zahlreiche Vereine und Institutionen führten in Anlehnung an das Berufsbeamtengesetz einen «Arierparagraphen» ein. Das machte auch vor den Kirchen nicht halt. Die Evangelische Kirche der Altpreußischen Union erließ Anfang September 1933 ein Kirchengesetz, dem zufolge Geistlicher oder Beamter in der Kirche nur werden könne, wer «rückhaltlos für den nationalen Staat [...] eintritt» und wer «arischer» Herkunft sei. Man ging hier sogar einen Schritt weiter, indem verfügt wurde, dass zu entlassen sei, wer «Nichtarier» heirate.[4] Die Bedeutung dieses Schrittes war allenfalls symbolischer Natur, denn der Kreis der Betroffenen war verschwindend gering. Die Signalwirkung jedoch konnte erheblich sein: Wenn selbst die Kirche sich nicht schützend vor ihre eigenen Leute stellte und umstandslos den Rassegedanken über das Bekenntnis stellte, von wem war dann überhaupt noch Beistand zu erwarten? Auch die Wehrmacht zog nach und erließ Ende Februar 1934 einen «Arierparagraphen».

Trotz der tiefen Einschnitte hoffte ein Großteil der jüdischen Bevölkerung, es sei oder werde bald ein Zustand erreicht, in dem es sich irgendwie leben ließe, die radikalen Vorreiter vor Ort würden von der Führung gebremst und ein gemäßigter Kurs setze sich durch. Diese Hoffnung keimte in den folgenden Jahren immer wieder nach weiteren antisemitischen Maßnahmen von Neuem auf.

Die staatlich betriebene und begrüßte Verfolgung war das eine, die Gängelungen, die Diffamierungen, der Rückzug von Freunden und Nachbarn, von Kunden und Patienten im Alltag das andere. Diese Erfahrung, zu der es auch Gegenbeispiele gibt, war für viele in der Anfangszeit des NS-Regimes eine der schmerzlichsten Erfahrungen, brach so doch eine wichtige Stütze weg, mit deren Hilfe den Zumutungen von Staat und Partei leichter zu begegnen gewesen wäre.

In allen Lebenslagen bekamen Juden in Deutschland immer wieder zu spüren, dass sie nunmehr nicht als Teil der Gesellschaft, sondern als Fremdkörper, als Bedrohung und Hassobjekt wahrgenommen wurden. Das konnte alle treffen – Kinder und Erwachsene, Wohlhabende und Arme, Assimilierte und Orthodoxe, Frauen und Männer, exponierte Persönlichkeiten ebenso wie «einfache» Bürger.

Besonders verstörend mussten die neuen Verhältnisse auf jüdische Kinder wirken. 117 000 jüdische Kinder und Jugendliche zwischen sechs und 25 Jahren lebten 1933 in Deutschland. Auch gegen sie richteten sich bald nach dem Regierungsantritt der Nationalsozialisten Gesetze und Verordnungen. Im April 1933 wurde das «Gesetz gegen die Überfüllung deutscher Schulen und Hochschulen» erlassen, das restriktive Quoten für jüdische Schülerinnen und Schüler vorsah: Künftig sollte ihr Anteil höchstens 1,5 Prozent betragen, wo der Anteil der Juden an der Gesamtbevölkerung fünf Prozent betrug, sollte eine Quote von fünf Prozent gelten. Ausnahmeregelungen, unter die unerwartet viele Kinder fielen, schränkten die Auswirkungen des Gesetzes zur Überraschung der Nationalsozialisten jedoch deutlich ein. Gleichwohl war hier eine Entwicklung angestoßen, an deren Ende die vollständige Separierung jüdischer Kinder stehen sollte. In den folgenden Jahren reduzierte sich der Anteil jüdischer Kinder in den Schulen, auch bedingt durch die Auswanderung, erheblich. 1933 hatten noch 75 Prozent aller jüdischen Schülerinnen und Schüler eine allgemeine Volks- oder Mittelschule besucht, Ende 1937 waren es nur noch 40 Prozent; 1936 besuchte bereits mehr als die Hälfte von ihnen jüdische Schulen. Gleichzeitig nahm die Zahl jüdischer Kinder und Jugendlicher bis Kriegsbeginn rapide ab, rund zwei Drittel von ihnen verließen Deutschland in dieser Zeit. An den Hochschulen war diese Entwicklung erheblich schneller. Innerhalb von zwei Jahren, vom Sommer 1932 bis zum Sommer 1934, reduzierte sich die Zahl jüdischer Studenten von einst rund 4000 auf nur noch 656.[5]

Die gesetzgeberischen Maßnahmen, aber auch der Alltag der Kinder an den Schulen, vor allem die alltäglichen Drangsalierungen im Unterricht und in den Pausen, machten den Kindern ihre Schulzeit zu einer leidvollen Erfahrung. Sie konnten kaum verstehen, warum sie nun nicht mehr dazugehören sollten, warum Freunde sich abwandten, warum sie in der Schule gegängelt und zunehmend isoliert wurden. «Wir mußten immer zu zweit das Klassenzimmer verlassen, um in den Schulhof zu gehen», erinnerte sich Hans Winterfeldt an seine Schulzeit in der Brandenburgischen Provinz 1933/34. «Auch vom Schulhof in die Unterrichtsräume mußten die Schüler klassenweise und zu zweit antreten. Ich ging ständig ganz allein, und zwar als letzter.»[6] Der Sohn von Ernst Loewenberg, bis 1934 selbst Lehrer, wünschte sich im Sommer 1933 eine Wunderlampe wie Aladin. «Dann würde ich mir wünschen, ein Nazi zu sein», erklärte er seinem erstaunten Vater.[7] An der Gerhart-Hauptmann-Oberrealschule in Breslau kam es 1934 zu einem besonders zynischen Vorfall. Es wurde Konzentrationslager gespielt, und ein jüdischer Schüler wurde als Häftling in das Lager gesteckt. Der Protest des Vaters verpuffte wirkungslos, woraufhin er das Kind abmeldete.[8]

Schon im Frühjahr 1933 sah sich auch die Ärztin Hertha Nathorff genötigt, ihren Sohn schweren Herzens von der Schule abzumelden und in eine jüdische Schule zu geben, um ihn von «all dem Gehetze fern zu halten», denn «in den gemischten Schulen fangen sie schon an, die jüdischen Kinder zu hänseln und zu beleidigen».[9] Auf der neuen Schule konnten sich die Kinder zwar unbefangener verhalten, doch spürten sie auch hier die Feindseligkeit. Nach der Schule fuhren sie getrennt mit dem Bus nach Hause, «damit nicht so viele jüdische Kinder zusammen gesehen werden»[10] und allein dadurch womöglich Anstoß erregten. Den Geburtstag im Januar 1934 feierte ihr Sohn noch mit einer gemischten Kindergruppe. «Hier gibt es noch keine Rassenfrage», notierte die Mutter.[11] Drei Jahre später wurden die jüdischen und nichtjüdischen Freunde zu getrennten Feiern eingeladen.

Der Weg in die Isolation war unterschiedlich schnell, die Folgen eines «stillen Boykotts» von verschiedener Härte, je nachdem, welche Stellung jemand hatte, wie sich sein bisheriges Umfeld zum NS-Regime verhielt und wo er lebte. Früher oder später aber teilten alle das Schicksal, nicht nur entrechtet, sondern auch entfremdet inmitten einer überwiegend feindlichen oder bestenfalls gleichgültigen Gesellschaft zu leben. Dieser Weg war kein geradliniger, mitunter konnten einschneidende Maßnahmen von unerwarteten Gesten des stillen Protests oder der Solidarität von Nichtjuden begleitet sein und in ihren emotionalen und psychischen Folgen für die Betroffenen dadurch etwas abgemildert werden. Eigentlich selbstverständliche Gesten der Mitmenschlichkeit zu empfangen oder zu erweisen wurde durch die gesellschaftliche und politische Entwicklung zu einem bedeutungsvoll aufgeladenen Akt – für die Verfolgten oft nicht nur seelisch existenziell.

Kurt Rosenberg in Hamburg erlebte diese Entwicklung, die er als «ein langsames Sterben» empfand, am eigenen Leib. 1900 in wohlhabende Verhältnisse geboren, studierte er nach dem Ersten Weltkrieg Jura und arbeitete bis 1933 als Syndikus der Vereinigung Hamburger Getreide-Importeure. 1925 wurde er als Rechtsanwalt zugelassen und gründete eine Kanzlei. Im April 1933 entzog ihm der Justizsenator die Zulassung, wenig später verlor er auch seinen Posten als Syndikus. Fortan musste er sich auf Rechtsberatung und Vermögensverwaltung beschränken.

Rosenberg schwankte zwischen entschlussfreudiger Tatkraft, einer Sehnsucht nach Ruhe und Unbekümmertheit sowie der Enttäuschung oder Verzweiflung über ausbleibenden Widerstand gegen das Treiben der Nationalsozialisten. Vor allem der Gedanke an seine Familie und seine Verantwortung für sie gaben ihm Kraft und Zuversicht. Wenige Tage nach dem Verlust der Zulassung als Rechtsanwalt schrieb er in sein Tagebuch: «Aber ich bin nicht hilflos. Ich sorge, daß das seelische Fundament der Meinen nicht erschüttert wird und daß ich sie nicht der Entmutigung ausliefere. Ich bin voller Tatkraft und habe den Kampf mit dem Schicksal aufgenommen.»[12] Nur drei Tage klangen seine Worte sehr viel resignierter: «Jeden Tag von Kollegen u. Klienten neue Beileidsbezeugungen. [...] Überall ist in unserem Stande Hilfsbereitschaft. Was hilft es?»[13] Kurze Zeit später jedoch machte er eine gegenteilige Erfahrung: Ein «Kollege» rief ihn an, empörte sich darüber, dass er noch tätig sei, und drohte, etwas dagegen zu unternehmen.[14]

Aufmerksam registrierte Rosenberg die antijüdische Gewalt und die Verfolgungen auch jenseits seines eigenen Schicksals: In der *Times* las er, dass in Hannover Ende Mai 1933 die Scheiben jüdischer Geschäfte eingeworfen wurden; in Cuxhaven wurden ein jüdischer Mann und eine nichtjüdische Frau mit diffamierenden Schildern durch die Stadt geführt. Andernorts veröffentlichte man die Namen solcher Paare; Juden wurden bestimmte Plätze verboten.[15] Zeichen des Widersetzens aber vermochte er nicht zu sehen. «Wo ist der deutsche Mensch, der sich um des Deutschtums Willen hiergegen zur Wehr setzt?», fragte er sich. Und weiter: «Wo ist der christliche Mensch, der sich um seiner christlichen Sittengesetze zur Abwehr rüstet?»[16] Die bisweilen erfahrenen Solidaritäts- und Mitgefühlsbekundungen konnten nicht darüber hinwegtäuschen, dass, abgesehen von vereinzelten privaten Gesten, kaum jemand ein sichtbares Zeichen gegen die Verfolgung setzte.

Für einen deutschen Patrioten wie Rosenberg lag darin eine besondere Enttäuschung – nun ausgestoßen zu sein aus dem deutschen Volk, als dessen Teil er sich zeitlebens gefühlt hatte. «[W]ill man heute noch teilhaben am Volke, dann muss man wissen, wie es um den Charakter eines großen Teiles des Volkes steht. Das ist die ungeheuer schmerzliche Erkenntnis.»[17] Dennoch konnte er den früh gefassten Entschluss, auszuwandern, noch nicht in die Tat umsetzen, zu stark waren die Bindungen und zu groß die Sorge vor der ungewissen Zukunft in der Fremde.

Zum deutschen Volk konnte und durfte Rosenberg vollwertig nicht mehr gehören, zum Judentum aber fehlten ihm die Bindungen, so dass er sich doppelt isoliert fühlte: «So werden wir nicht ‹in das Judentum› zurückgestoßen, sondern in den leeren Raum. So bleibt nur die Isolierung im ‹Individualismus›, das Gefühl, zunächst Einzelwesen zu sein mit eigenen, hohen ethischen Aufgaben. Man muß es tragen können, ohne Gemeinschaft zu leben.»[18] In dieser Entwurzelung sah Rosenberg auch keinen Ausweg darin, mit Leidensgenossen enger zusammenzurücken, die sich seiner Meinung nach entweder nur in Klagen über ihr eigenen Los erschöpften, Schauergeschichten verbreiteten oder waghalsige politische Spekulationen anstellten. Martin Andermann in Königsberg hingegen sah in den Treffen mit anderen Verfolgten eine wichtige Stütze. 1940 erinnerte er sich: «Es entstand eine gewisse Herzlichkeit und Wärme, die durch die gemeinsame Not, die dauernde Angst, in der man lebte, gefördert wurde.»[19]

Die unaufhörlichen persönlichen Zumutungen, die ständigen antisemitischen Tiraden, die allerorten zu hören und zu lesen waren, sowie Übergriffe und lokale Maßnahmen setzten einem aufmerksamen Beobachter der Zeitläufte wie Kurt Rosenberg mehr und mehr zu. «Ein unausrottbares Gefühl einer Unsicherheit begleitet uns, eine unbesiegbare Erbitterung zu jeder Stunde», schrieb er im Mai 1934 und sah die Folgen noch tiefer: «Wir sind seelisch unfrei und heimatlos.»[20] Nur im Kreis der Familie schien man Rückzugsmöglichkeiten und eine Ablenkung für den Moment zu finden. So schrieb er wenig später, er habe eine Stunde mit den Kindern verbracht und «Vergessen gespielt»[21]. Rosenberg gelang es aber, trotz der Anfeindungen von außen sein Selbstwertgefühl aufrechtzuerhalten, nicht an sich als Mensch zu zweifeln. Seine Familie lebte in dem Bewusstsein, «daß nichts unseren Wert mindern kann».[22]

Das erforderte enorme Kraft in einer Umgebung, die ihre Herabsetzungen immer weiter steigerte: «Es ist Tag um Tag ein müdes Erwachen, ein zielloses Schaffen, ein banges Erwarten in einem ungeformten Leben – und es ist Tag um Tag ein Sich-Zusammenreissen, ein Dennoch und ein Kampf gegen alles Verzagen. [...] Wir sind ohne Erwartungen – und es ist, als gehörten die guten Dinge nicht mehr in das Programm unseres Lebens. Wenn sie uns einmal begegnen, dann fehlt es an innerer Freiheit, uns ihnen zuzuwenden. Wir sind zu sehr befangen im gegenwärtigen Schicksal, und Leiden, Sorgen und Erbitterungen nehmen allen Raum in unserer Seele ein.»[23]

So wie Kurt Rosenberg erlebten und empfanden viele Juden in Deutschland die ersten drei Jahre des NS-Regimes. Victor Klemperer, der als Weltkriegsteilnehmer und Ehepartner einer Nichtjüdin zunächst noch geschützter als viele andere war, brachte schon im April 1933 seine prekäre Situation auf den Punkt: «Im Augenblick bin ich noch in Sicherheit. Aber wie einer am Galgen in Sicherheit ist, der den Strick um den Hals hat. In jedem Augenblick kann ein neues ‹Gesetz› den Tritt, auf dem ich stehe, fortstoßen und dann hänge ich.»[24] An diesem Gefühl änderte sich in den folgenden Monaten und Jahren nichts. Im Mai 1935 aber wurde Klemperer als Hochschullehrer entlassen. Fortan plagten ihn und seine Frau neben allen anderen Ängsten auch noch Geldsorgen. Es sei wie im Unterstand, fühlte sich Klemperer an den Weltkrieg erinnert. «Denkt man immerfort an den nächsten Einschlag, so wird man verrückt.»[25]

Kaum anders erging es Willy Cohn in Breslau. Er wurde im Juni 1933 aus dem Schuldienst entlassen und hielt sich in den Jahren darauf unter anderem durch seine umfangreiche Vortragstätigkeit und publizistischen Arbeiten zu jüdischen Themen über Wasser. Obwohl er sich politisch und als gläubiger Jude deutlich von Rosenberg und Klemperer unterschied, reagierte er ähnlich wie sie. «Überall Hoffnungslosigkeit!», klagte er im April 1933. «Man möchte immer trösten und aufrichten und bedarf selbst des Trostes!»[26] Cohn fühlte sich in den folgenden Monaten zusehends in einer Falle, konnte und wollte aber nicht von Deutschland lassen, auch wenn er Silvester 1933 in der Jahresrückschau verbittert festhalten musste: «Uns älteren deutschen Juden aber hat dies Jahr doch die Heimat genommen, für die wir gekämpft haben, und wo wir uns nicht als Gäste gefühlt haben!»[27]

Die Tatsache, dass – natürlich – auch deutsche Juden im Ersten Weltkrieg gekämpft, Verdienste erworben oder zum Wohle der Allgemeinheit gearbeitet hatten, zählte nichts mehr, auch wenn es für manche Ausnahmeregelungen gab. Die Frage, ob jemand Jude war oder nicht, gewann innerhalb kürzester Zeit ungeheures Gewicht und vergiftete den Alltag. Anfang Mai 1933 registrierte die Berliner Ärztin Hertha Nathorff, dass ihre Patienten vermehrt danach fragten, ob sie Jüdin sei. «Ihr Rasseninstinkt ist bewundernswert», kommentierte sie dies sarkastisch.[28] Doch Sarkasmus war nur ein fragiles Schutzschild nach außen; wenige Tage später brach die Verletzung durch: «Diese ewige Fragerei macht mich ganz krank. Bin ich denn mehr oder weniger, wenn sie es nun plötzlich wissen? Tue ich nicht immer in gleicher Weise meine Pflicht oder mehr als das?»[29]

Auf dem Lande machte sich die Isolation, der schleichende gesellschaftliche Tod mitunter stärker bemerkbar, da dort ein Abtauchen in die Anonymität der Großstadt oder neue Kontakte zu Gleichgesinnten oder Leidensgenossen schwieriger beziehungsweise unmöglich waren. Das musste Hertha Nathorff im Sommer 1933 feststellen, als sie ihre Eltern in Süddeutschland besuchte. Ihr Vater mied nun den Stammtisch, und die Mutter empörte sich über all jene, die es nicht einmal mehr wagten, sie zu grüßen. «Die Katholiken», schreibt Nathorff, «sind zusammengesetzt aus Angst und Schrecken. Wo soll das hinführen?»[30]

Ob Nachbarn, Bekannte, Patienten oder Kunden sich von Juden nun aus Angst vor Nachteilen, vor dummem Gerede, aus opportunistischer Anpassung oder aus antisemitischer Überzeugung fernhielten, lässt sich im Einzelnen kaum unterscheiden. Das Ergebnis jedenfalls war das gleiche: die immer stärkere Isolation der Juden, ein Einsickern der Überzeugung von der Fremdheit der Juden und von der Existenz einer – wie auch immer gearteten – «Judenfrage» in breite Kreise der Gesellschaft. Das Tempo und mitunter die Selbstverständlichkeit, mit denen sich die Ausgrenzung der Juden in allen Bereichen des Lebens entfaltete, wirft ein deutliches Licht auf die fragile Stellung der deutschen Juden in der Gesellschaft vor 1933.

Freilich gab es zu dieser beschriebenen Entwicklung auch Gegenbewegungen. Das waren allerdings immer Bemühungen Einzelner; die Kirchen, die Wehrmacht, Behörden, Verbände und Vereine traten hier nicht in Erscheinung – im Gegenteil: Sie vollzogen die Ausgrenzung der Juden aktiv mit, mitunter auch weit über ein aus Opportunitätserwägungen notwendig erscheinendes Maß hinaus. So entgegnete der Kardinal von München und Freising, Michael von Faulhaber, dem Theologen Alois Wurm, der sich vergeblich um eine Veröffentlichung eines kritischen Beitrags über den Boykott in der katholischen Presse bemüht hatte, zwar: «Dieses Vorgehen gegen die Juden ist derart unchristlich, daß jeder Christ, nicht bloß jeder Priester, dagegen auftreten müßte.» Doch «für die kirchlichen Oberbehörden», schränkte er sogleich ein, «bestehen weit wichtigere Gegenwartsfragen; denn Schule, der Weiterbestand der katholischen Vereine, Sterilisierung sind für das Christentum in unserer Heimat noch wichtiger». Die Juden könnten sich, so argumentierte Faulhaber weiter, schon sehr gut selbst helfen.[31]

In der evangelischen Kirche, in deren Landeskirchen 1933/34 ein Machtkampf zwischen Bekenntnischristen und den nationalsozialistischen Deutschen Christen tobte, sah sich gleichfalls kein Würdenträger zu Protesten veranlasst. Hier waren es anfangs nur Einzelpersonen, die versuchten, auf Kirchenvertreter einzuwirken. Die Protestantin und Biologin Elisabeth Schiemann zum Beispiel war von der antijüdischen Politik tief erschüttert. Ab Juli 1933 drang sie in Briefen und Gesprächen auf den Dahlemer Pfarrer Martin Niemöller ein, öffentlich Stellung zu beziehen, was dieser zurückwies. Die Kirche solle dem Staat nicht in seine Angelegenheiten hineinreden. Auch andere fanden mit ihrer Kritik und ihren Aufforderungen zu handeln kein Gehör. Wenn Juden überhaupt ein Thema der beiden großen Kirchen in Deutschland waren, dann ging es in der Regel um die Konvertirten in ihren eigenen Reihen.

Einzelne «Volksgenossen» wandten sich mit Protesten gegen die Behandlung der Juden direkt an Verwaltung und Partei oder gar direkt an die NS-Führung und hielten im Privaten noch länger an alten Freundschaften fest. Das wird in Tagebüchern und Erinnerungen von Juden immer wieder hervorgehoben, freilich als bemerkenswerte Ausnahme von der Regel. Martin Andermann schrieb dazu 1940: «Besonders dankbar war man aber für die Besuche nichtjüdischer einstiger oder gar neuer Freunde. Denn man wusste, dass es keine konventionellen Besuche mehr gab. Es gab ja so viele, die nur zu eifrig bekundeten, dass sie einen lieber nicht mehr kennen wollten. Wie genau wusste man, dass ein Nichtjude, der einen besuchte, damit ein erhebliches Risiko lief, dass er es tat, um einem zu beweisen, dass er die Gefahr auf sich nehme, einem seine Achtung und Anhänglichkeit zu versichern.»[32] Mit der Zeit jedoch wurden solche Gesten seltener.

Ein Dauerproblem aus Sicht vieler NS-Funktionäre, daran hatte auch der Boykott gegen jüdische Geschäfte nichts ändern können, war die Tatsache, dass jüdische Geschäfte von ihrer Kundschaft nicht gemieden wurden. Untere Partei- und SA-Instanzen ließen auch nach dem Ende des Boykotts im April 1933 nicht locker und veranstalteten immer wieder lokale Boykotte, bedrängten die Kundschaft jüdischer Geschäfte oder veröffentlichten ihre Namen in den *Stürmer*-Kästen oder auf Anschlägen. In der Führung bemühte man sich mehr oder weniger entschlossen, gegenzusteuern und solche Aktionen mit Blick auf die Wirtschaft und auf negative Reaktionen im Ausland zu unterbinden. Das Gleiche spielte sich auch um die vielerorts installierten Tafeln («Juden sind hier unerwünscht») an Ortseingängen ab. Auf dem Land kam der Kampf mancher Parteivertreter gegen jüdische Viehhändler hinzu. Immer wieder bemängelten NS-Funktionäre, dass die Bauern, sei es aus alter Verbundenheit oder wegen besserer Preise, am Handel mit Juden festhielten. Mitunter klagten Gestapo, Verwaltung oder Partei darüber, dass selbst Parteigenossen bei Juden kauften. Aus Münster berichtete die Gestapo im Mai 1935: «Leider muß immer wieder die Feststellung gemacht werden, daß die Frauen von Parteigenossen, ferner auch viele Beamte und selbst Angehörige der Bewegung noch in jüdischen Geschäften kaufen. Von dieser Seite allein kann das Judenproblem mit Erfolg gelöst werden, d.h. jeder Parteigenosse muß so erzogen werden, daß er aus innerster Überzeugung die jüdischen Geschäfte meidet und auf seine Angehörigen im gleichen Sinne einwirkt.»[33] Hier, wie in anderen Bereichen auch, taten sich Widersprüche zwischen Propaganda, lokalen Realitäten und Vorgaben von oben auf, die auf die Dauer nicht ungelöst bleiben konnten.

Vor den gleichen Problemen stand die NS-Führung bei der immer wieder losgetretenen antijüdischen Gewalt. Verglichen mit den ersten Wochen des NS-Regimes und dem Frühjahr und Sommer 1935 waren die zwei Jahre dazwischen tatsächlich eine Phase relativer Ruhe. Dennoch brachen Terror und Gewalt auch in dieser Zeit nie ab. Etliche Nationalsozialisten mochten sich nicht mit einem Ende der Revolution, mithin einem aus taktischen Erwägungen heraus gemäßigten Kurs in der «Judenfrage» abfinden und initiierten in ihrem Bereich gewalttätige Übergriffe auf Juden, ihre Geschäfte und Wohnungen.

Besonders taten sich Nationalsozialisten in Hessen und in Franken hervor, aber auch andernorts waren Juden keineswegs sicher vor Gewalt. Häufig berichtete zum Beispiel die Staatspolizeistelle Kassel darüber, dass Juden die Fensterscheiben eingeworfen würden.[34] In mehreren hessischen Orten kam es über

Wochen und Monate hinweg immer wieder zu antijüdischem Vandalismus, zu handgreiflicher Gewalt und zu lautstarken Kundgebungen gegen die jüdischen Einwohner.

Im fränkischen Gunzenhausen kam es im März 1934 zu einem Pogrom gegen die örtlichen Juden, an dem weite Teile der Dorfbevölkerung beteiligt waren. Schon seit dem Frühjahr 1933 hatte es dort immer wieder gewalttätige Übergriffe gegeben. Der SA-Obersturmführer Kurt Bär ereiferte sich am 25. März 1934 in einer wüsten antisemitischen Rede. Im Anschluss daran inszenierte er mit einigen SA-Männern einen Pogrom, an dem sich Hunderte Dorfbewohner beteiligten. Sie drangen in die Wohnungen von Juden ein, verprügelten die Bewohner und demolierten das Mobiliar. Über 30 Juden brachte der Mob ins Gefängnis. Später fand man dort einen Häftling erhängt, ein weiterer hatte sich erstochen. Noch wochenlang war Gunzenhausen in Aufruhr; bis Anfang Mai wurde die Gendarmerie daher verstärkt. Dennoch wurden jüdische Geschäfte auch in dieser Zeit nachts immer wieder angegriffen. Das Landgericht Ansbach verurteilte Bär wegen Landfriedensbruch, er wurde aus der Partei ausgeschlossen. Im Sommer aber war Bär wieder da und stattete der jüdischen Gaststätte Strauß einen Besuch ab. Unvermittelt erschoss er dort mit zwei Kameraden den Inhaber und dessen Sohn.

Versuche der NS-Führung, mäßigend auf die Parteibasis einzuwirken, zeigten nur bedingt Erfolg. Immer wieder verschafften Parteigenossen und SA-Männer ihrem Judenhass Luft. Die Gestapo Kassel monierte schon im Mai 1934 einen Widerspruch zwischen Wirtschaftsministerien und «Bewegung». Es werde auf Parteiveranstaltungen immer stark gegen die Juden gesprochen, diese seien aber unverändert mit Deutschen gleichgestellt. «Der einfache Kämpfer», beklagt die Gestapo, «versteht nicht, daß er für Handlungen, die aus der Propaganda der Bewegung erwachsen sind, zur Rechenschaft gezogen wird.»[35]

Vor einem ähnlichen Problem stand die NS-Führungsriege bei Beziehungen zwischen Juden und Nichtjuden, seien es Eheschließungen oder außerehelicher Verkehr. Überlegungen, diesen Bereich durch antisemitische Gesetze zu reglementieren, hatte es sehr früh schon gegeben, doch wurden diese zunächst zurückgestellt. Dennoch verweigerten mancherorts Standesämter solchen Paaren die Eheschließung in «der Erkenntnis der völkischen Bedeutung der Judenmischehen», wie der Regierungspräsident von Ober- und Mittelfranken im Oktober 1933 berichtete.[36] Nicht nur von Behördenseite machte man Probleme. Immer wieder entlud sich an deutsch-jüdischen Paaren der organisierte Volkszorn, angeführt meist von örtlichen antisemitischen Scharfmachern aus Partei, SA oder SS. Im August 1933 wurden in Kassel mehrfach jüdische Männer in einem Umzug durch die Straßen geführt und dann aufs Polizeipräsidium gebracht, weil sie «mit deutschen Mädchen in intimen Beziehungen gestanden hatten». Die Polizei nahm sie dann für einige Tage in «Schutzhaft».[37] Zur gleichen Zeit, womöglich auch durch solche Ereignisse ausgelöst, kursierte das Gerücht, solche Beziehungen sollten mit Konzentrationslager bestraft werden.[38]

Dieses Wechselspiel zwischen einer zunächst mäßigenden Führung und dem Druck der Basis, den die NS-Führung sich bei passender Gelegenheit zu eigen machte und gegenüber den Ministerialbürokratien für radikalere Maßnahmen nutzte, trieb im Frühjahr und Sommer 1935 auf seinen Höhepunkt zu. Nach der gewonnenen Abstimmung um das Saargebiet und dem erfolgreichen Coup der Wiedereinführung der Wehrpflicht, so scheint es, entfiel manche vorläufige Rücksichtnahme. Nun konnte das zunehmend frustrierte Parteivolk von der Leine gelassen werden und sich gegen die Juden wenden. Nach der Entmachtung der SA im Sommer 1934 und dem dauernden Bremsen in den Monaten danach sollte nun etwas Druck abgebaut werden. Wie die Fortsetzung von Boykottaktionen auch nach dem April 1933 und anderes gezeigt hatten, war die Basis aber kein dressierter Tanzbär, der sich nach Gutdünken von den Leitenden am Ring durch die Manege führen ließ. Ob die deutliche Zunahme antisemitischer Gewalt und Aktivitäten im Frühjahr 1935 daher von der Basis ausging und die Führung darauf nur schnell und flexibel reagierte und nachträglich grünes Licht gab oder ob es ein von oben gesteuerter Prozess war, muss aufgrund der Quellenlage offenbleiben. Viel spricht allerdings für ein dynamisches Wechselspiel, das die lokale Parteibasis in Gang gesetzt hat – mitunter auf Initiative von NS-Funktionären der mittleren Ebene.

Ab März 1935 wurde aus allen Teilen des Reiches von einer neuen antisemitischen Welle berichtet, die sich, regional verschieden, bis zum Sommer steigerte: Jüdische Geschäfte, Arztpraxen und Kanzleien wurden boykottiert und beschmiert, die Fenster eingeworfen; Paare wurden drangsaliert, mit demütigenden Schildern durch die Orte geführt, geschlagen, mitunter wurden die jüdischen Partner auch in Konzentrationslager gesperrt; Juden wurden auf offener Straße, in Schwimmbädern und Parks angegriffen und verprügelt. In diesen Monaten wiederholte sich die antijüdische Gewalt der ersten Wochen nach Regierungsantritt in radikalerer Form.

In München zogen sich die Übergriffe gegen Juden und ihre Geschäfte ab Ende März wochenlang hin, an vorderster Front von der Hitler-Jugend betrieben. Immer wieder wurden Schaufenster und Gehwege mit antisemitischen Parolen beschmiert, schließlich Fenster eingeworfen. Da die Täter genau über die Zeiten und Routen der Polizei unterrichtet waren, blieben auch verstärkte Polizeistreifen weitgehend wirkungslos.[39] Gegen die Ereignisse in München kam von verschiedenen Seiten Protest. Rechtsanwalt Leopold Weinmann wandte sich an das Reichsinnenministerium und schilderte ausführlich verschiedene Vorkommnisse. Er berichtete unter anderem davon, dass Passanten, die entrüstete Kommentare abgaben, angepöbelt und misshandelt wurden. Er selbst hielt mit seiner Missbilligung auch nicht hinter dem Berg. Nur mit Mühe und durch rechtzeitiges Eingreifen der Polizei konnte verhindert werden, dass eine Gruppe Randalierer in seine Wohnung eindrang. «Diese Zustände sind unhaltbar», empörte er sich dem Ministerium gegenüber. «Es kann unmöglich geduldet werden, dass sich in einer Kultur- und Fremdenstadt wie München Wildwestszenen mit systematischer und pünktlicher Periodizität abspielen.»[40]

Auch eine Mutter, deren 15jähriger Sohn sich an den Aktionen beteiligt hatte, empörte sich. Ihr Sohn war nachts gegen ihren Willen aufgebrochen und hatte sich an Schmierereien beteiligt. Als er frühmorgens heimkam, musste er seiner Mutter gestehen, was er getrieben hatte. «Zu meiner großen Überraschung sagte mir mein Bub, dass sie strengen Auftrag hatten, den Eltern vom Appell und der Aktion nichts [zu] sagen. Mein Junge, in seinem kindlichen Unverstand, sagte mir noch freudigen Herzens, dass dies sein schönster Appell gewesen sei.»[41] Wie sie das antisemitische Wüten an sich sah, geht aus dem Dokument nicht hervor. Der Mutter war in erster Linie am Protest gegen die Untergrabung ihrer elterlichen Autorität gelegen.

Trotz Bemühungen, die antisemitische Welle im Reich wieder etwas einzudämmen, kam es in allen Landesteilen immer wieder zu Gewalttaten und Boykottaktionen. Dies kulminierte im Sommer 1935 und erreichte auch die Hauptstadt. Im Juni und Juli organisierte die HJ Boykotte gegen jüdische Geschäfte und Lokale, dabei angestachelt durch Äußerungen und Reden des Berliner Gauleiters, Propagandaminister Goebbels. Dabei kam es zu schwerer Gewalt. «Immer wieder das gleiche traurige Lied!», klagte Hertha Nathorff Mitte Juni. «Pöbeleien, Verfolgungen, Quälereien von Juden! In Wannsee haben sie einen Patienten blutig geschlagen. Einem anderen haben sie die Fenster eingeworfen, alles unter den Augen der Polizei.»[42]

Mitte Juli, als der antisemitische schwedische Film «Petterson & Bendel» im Kino lief, eskalierte die Situation. Goebbels versuchte nun, sich als Scharfmacher an die Spitze der Bewegung zu setzen, zumal Hitler sich kurz zuvor unzufrieden über die aus dem Ruder gelaufenen Ereignisse geäußert hatte. Polizeipräsident Magnus von Levetzow wurde ausgewechselt, und vor allem auf dem Kurfürstendamm fanden Demonstrationen statt. Diese richteten sich gegen angebliche Protestkundgebungen von Juden gegen den Film, arteten aber in wüste Schlägereien gegen jüdische Passanten aus. «Sie haben Jüdinnen ins Gesicht geschlagen», berichtete Jochen Klepper nach einem Augenzeugenbericht, «die jüdischen Männer haben sich sehr tapfer gewehrt; zu Hilfe kam ihnen niemand, weil jeder die Verhaftung fürchtet.»[43] Die Exil-SPD informierte ausführlich über die Berliner Ereignisse und versuchte, der Haltung der Bevölkerung auf den Grund zu gehen. Kein Mensch glaube an jüdische Demonstrationen, hieß es im Juli-Bericht, der auch eine Berliner Mauerinschrift zitierte: «Wenn Goebbels nicht mehr weiter kann, dann fängt er mit den Juden an.»[44]

Die aufgeheizte Pogromstimmung vielerorts machte auch vor Kindern nicht halt. Kurt Rosenberg berichtete von einem Lehrer, der den Kindern einer ersten Klasse erzählte, die Hexe im Märchen von Hänsel und Gretel sei selbstverständlich eine alte Jüdin. Dann las er ihnen eine Geschichte vor «von roten Teufeln, die alle geprügelt werden – das ist dasselbe wie Judenkinder». Die Kinder waren derart aufgestachelt, dass sie in der Pause über die wenigen jüdischen Mitschüler herfielen. Da der Lehrer jede Verantwortung zurückwies, wurden schließlich die wenigen jüdischen Kinder von der Schule genommen.[45]

Neben der erneuten Boykottwelle verbanden die antisemitischen Scharfmacher vor allem ein Thema mit ihren Aktionen: Verhältnisse zwischen Juden und Nichtjuden, vornehmlich zwischen jüdischen Männern und deutschen Frauen. Laut Kurt Rosenberg wurde Standesbeamte mit der Entlassung gedroht, sollten sie Ehen zwischen Juden und Nichtjuden schließen.[46] In vielen Städten wurden Paare angeprangert, so auch in Breslau: Hier fanden allwöchentlich Prangerumzüge statt, und die Namen der Paare veröffentlichte man in Listen. Dagegen erhoben sich jedoch auch Proteste von Betroffenen oder von Beobachtern. Ein Geschäftsmann beschwerte sich beim Polizeipräsidium, nachdem er einen solchen Umzug erlebt hatte: «Entschuldigen Sie, wenn ich Ihnen sage, daß ich mich mindestens ein Jahrhundert zurückversetzt gefühlt habe. Ausdrücklich bemerke ich, daß ich Vollarier bin und mit Juden in keiner Weise etwas gemein habe, aber es ist gerade für einen Vollarier beschämend, so etwas mit anzusehen.»[47]

Anfang Juli wurde «eine Anzahl artvergessener Frauenpersonen und Juden» wegen «Rassenschande» verhaftet. Stolz berichtete die Breslauer Gestapo: «Damit ist endlich einmal gegen das schändliche Treiben artvergessener deutscher Frauenpersonen und ihrer jüdischen Liebhaber Front gemacht worden.»[48] Die örtliche NS-Presse veröffentlichte nicht nur die Namen, sondern schilderte genüsslich Details aus dem angeblichen Sexualleben der Verhafteten. Einen Monat später kam die Gestapo erneut darauf zurück und schrieb von einer «ins Grenzenlose» gesteigerten Erbitterung der Bevölkerung, die erst durch die Verhaftung der 20 Personen habe beruhigt werden können. Dass diese in ein Konzentrationslager gebracht werden sollten, sei «mit großem Beifall» aufgenommen worden. Am Tage des Abtransports, dem 30. Juli, hätten sich Tausende auf der Straße versammelt, um das Schauspiel anzusehen.[49] Der Termin war in der Zeitung angekündigt worden. Die Menge aber, das berichtete die Exil-SPD, wurde enttäuscht, da die Verhafteten über eine Seitenstraße weggebracht wurden. «Unter der wartenden Menge wurde das Problem Rassenschande und Judenverfolgung stark diskutiert», fassten die Berichterstatter der SPD ihre Beobachtungen weiter zusammen. «Man konnte Äußerungen wie ‹die Behandlung der Juden ist eine Kulturschande› hören. Unter der Menge gab es sicher ebensoviel Gegner wie Befürworter der Maßnahmen gegen die Juden.»[50]

Stimmen wie die des protestierenden Geschäftsmanns blieben eine Ausnahme. Wie die allgemeine Bevölkerung auf die neuerliche antisemitische Welle reagierte, lässt sich kaum eindeutig feststellen. Bisweilen bezog sich eine in Berichten der Verwaltung, der Gestapo oder der Exil-SPD festgestellte ablehnende Haltung auf Stilfragen wie das vulgäre Anprangern junger nichtjüdischer Frauen. Grundsätzliche Kritik war sicherlich seltener, äußerte sich aber naturgemäß in der NS-Diktatur nicht laut. Doch gab es auch Ausnahmen wie Pfarrer Finke aus Aufenau in Hessen, der in seiner Kirche für die Juden beten ließ und deswegen Ende Juli 1935 verhaftet wurde.[51] Die Gestapo in Köln wertete die von ihr in Kleinstädten der Region beobachtete rege Teilnahme an Beerdigungen von Juden – sie spricht sogar selbst noch von «jüdischen Mitbürgern» – als Zeichen eines zunehmenden Philosemitismus.[52]

Es spricht viel dafür, dass ein Bericht aus Bayern an die SPD-Führung in Prag die Haltung der nichtjüdischen Bevölkerung in ihrer Mehrheit recht gut einfängt. «Die Judenverfolgungen finden in der Bevölkerung keinen aktiven Widerhall», heißt es dort. «Aber», so gibt man zu bedenken, «sie bleiben andererseits doch nicht ganz ohne Eindruck. Unmerklich hinterläßt die Rassenpropaganda doch ihre Spuren. Die Leute verlieren ihre Unbefangenheit gegenüber den Juden und viele sagen sich: Eigentlich haben ja die Nazis mit ihrem Kampf gegen die Juden doch recht, aber man ist gegen die Übertreibungen dieses Kampfes, und wenn man in jüdischen Warenhäusern kauft, tut man es in erster Linie nicht, um den Juden zu helfen, sondern um den Nazis eins auszuwischen.»[53]

Längst waren, das zeigten die Ereignisse 1935, der Antisemitismus und seine Folgen nicht mehr nur ein aktuelles Problem für Juden. Die Konsequenzen reichten viel tiefer und über den Tag hinaus, wie Kurt Rosenberg bereits mitten im Geschehen erkannte: «Der Antisemitismus steigt wie eine Sturmflut – und er ist längst nicht mehr ein jüdisches Problem allein, sondern Problem deutscher Ethik, deutschen Rechtsgefühls und Rechtsbewusstseins und die Frage nach dem sittlichen Wege der heranwachsenden Generation.»[54] Das moralische Wertegefüge geriet ins Rutschen und veränderte sich nachhaltig. Das sollten die kommenden Jahre zeigen.

Der Handlungsdruck, der in Breslau und vielen anderen Orten aufgebaut wurde, war enorm: Die aufgestachelte Basis dürstete nach radikaleren Maßnahmen, die uniformierte Polizei drängte auf eine gesetzliche Regelung, da sie immer wieder zwischen die Fronten geriet, Sicherheitspolizei und Gestapo schließlich nutzten die Situation, um ihre Konzepte einer Judenpolitik nach vorne zu bringen. In dieser Situation griff die NS-Führung auf ältere Überlegungen für ein antijüdisches Staatsbürgerschaftsrecht zurück. Bevor jedoch eine endgültige Entscheidung gefallen war, verfügte das Reichsinnenministerium Ende Juli 1935 schon einmal provisorisch, dass Standesbeamte Eheschließungen vorläufig aussetzen sollten, sobald ihnen bekannt würde, dass «der eine Beteiligte Vollarier, der andere Volljude ist».[55]

Forderungen verschiedener Instanzen, Ehen und Geschlechtsverkehr zwischen Juden und Nichtjuden zu verbieten, hatte es schon länger gegeben. Bereits im Dezember 1934 versammelte sich unter Leitung von Reichsärzteführer Gerhard Wagner eine Runde von Vertretern aus SS und Ministerialbürokratie beim Stab des Stellvertreters des Führers und beriet über die Rassenpolitik. Anlass waren außenpolitische Irritationen durch die Verwendung des Begriffs «Nichtarier»: Japan und andere Staaten fürchteten, dass auch Personen aus diesen Ländern darunter gefasst werden könnten. Man sah in diesem Kreis die Notwendigkeit einer besonderen Judengesetzgebung und stellte eine Liste gesetzgeberischer Maßnahmen gegen Juden auf: das Verbot von Ehen zwischen Nichtjuden und Juden, die Bestrafung außerehelichen Geschlechtsverkehrs zwischen diesen, ein Verbot der Beschäftigung weiblichen Hauspersonals usw.[56]

Wenige Monate später schaltete sich das Geheime Staatspolizeiamt in Gestalt von Werner Best ein, der im Mai 1935 in einem Schreiben an den Reichsjustizminister ebenfalls insistierte, «Mischehen» zu verbieten, da eine Anfechtung der Ehe im Nachhinein durch die Rechtsprechung fast unmöglich gemacht werde. Best sah gewissermaßen Gefahr in Verzug, da solche Ehen dem «Interesse der Reinerhaltung der Rasse» zuwiderliefen. «Trotz der umfangreichen Aufklärung», bemängelte er, «ist jedoch die Erfahrung gemacht worden, dass weite Kreise des deutschen Volkes die Schädlichkeit der jüdischen Rasse noch nicht im vollen Umfange erkannt haben. Aus dieser Unkenntnis ist es zu erklären, dass auch heute noch viele Mischehen geschlossen werden. Solange diese Frage jedoch gesetzlich noch nicht geregelt ist, ist den beteiligten Behörden die Möglichkeit zum Einschreiten nicht gegeben.»[57] Die Wehrmacht war hier in der Zwischenzeit schon aktiv geworden. Eine Woche vorher hatte sie ein Wehrgesetz erlassen, das ihren Angehörigen Ehen mit Nichtariern verbot.[58]

Am 20. August schließlich kamen bei Reichswirtschaftsminister Hjalmar Schacht die wichtigsten mit «Judenfragen» befassten Minister sowie Vertreter aus Partei und dem Sicherheitsapparat zusammen, um über die «praktische Lösung der Judenfrage» zu beraten. Einleitend machte Schacht seinem Ärger über Störungen der Wirtschaft und ein negatives Echo im Ausland durch die antijüdische Aktionen Luft. Abschließend brachte er seine Intention für die Zusammenkunft auf den Punkt und forderte: «In das herrschende Durcheinander muss ein System hineinkommen und ehe nicht dieses System praktisch durchgeführt wird, habe alles andere zu unterbleiben.»[59] Innenminister Frick pflichtete ihm bei, sprach sich gegen Einzelaktionen aus und verwies darauf, dass bereits Gesetze in Vorbereitung seien. Sein bayerischer Kollege Adolf Wagner, zugleich Gauleiter von München, rechtfertigte die Ausschreitungen der jüngsten Zeit mit den Divergenzen zwischen Staat und Partei oder auch innerhalb des Staatsapparats hinsichtlich des angezeigten Kurses in der Judenpolitik. Wegen ausbleibender Erfolge «hätten die Volksgenossen zur Selbsthilfe gegriffen»[60]. Wagner bemängelte, dass viel zu lange mit gesetzgeberischen Maßnahmen gewartet worden sei. Justizminister Gürtner schließlich wies darauf hin, dass ein Gesetz, das «Mischehen» verbiete, bald verkündet werde.

Am Schluss ergriff Reinhard Heydrich, Chef des Geheimen Staatspolizeiamts, das Wort und regte ein zweigleisiges Vorgehen an: antijüdische Gesetze, um «den Einfluss der Juden restlos auszurotten»,[61] einerseits, eine entsprechende Schulung von Partei- und «Volksgenossen» und strenge Parteidisziplin andererseits. Als praktische Schritte schlug Heydrich vier Maßnahmen vor: erstens ein Verbot von Mischehen sowie die Bestrafung von «Rassenschande», zweitens das Verbot von Grunderwerb durch Juden, drittens ein Staatsbürgerschaftsrecht, das für Juden ein Ausnahmerecht etablierte sowie schließlich viertens die Unterbindung der Freizügigkeit für Juden, um einer Landflucht entgegenzuwirken. Anfang September untermauerte Best diese Linie in einem Brief an die zentralen Behörden und ergänzte den Maßnahmenkatalog um einige Punkte.[62] In wesentlichen Fragen waren die zentralen Instanzen nun einig, Meinungsunterschiede bestanden noch in Detailfragen wie im Umgang mit «Einzelaktionen» oder in der Haltung zu judenfeindlichen Tafeln und Bannern in den Ortschaften.

Der nun gefundene Konsens wurde in der nächsten Zeit in zwei Gesetze gegossen, die am 15. September durch den eilig zusammengerufenen Reichstag in Nürnberg am Rande des Parteitags verkündet wurden: Das Reichsbürgergesetz setzte eine alte Forderung aus dem Parteiprogramm der NSDAP um und unterschied zwischen Reichsbürgern mit vollen Rechten und Staatsbürgern. Reichsbürger war fortan nur «der Staatsangehörige deutschen oder artverwandten Blutes, der durch sein Verhalten beweist, daß er gewillt und geeignet ist, in Treue dem Deutschen Volk und Reich zu dienen»[63]. Damit waren Juden keine Reichsbürger mehr. Das «Gesetz zum Schutze des deutschen Blutes und der deutschen Ehre» verbot Eheschließungen zwischen «Juden und Staatsangehörigen deutschen oder artverwandten Blutes»[64] (Paragraph 1), außerehelichen Geschlechtsverkehr zwischen diesen Personengruppen (Paragraph 2), die Beschäftigung von weiblichen nichtjüdischen Hausangestellten unter 45 Jahren in jüdischen Haushalten (Paragraph 3) sowie das Hissen der Reichsflagge (Paragraph 4).

Damit war ein zentrales Anliegen vieler Nationalsozialisten realisiert, das mit der Separierung der Juden auch einer Beruhigung der Basis dienen sollte. Propagandaminister Goebbels jubilierte in seinem Tagebuch: «Dieser Tag ist von säcularer Bedeutung. Das Judentum ist schwer geschlagen. Wir haben seit vielen hundert Jahren als Erste wieder den Mut gehabt, es auf die Hörner zu nehmen.»[65] Berichte der Parteipresse, die die Gesetze selbstverständlich bejubelte, mussten wie Spott und Häme auf jüdische Leser wirken. Im *Westdeutschen Beobachter* hieß es beispielsweise einen Tag nach Erlass der Gesetze: «Angesichts der Rechnung, die das deutsche Volk dem Judentum zu präsentieren hat, angesichts all' der Erniedrigung, der Unsumme des Schimpfes, der jahrzehntelangen Ausplünderung und der Schändung seiner Ehre – angesichts all' dieser offenen Wunden darf sich die jüdische Rasse glücklich schätzen, der Großzügigkeit eines Adolf Hitler zu begegnen. Jedes andere Volk würde seine Verderber für vogelfrei erklären, Deutschland aber setzt an die Stelle des Ausnahmerechts staatlichen Schutz und gesetzliche Ordnung.»[66]

Die Nürnberger Gesetze waren ein fundamentaler Bruch mit einer jahrzehntelangen Rechtstradition und drehten das Rad der Geschichte zurück in eine Zeit vor der Judenemanzipation. Die deutschen Juden erlebten diese Gesetze zum einen als schmerzhaften Eingriff in ihren Alltag, vor allem aber auch als einen seelischen Schock, der ihre Identität und ihr Selbstverständnis angriff. «Die seelische Auswirkung der Gesetze, die folgte», so Kurt Rosenberg im Dezember 1935 nach längerer Schreibpause rückblickend, «lässt sich nicht darstellen».[67] Victor Klemperer in Dresden war am Boden zerstört. «Der Ekel macht einen krank», kommentierte er knapp die Gesetze.[68] Zwei Wochen später stellte er sich die Frage: «Wohin gehöre ich?»[69] Seine Antwort fiel eindeutig aus, stand aber im Widerspruch zu seiner Zeit: «Zum ‹jüdischen Volk›, dekretiert Hitler. Und *ich* empfinde das [...] jüdische

Volk als Komödie und bin nichts als Deutscher oder deutscher Europäer.»

Willy Cohn in Breslau zeigte sich wenig überrascht, habe man so etwas bei genauer Beobachtung doch kommen sehen, denn darin seien die Nationalsozialisten konsequent. Er bewertete die Gesetze zunächst von einem anderen Standpunkt aus. «Das Verbot der Mischehe», schrieb er, «begrüße ich vom jüdischen Standpunkt durchaus.»[70] Drei Tage später ergänzte er dazu: «Das Erfreuliche ist, daß das Judentum als Volkstum anerkannt wird. Den Assimilanten wird damit in Deutschland jede Möglichkeit entzogen.»[71] Cohn verband, wie viele andere auch, mit dem Erlass der Gesetze die Hoffnung auf «eine Beruhigung im Verhältnis zwischen Deutschen und Juden»[72]. Kurt Rosenberg schrieb von einem Aufatmen, denn sie hätten «weit Schlimmeres erwartet»[73]. Die Reichsvertretung der Juden in Deutschland hoffte in einer Stellungnahme, die in der jüdischen Presse abgedruckt wurde, auch auf ein erträgliches Verhältnis zwischen Deutschen und Juden. Voraussetzung dafür aber sei es, «daß den Juden und jüdischen Gemeinden in Deutschland durch Beendigung ihrer Diffamierung und Boykottierung die moralische und wirtschaftliche Existenzmöglichkeit belassen wird».[74]

Die deutschen «Volksgenossen» tangierten die Gesetze nicht, wenn sie nicht gerade zu den weiblichen Hausangestellten gehörten, die zur Jahreswende 1935/36 ihre Stellung verlieren sollten. Ihre Einstellung zu den Gesetzen war laut Berichten aus Polizei und Verwaltung gespalten. Die Berliner Gestapo sah «große Befriedigung und Begeisterung»[75], während die Gestapo in Magdeburg in bürgerlichen Kreisen wachsendes Mitleid mit Juden und Kritik am Tempo der Ausgrenzung, in Arbeiterkreisen aber Gleichgültigkeit ausmachte. «Alles in allem», resümierten die Magdeburger Berichterstatter, «kann also gesagt werden, daß die neuen Gesetze außerhalb der rein nationalsozialistischen Bevölkerung zum Teil mit Gleichgültigkeit, zum Teil mit sehr wenig Verständnis aufgenommen worden sind.»[76]

Die Exil-SPD widmete sich detaillierter und differenzierter der Volksmeinung in Deutschland. Aus den bei ihr eingegangenen Berichten schloss sie, dass zwar eine Mehrheit einen vulgären Radau-Antisemitismus im Stile des fränkischen Gauleiters und *Stürmer*-Herausgebers Julius Streicher ablehne, die antisemitische Propaganda dennoch Wirkung gezeitigt habe: «Daß es eine ‹Judenfrage› gibt, ist allgemeine Auffassung.»[77] Untermauert wurde dies unter anderem durch Berichte aus Berlin. «Ganz langsam werden die Anschauungen hineinfiltriert», stand dort, «die früher abgelehnt wurden. Zunächst liest man den ‹Stürmer› nur aus Neugier, dann aber bleibt schließlich doch etwas hängen.»[78] Es sei den Nationalsozialisten gelungen, die Kluft zwischen Juden und Nichtjuden zu vertiefen. «Das Empfinden dafür», so weiter, «daß die Juden eine andere Rasse sind, ist heute allgemein.»[79] Aus Bayern wurde berichtet, dass auch viele Nicht-Nationalsozialisten und sogar Sozialisten, die «in gewissen Grenzen damit einverstanden sind, daß man den Juden die Rechte beschneidet»[80], manche Methoden ablehnten.

Die Hoffnung vieler Juden, die Gesetze seien ein Schlussakt der antijüdischen Maßnahmen und vor allem der brutalen Willkür, – ebenso wie die Erwartung mancher «Volksgenossen», nun verlaufe die Judenpolitik in klaren rechtlichen Bahnen –, sollte enttäuscht werden. Zwar nahm das Ausmaß lokaler «Einzelaktionen» ab, doch immer wieder flammte antijüdische Gewalt auf, oder es wurden «Volksgenossen» traktiert, die sich mit Juden einließen. Der französische Botschafter André François-Poncet schätzte die Lage Ende Oktober 1935 sogar so ein, dass die antisemitische Kampagne «nie zuvor mit größerer Brutalität geführt worden»[81] sei. Es gebe einen Wettstreit, wer der beste Nationalsozialist und der größte Antisemit sei. «Die Juden müssen ‹krepieren› oder verschwinden», berichtete er weiter nach Paris. «Das ist die bevorzugte Lösung für tausende Männer und Frauen, denen die fürchterliche Propaganda eines Julius Streicher vollständig den Sinn für Verhältnismäßigkeit geraubt hat.»[82] Auch Kinder und Jugendliche ließen sich nicht so umstandslos von Gewalttätigkeiten abhalten. Aus Springe im Raum Hannover berichtete die Gestapo beispielsweise, dass sechs Mitglieder des Jungvolks, angeführt von einem 13Jährigen, 90 Fensterscheiben an den Schuppen zweier jüdischer Getreidehändler eingeworfen hätten.[83]

Die Nürnberger Gesetze bereiteten nun einer neuen massenhaften Erscheinung den Boden: den Denunziationen und Anklagen wegen «Rassenschande» oder der Kritik daran, mit denen Partei, Polizei und Verwaltung beinahe überflutet wurden. Direkte körperliche Gewalt nahm nach dem Parteitag hingegen langsam wieder ab. Durch die Rassengesetzgebung sahen sich die Nationalsozialisten erneut vor das Problem gestellt, genau definieren zu müssen, wer überhaupt Jude war und wer nicht. Das Ergebnis war eine krude Mischung aus «rassischen» Kriterien, also der Abstammung, und religiösen, wie die Definition der «Mischlinge» zeigte: «Jüdischer Mischling ist, wer von einem oder zwei der Rasse nach volljüdischen Großeltern abstammt, sofern er nicht nach § 5 Abs. 2 als Jude gilt. Als volljüdisch gilt ein Großelternteil ohne weiteres, wenn er der jüdischen Religionsgemeinschaft angehört hat.»[84] Als Jude sollte fortan gelten, wer von mindestens drei «volljüdischen» Großeltern abstammte oder aber von zweien und zudem Mitglied der jüdischen Religionsgemeinschaft war; überdies auch «Mischlinge», die mit einem Juden verheiratet waren. Demnach lebten im Deutschen Reich etwa 500 000 «Volljuden» und rund 200 000 «Mischlinge», die von den Gesetzen betroffen waren.[85] So abstrus die Definitionen heute auch erscheinen mögen, mehr und mehr Deutsche glaubten daran. Und für viele deutsche Juden entschieden sie fundamental über Wohl und Weh – etwa über die Entlassung jüdischer Beamter.

Nach Verkündung der Nürnberger Gesetze waren NS-Führung sowie Verwaltung um eine möglichst geräuschlose Abwicklung der Judenpolitik auf dem Verordnungswege und um Eingrenzung von «Einzelaktionen» bemüht. Beherrschendes Thema dieser Zeit waren wirtschaftliche Fragen – die Zurückdrängung der Juden aus Handel und Wirtschaft. Schon im Februar 1936 begannen die Olympischen Winterspiele. Das NS-Regime wollte alles vermeiden, was ein schlechtes Licht auf Deutschland werfen könnte, und sich ausländischen Besuchern möglichst friedfertig präsentieren. Das erklärt auch, warum der tödliche Anschlag auf Wilhelm Gustloff, den Landesgruppenleiter der Auslandsorganisation der NSDAP in der Schweiz, den der jüdische Medizinstudent David Frankfurter am 4. Februar 1936, unmittelbar vor Eröffnung der Spiele, verübte, nicht in einen Pogrom mündete wie 1938 das Pariser Attentat. Reichsinnenminister Frick reagierte umgehend und wies einen Tag darauf die Reichsstatthalter, Landesregierungen und die preußische Polizei an, jedwede «Einzelaktion» aus Anlass des Attentats zu unterbinden und scharf gegen eventuelle Ausschreitungen vorzugehen.[86]

1936 wurden keine einschneidenden gesetzgeberischen Maßnahmen verabschiedet. Das hieß jedoch nicht, dass Juden in Deutschland nun ein zwar eingeschränktes, aber weitgehend unbehelligtes Dasein fristeten. Darauf machte auch die *Pariser Tageszeitung* im Exil aufmerksam, die im Juni 1936 unter der Überschrift «Ein Paradies für Erpresser» den Bericht eines Sonderberichterstatters der Jüdischen Telegraphenagentur abdruckte. Dieser beklagte, dass nur noch wenig über die tatsächliche Situation deutscher Juden nach außen dringe. «Der Schatten der Nürnberger Gesetze lastet riesengross über Deutschland», schrieb er, «aber besonders über den Kleinstädten und den Orten mittlerer Grösse. Mit diesen Gesetzen, besonders dem über Rassenschande, ist Deutschland ein klassisches Land für Erpresser geworden.»[87] Viele Juden würden erpresst und wegen «Rassenschande» verurteilt, sie seien immer stärkeren Einschränkungen im Handel und in der Ausübung ihrer Berufe ausgesetzt, und die Zahl der Selbstmorde nehme nicht ab.

All dies spielte sich vielfach im Verborgenen ab, die Presse berichtete wenig darüber. Im Alltag verschlechterte sich die Lage zusehends. «Die Einschränkung des jüdischen Lebenskreises wächst»,[88] konstatierte Kurt Rosenberg im April und berichtete von der Befürchtung vieler Juden, dass es nach den Spielen wieder schlimmer werde. In Berlin, so hörte er, singe die SA: «Ist erst die Olympiade aus / Schmeissen wir alle Juden raus!»[89] Überdies war die psychische Belastung der Ausgrenzung unvermindert hoch. «Wir sind völlig isoliert», beschrieb Victor Klemperer seine trostlose Lage.[90] Umso größer war die Erleichterung, wenn einmal Gelegenheit war, wenigstens für kurze Zeit all die Bedrängnisse in Deutschland hinter sich zu lassen. «Wie schön das war», schrieb Hertha Nathorff über ihre Ferien in Italien, «einmal 4 Wochen lang keine Schilder mit der Inschrift ‹Juden unerwünscht›, ‹Baden für Juden verboten›. Einmal wieder freier Mensch gewesen zu sein!»[91]

Zeit zum Durchatmen sollte den Juden kaum bleiben. Hinter den Kulissen wurden bereits die nächsten Schritte der antijüdischen Politik beraten. Ende September 1936 trafen sich die Staatssekretäre und Beamte des Innen- und Wirtschaftsministeriums sowie Vertreter des Stellvertreters des Führers, um «die grundsätzliche Richtung der gesamten Judenpolitik und damit die Einheitlichkeit aller judenpolitischen Massnahmen sicherzustellen»[92]. Einig waren sich die Herren darin, dass «die Judenfrage erst dann als gelöst angesehen werden [kann], wenn es in Deutschland keinen Juden mehr gibt»[93]. Dies könne aber nur in Etappen erreicht werden, deren Tempo sich nach Nutzen oder Schaden für das deutsche Volk zu richten habe. Im Vordergrund des Gesprächs stand zum einen die Frage der weiteren Absonderung der Juden von der Mehrheitsgesellschaft, zum anderen, in welchem Maße Juden über das bisherige Ausmaß hinaus wirtschaftlich eingeschränkt werden könnten, ohne das Ziel einer restlosen Auswanderung zu gefährden. Zu einem klaren Ergebnis kam man nicht, doch die Stoßrichtung der nächsten Zeit – Fortschreiben der Isolationspolitik und Zurückdrängen der Juden aus Wirtschaft und Handel – war klar.

Auch der Sicherheitsdienst der SS unter Heydrich ging bei seinen Konzepten von dem Ziel einer «Entjudung Deutschlands» aus, stellte allerdings Anfang 1937 einen Rückgang der Auswanderung von Juden fest. Daher sprach man sich hier für einen nunmehr radikaleren Kurs aus. Die «Verdrängung der Juden aus der Wirtschaft» und «der politische und gesetzliche Druck»[94] sollten erheblich forciert werden: Geschäfte sollten gekennzeichnet, «verdeckte» jüdische Beteiligungen an Betrieben verhindert, die Bevölkerung solle aufgeklärt, die Freizügigkeit für Juden eingeschränkt und ihre Pässe markiert sowie schließlich die technischen Fragen der Auswanderung durch Zentralisierung der Instanzen vereinfacht werden. Und Terror blieb weiter ein Druckmittel: «Das wirksamste Mittel, um den Juden das Sicherheitsgefühl zu nehmen, ist der Volkszorn, der sich in Ausschreitungen ergeht. Trotzdem diese Methode illegal ist, hat sie, wie der ‹Kurfürstendamm-Krawall› zeigte, langanhaltend gewirkt».[95] Wenn auch der antisemitische Straßenterror nicht aus dem Apparat von SS und Polizei heraus angestoßen wurde, wusste man doch, ihn für die eigenen Zwecke zu instrumentalisieren. Das Bedrohungsgefühl, die Gewalt könne jederzeit wieder losbrechen, wurden viele deutsche Juden nicht mehr los, wenngleich sie von solchem Kalkül nichts wussten.

Neben den politischen Gegnern und den Juden richtete sich die Verfolgungspolitik der Nationalsozialisten gegen weitere als «rassisch minderwertig» deklarierte Gruppen, die als Gefahr für die Volksgemeinschaft angesehen wurden. Mehr noch als in der Judenpolitik gab es bei den Maßnahmen gegen Sinti und Roma, Homosexuelle und Behinderte Kontinuitäten aus der Weimarer Republik. Alle diese Gruppen waren bereits früher in das Fadenkreuz eines rassistischen Diskurses geraten, das staatliche Behörden gegen sie mobilisiert hatten. Vieles von dem griffen die Nationalsozialisten auf, setzten es aber in ungleich radikalerer Form in die Praxis um. Die Rassenideologie nationalsozialistischer Ausprägung, deren Nukleus der Antisemitismus war, verfolgte die

Utopie von einer rassisch homogenen und sozial angepassten Volksgemeinschaft. Der Ausschluss von «Rassefremden» wie Juden oder Sinti und Roma war ein Mittel zur Erreichung des Ziels, ein anderer die «Reinigung des arischen Volkskörpers» von «Minderwertigen» und «Entarteten» wie sogenannten Asozialen, Homosexuellen und Erbkranken. Die «negative Ausmerze» sollte begleitet werden von positiven Maßnahmen zur Förderung der Gesunden und «Rassereinen», etwa durch eine besondere Familienpolitik. Diese Doppelstrategie bestimmte wesentlich die NS-Politik in vielen Bereichen. Während die antijüdische Politik der ersten Jahre die Juden von der übrigen Bevölkerung separieren wollte, hoben die Maßnahmen gegen «Asoziale» und tatsächlich oder vermeintlich Erbkranke auf eine langfristige biologische Lösung ab.

Schon im Sommer 1933 wurden mit dem «Gesetz zur Verhütung erbkranken Nachwuchses» gegen den Widerstand der konservativen Bündnispartner die Grundlagen für eine «negative Auslese» gelegt. Vor dem von ihm eingesetzten Sachverständigenbeirat für Bevölkerungs- und Rassenpolitik erläuterte Innenminister Frick die Grundzüge der nationalsozialistischen Rassenpolitik. Es gelte, den kulturellen und völkischen Niedergang des deutschen Volkes aufzuhalten. Der Geburtenausfall durch den Weltkrieg, eine Bedrohung durch «Rassenmischung und Rassenentartung» sowie der Umstand, «daß gerade oft schwachsinnige und minderwertige Personen eine überdurchschnittlich große Fortpflanzung aufweisen», versetzten Frick und andere führende Nationalsozialisten in Unruhe. Vor dem Beirat malte er die Konsequenzen in düsteren Farben: «Das bedeutet aber, daß die begabtere wertvolle Schicht von Generation zu Generation abnimmt und in wenigen Generationen nahezu völlig ausgestorben sein wird, damit aber auch Leistung und deutsche Kultur.»[96] Um dem gegenzusteuern, setzte Frick zum einen auf Aufklärungsarbeit in den Schulen sowie auf positive bevölkerungspolitische Maßnahmen, zum anderen aber auf die

Senkung der Wohlfahrts- und Betreuungskosten für Erbkranke und «Asoziale» sowie auf die Verhinderung ihrer Fortpflanzung.

Wenig später, am 14. Juli 1933, konnte das «Gesetz zur Verhütung erbkranken Nachwuchses», das zum 1. Januar 1934 in Kraft trat, gegen den Widerstand von Vizekanzler Papen verabschiedet werden. Hitler hielt Papen im Kabinett entgegen, es sei «moralisch unanfechtbar, wenn man davon ausgehe, daß sich erbkranke Menschen in erheblichem Maße fortpflanzten, während andererseits Millionen gesunder Kinder ungeboren blieben»[97]. Das Gesetz sah die Sterilisierung der Betroffenen auch gegen ihren Willen vor, wenn eine der neun im Gesetz genannten Erbkrankheiten vorlag. Dazu zählten vor allem wissenschaftlich umstrittene und nicht klar abgrenzbare Krankheiten wie «angeborener Schwachsinn», Schizophrenie, «manisch-depressives Irresein» oder erbliche Fallsucht. Anträge auf Sterilisierung konnten die Betroffenen selbst, ihre gesetzlichen Vertreter, Amts- und Gerichtsärzte sowie die Leiter der Heil- und Pflegeanstalten oder der Kranken- und Strafanstalten stellen. Neu eingerichtete Erbgesundheitsgerichte, zusammengesetzt aus Ärzten und Richtern, entschieden in nicht öffentlicher Sitzung über die Anträge. Der Gesetzeskommentar verbrämte die Regelung als «Anfang der Vorsorge für das kommende Geschlecht, um unsern Kindern und Kindeskindern eine bessere und gesündere Zukunft zu gestalten», und als Ende «einer übertriebenen selbstmörderischen Nächstenliebe der vergangenen Jahrhunderte»[98]. Luise Solmitz begrüßte das Gesetz am Tag seines Inkrafttretens euphorisch als ein «Segen für die Menschheit, wenn sich das wirklich u. wahrhaftig durchführen läßt»[99].

Den Ärzten war damit eine Schlüsselfunktion zugewiesen worden; ihre Handlungsmöglichkeiten waren kaum begrenzt. Sie waren an allen Etappen der Zwangssterilisierung beteiligt: Ärzte mussten «Erbkrankverdächtige» melden, sie stellten die Anträge, sie waren Gutachter bei Gericht; Ärzte entschieden als Beisitzer des Erbgesundheitsgerichts mit über die Anträge und sie führten schließlich das Urteil aus. Die umstrittenen und unklaren Indikationen öffneten ärztlicher Willkür und rassistischem Missbrauch Tür und Tor. Den Betroffenen und ihren Angehörigen blieben nur zwei Wege, sich legal gegen eine drohende Sterilisierung zu wehren: Sie konnten sich auf eigene Kosten in eine Anstalt einweisen lassen, wozu die wenigsten die Mittel hatten, oder aber Einspruch einlegen, über den eine zweite und zugleich letzte Instanz entschied. Wofür sie sich auch entschieden, beides konnte und wurde zu ihren Ungunsten ausgelegt: Proteste deuteten die Gutachter mitunter gerade als Bestätigung der Diagnose; desgleichen wurde widerspruchloses Hinnehmen als ein Indiz unter anderen für die Diagnose «angeborener Schwachsinn» gewertet. Diese aussichtslose Lage blieb manchen Betroffenen nicht verborgen. Eine Frau im Saargebiet zum Beispiel legte im Juli 1938 Beschwerde gegen das Urteil ein, das auch eine «stark hysterische Reaktionsbereitschaft» konstatierte. «Jedem, der sich in meine Lage versetzen kann», schrieb sie, «dürfte mein Verhalten vor Gericht verständlich sein. Natürlich war ich sehr aufgeregt und habe lediglich versucht, mich gegen die unzutreffenden Unterstellungen zu wehren. Ich habe um eines meiner wesentlichen Menschenrechte gekämpft. Hätte ich dagegen alles ruhig hingenommen, hätte man daraus vielleicht auf geistige Minderwertigkeit geschlossen.»[100]

Wenngleich ein großer Teil der Ärzteschaft der Regierung bereitwillig folgte und in dem Gesetz seine Vorstellungen von einem sinnvollen und entschlossenen Vorgehen in Erbgesundheitsfragen verwirklicht sah, waren die Maßnahmen doch nicht unumstritten. In die Kritik geriet die Sterilisierung in erster Linie wegen ihres Zwangscharakters, nicht wegen ihres Kernanliegens. In der evangelischen Kirche war die Akzeptanz sehr viel höher als in der katholischen, die ihre Ablehnung 1934 auch in einer Kanzelabkündigung kundtat. So nimmt es nicht wunder, dass weitaus mehr Eingaben und Protestschreiben gegen das Gesetz in katholisch geprägten Regionen eingingen.

Rund 400 000 Zwangssterilisationen wurden bis 1945 durchgeführt, etwa 300 000 davon bis zum Kriegsbeginn, die meisten bis 1937.[101] Anfangs waren es vor allem Anstaltsinsassen, die mit Sterilisationsverfahren überzogen wurden. Je mehr jedoch auch Menschen außerhalb der Anstalten angezeigt wurden, desto stärker schwand die Akzeptanz des Gesetzes und desto größer wurde die Angst, womöglich selbst einmal Opfer zu werden. Die Folge war, dass das Misstrauen gegenüber Ärzten wuchs. So wurde in Köln beispielsweise eine Röntgenreihenuntersuchung, die der Früherkennung von Tuberkulose dienen sollte, mit großer Skepsis aufgenommen. Im Mai 1937 stellte Reichsärzteführer Wagner gar «eine zeitweise geradezu psychotische Furcht»[102] vor einem Sterilisationsverfahren fest.

Solchen Ängsten, Vorbehalten und Protesten sollte mit Aufklärungsarbeit auf mehreren Ebenen begegnet werden. Walter Groß, der Leiter des Rassenpolitischen Amtes der NSDAP, legte im Januar 1936 in einem Vortrag die Strategie offen, mit der die Skeptiker gewonnen werden sollten. Man müsse diesen in Sprache und Argumentation entgegenkommen. «D.h.», führte Groß aus, «ich muß christlicher, katholischer, triefender sprechen als der Pfarrer dieser Leute. Es muß heißen: ‹Der will ja gar nichts anderes als wir.› [...] Wir müssen getarnt vorgehen, verkappt, jesuitischer als Jesuiten! Nicht zu Frontalangriffen darf es kommen, sonst werden Fronten geschaffen. Diese aber müssen gelockert werden.»[103] Das Rassenpolitische Amt führte bis 1938 weit über 60 000 Veranstaltungen zum Thema durch, veröffentlichte eine Zeitschrift und organisierte Plakataktionen in Schulen und Standesämtern. In die Heil- und Pflegeanstalten wurden zahlreiche Besuchergruppen geführt, die Patienten somit als Statisten einer gegen sie gerichteten rassistischen Propaganda missbraucht. Zwischen 1933 und 1939 besuchten über 21 000 Menschen allein die Anstalt Eglfing-Haar bei München.

Unter den Besuchergruppen waren auch Schulklassen, die anschließend Aufsätze verfassten. Rassenkunde und Rassenhygiene wurden Unterrichtsstoff und die Schulbücher zu einem propagandistischen Werkzeug. Diese stießen in das gleiche Horn wie die Ideologen und Macher der rassistischen Politik; sie propagierten eine negative Auslese, warnten vor «Rassenmischung» und malten das Schreckgespenst des Untergangs des deutschen Volkes an die Wand, der drohe, wenn nicht entschlossen eingegriffen werde. Dies habe die nationalsozialistische Regierung durch ihre Gesetze getan. Doch es komme auf jeden Einzelnen an: «Das Leben des Einzelmenschen ist abhängig vom Wohlergehen seines Volkes; das Wohlergehen des Volkes wiederum ist bedingt durch die Lebenstüchtigkeit seiner einzelnen Glieder. Das Volk ist ein Organismus; der Einzelmensch eine Zelle desselben!»[104]

Dieser Logik zufolge konnte bereits eine kranke Zelle den gesamten «Volkskörper» bedrohen. Das erklärt den Eifer, mit dem überzeugte Verfechter dieser Lehre ans Werk gingen und warum manche eine verschwindend kleine Minderheit von wenigen hundert Menschen zu einer nationalen Bedrohung aufbauschten.

Am 8. Februar 1934 monierte Hein Schröder in der *Deutschen Zeitung* unter der Überschrift «Das Erbe der Schwarzen Schmach» sogar noch eine Gesetzeslücke: Das Sterilisationsgesetz decke die Kinder von farbigen französischen Besatzungssoldaten der Nachkriegszeit mit deutschen Frauen nicht ab. Diese kämen aber bald in ein zeugungsfähiges Alter, daher sei ihre Sterilisierung dringend notwendig. «Man wird einwenden wollen: Warum sollen diese armen Kinder sterilisiert werden? Sie werden doch nicht zur Heirat kommen in Deutschland. Damit ist kein entscheidender Einwand erhoben», schrieb Schröder. «Denn erstens kommt es nicht auf die Heirat an, sondern auf die Möglichkeit zur Fortpflanzung, und zweitens ist dem Deutschen heute das rassische Stilgefühl noch nicht soweit anerzogen, daß er die Zeugung von Kindern mit solchen fremdrassigen Elementen instinktiv ablehnt. [...] In rücksichtsloser Verfechtung des nordischen Gedankens zur Wahrung unseres nordischen Zuchtzieles erscheint die Sterilisierung der Nachkommen Farbiger aus der Besatzungszeit als unumgängliche Notwendigkeit.»[105]

Dies betraf vermutlich 500 bis 600 Kinder in Deutschland, die vor allem im Rheinland lebten. Die dortigen Regierungspräsidenten wiesen Gesundheitsämter und Ärzte darauf hin, dass sie bei der Durchführung des Sterilisationsgesetzes ein besonderes Augenmerk auf diese Kinder richten sollten. In Düsseldorf geriet daher ein zehnjähriger Junge in die Mühlen des Sterilisationsapparats. Der Stadtarzt war der Ansicht, dass er in seiner Entwicklung um zwei oder drei Jahre zurückliege und ein Fall von Schwachsinn vorliege. Daher sei das Gesetz anzuwenden.

Der Umstand, dass die als «Rheinlandbastarde» diffamierten Kinder nicht per se aufgrund des Gesetzes sterilisiert werden konnten, brannte den Hardlinern der Rassenpolitik dennoch auf den Nägeln. Der Leiter des Rassenpolitischen Amtes der NSDAP beklagte dies auf einer Sitzung einer Arbeitsgemeinschaft des Sachverständigenbeirats für Bevölkerungs- und Rassenpolitik. Er sah nur drei Möglichkeiten: die Konstruktion einer gesetzeskonformen Indikation, ein neues Gesetz oder die illegale, aber von der Partei legitimierte Sterilisation. Der erste Weg, den er für den besten hielt, schloss er aus, da «Deutschland heute noch nicht über den verschwiegenen und zuverlässigen Apparat verfügt, um in solchen Sonderfällen stillschweigend aus völkischem Verantwortungsbewußtsein unbemerkt Rechtsbrüche zu begehen»[106]. Letztlich wurde es eine Kombination genau dieses Wegs mit dem Letzteren. Im Frühjahr 1937 wurde bei der Gestapo eine Sonderkommission gebildet, die sich der unauffälligen Sterilisierung dieser Kinder annehmen sollte. Vermutlich ist es bei einem Großteil der Kinder daraufhin zu einer Sterilisierung gekommen.

Das ist nicht der einzige Fall, dass das Gesetz als Verfolgungsinstrument gegen eine bestimmte Gruppe verwendet wurde, indem man sich die unscharfen Indikationen zunutze machte. So wurden auch Sinti und Roma oder andere als «asozial» Stigmatisierte Opfer. Diagnosen auf Erbkrankheiten wie «angeborener Schwachsinn» dienten dabei nur als leicht durchschaubarer Vorwand. Bei den insgesamt rund 400 sterilisierten Sinti und Roma musste fast immer diese Diagnose herhalten. Damit wurden Sinti und Roma erheblich häufiger Opfer der Zwangssterilisation als andere, lebten 1933 doch nur rund 25 000 «Zigeuner» im Deutschen Reich. Wegen des besonders hohen Stellenwerts von Kindern in ihrer Kultur widersetzten sich Sinti und Roma heftig einer Sterilisierung: Viele flohen oder versuchten, durch Eingaben dem Eingriff zu entgehen.

Jenseits solcher Maßnahmen bewegte sich die Verfolgung von Sinti und Roma in den ersten Jahren des NS-Regimes weitgehend in den Bahnen, die vielerorts bereits vor 1933 eingeschlagen worden waren: durch Vertreibungen oder eine erzwungene Sesshaftmachung. Zentrale, speziell auf Sinti und Roma bezogene Schritte wurden noch nicht unternommen, so dass die Länder und Kommunen jeweils eigene Wege gingen; diese machten ihnen Auflagen, die sie zum Verlassen des Ortes nötigten, kürzten Unterstützungszahlungen, erlegten ihnen indirekte oder direkte Berufsbeschränkungen auf oder wiesen ihnen unzumutbare Rastplätze zu. Auf ein daraus resultierendes Problem wies 1936 ein württembergischer Landjäger in den *Kriminalistischen Monatsheften* hin: «Da, wo Behörden und Polizeiorgane scharf gegen sie vorgingen, verzogen sich die Zigeuner, um irgendwo anders, wo man nicht so scharf war, desto mehr zu brandschatzen.»[107] Diese Maßnahmen waren nicht neu, dafür aber die Überführung alter antiziganistischer Vorurteile in eine rassistische und biologistische Perspektive. Für die Sinti und Roma sollte dies spätestens ab 1938 fatale Folgen haben.

Bürokratie der Verfolgung

Bei der Planung und der Umsetzung der Verfolgungspolitik konnten die Nationalsozialisten in hohem Maße auf die bereits vorhandenen Strukturen und Institutionen zurückgreifen; Entlassungen und Umbesetzungen waren nur in verhältnismäßig geringem Umfang notwendig und betrafen vor allem die führenden Positionen. Grundlegende Einschnitte gab es zunächst nur bei der Politischen Polizei und durch die Etablierung neuer Strukturen in Gestalt der Konzentrationslager und ihrer Verwaltung. Die Nationalsozialisten verstanden es, Schlüsselpositionen nicht nur zu besetzen, sondern sie auch ausgiebig für ihre Zwecke zu nutzen. Überdies entfalteten sie in den ersten Wochen und Monaten eine Dynamik, der die alten Kräfte kaum etwas entgegensetzen konnten oder wollten, deckte sich doch vieles mit ihren Vorstellungen von einer gestrafften Staatsführung und der Überwindung verhasster demokratischer Strukturen.

Eine Schlüsselrolle spielte anfangs Hermann Göring, nach Hitler der starke Mann der Nationalsozialisten in der Regierung. Als faktischer preußischer Innenminister und ab April 1933 auch Ministerpräsident hatte er direkten Zugriff auf den größten Polizeiapparat des Reichs, den er vom ersten Tag an weidlich für die Etablierung der Diktatur und die gewaltsame Ausschaltung ihrer Gegner zu nutzen wusste. Kaum im Amt, erteilte er noch am 30. Januar den Auftrag, alle kommunistischen Funktionäre zu erfassen; bei sich bietender Gelegenheit sollte die Polizei schnell und umfassend zugreifen können. Die Nationalsozialisten hatten nie einen Hehl daraus gemacht, was linken Funktionären im Falle einer Regierung Hitler drohte: «Sofortige Verhaftung und Aburteilung aller kommunistischen und sozialdemokratischen Funktionäre» sowie die «Unterbringung Verdächtiger und intellektueller Anstifter in Konzentrationslagern»[108] war im August 1932 im Parteiblatt *Völkischer Beobachter* zu lesen gewesen. Anfang März 1933 hatte Reichsinnenminister Frick dies öffentlich wiederholt; zu diesem Zeitpunkt war es für Tausende bereits zu spät.

Innerhalb kürzester Zeit bemächtigte sich Göring des Polizeiapparats und machte ihn zu einem zentralen Instrument der nationalsozialistischen Verfolgung und Herrschaftssicherung. Mitte Februar ließ er die Beobachtung der NSDAP einstellen, wenige Tage später, am 22. Februar, stellte er zahlreiche SA- und SS-Männer als Hilfspolizeikräfte auf. Mit dem Reichstagsbrand in der Nacht vom 27. auf den 28. Februar war schließlich der ersehnte Vorwand für die umfassende Ausweitung und Systematisierung der schon in den Wochen zuvor durch triumphierende SA-Trupps begonnenen Verfolgung der politischen Gegner da. Innerhalb weniger Stunden waren dank der vorbereiteten Listen, die teilweise auf Vorarbeiten aus den Jahren 1930/31 beruhten, mehrere tausend Kommunisten verhaftet. Die noch am gleichen Tag verabschiedete Notverordnung, die zentrale Grundrechte außer Kraft setzte und der Behördenwillkür Tür und Tor öffnete, legte die Grundlagen für die totale Ausschaltung der Gegner sowie für die Legitimation und Verstetigung des Terrors. Die Nationalsozialisten und auch die Polizei waren vortrefflich gerüstet für diesen großen Schlag, die Opposition war es nicht.

Doch wie war es möglich, dass gerade die preußische Polizei, in der die Sozialdemokraten lange Zeit ein Bollwerk der Demokratie sahen, sich so reibungslos in die Bekämpfung der Hitlergegner einbinden ließ? Die Einmischung Görings in die Polizei war Ende Februar, Anfang März noch gering; einige führende Köpfe waren ausgetauscht worden, das Gros des Polizeiapparats blieb zunächst unberührt. Mit den Kommunisten, das wird in weiten Teilen der Polizei common sense gewesen sein, traf es die Richtigen; ihr stetiger Stimmenzuwachs sowie die teils bürgerkriegsähnlichen Straßenkämpfe in den frühen dreißiger Jahren hatten bei vielen ein starkes Bedrohungsgefühl hervorgerufen. Hartes Durchgreifen schien nicht nur legitim, sondern eine staatspolitische Notwendigkeit zu sein. Dass sie nun tun konnten, was als notwendig angesehen wurde, ohne von – aus ihrer Sicht – lästigen und ineffektiven rechtsstaatlichen Hindernissen gebremst zu werden, wird vielen Polizisten zugesagt haben.

Ein tiefer personeller Einschnitt war die Regierungsübernahme der Nationalsozialisten im Polizeiapparat nicht. Die große Masse der Polizisten versah weiter brav ihren Dienst. Neben der Neubesetzung wichtiger Schlüsselfunktionen richteten die Nationalsozialisten zunächst ihr besonderes Augenmerk auf solche Beamte, die sich vor 1933 bei der Beobachtung und Bekämpfung der NSDAP hervorgetan hatten oder als überzeugte Sozialdemokraten hervorgetreten waren.

Von zentraler Bedeutung für die nationalsozialistische Verfolgungspolitik war die Geheime Staatspolizei (Gestapo), die am 26. April 1933 offiziell gegründet wurde und «alle staatsgefährlichen politischen Bestrebungen im gesamten Staatsgebiet»[109] erforschen und bekämpfen sollte. Wenige nahmen dies überhaupt zur Kenntnis. Der Schriftsteller Erich Ebermayer notierte Anfang Mai in seinem Tagebuch die Einschätzung seines Vaters, der früher Richter am Reichsgericht in Leipzig war: «Vater aber meint sorgenvoll, das klänge sehr nach Metternich und G.P.U., und wir würden da wohl noch einige Überraschungen erleben.» Allerdings war das Vertrauen in die Strukturen des Rechts noch groß, denn sein Vater glaubte, «daß das Gefüge des Rechts [...] so stark sein wird, daß selbst heftige revolutionäre Stöße es nicht ernsthaft erschüttern können».[110]

Anlass für solche Fehleinschätzungen gab es genug, denn so neuartig war die Gestapo nicht. Das Neue, so konnten kundige Beobachter im Frühjahr 1933 noch denken, waren allenfalls ihr Name und ihre Vollmachten im Kampf gegen links, den die meisten begrüßten. Hinter der Fassade fußte die Gestapo auf der alten Politischen Polizei, aus der sie hervorging und aus der sie gut die Hälfte des Personals übernahm; viele weitere Gestapo-Beamte kamen von der Kriminalpolizei. Wichtig waren Göring in Preußen oder Himmler in München beziehungsweise Bayern, wo er die Politische Polizei seit März 1933 leitete, zunächst erfahrene Fachleute, weniger das NSDAP-Parteibuch. So wurden auch Polizeibeamte wie der 1884 geborene Max Brosig bei der Gestapo beschäftigt. Brosig konnte 1933 bereits auf eine zehnjährige Erfahrung im Kommunismus-Dezernat der Politischen Polizei in Düsseldorf zurückblicken, als er im April von der Gestapo übernommen wurde. Dass er in den Jahren zuvor bekanntermaßen der SPD nahestand, stellte kein Hindernis dar, weder für seine neuen Vorgesetzten noch für ihn selbst. Auch der spätere Gestapo-Chef Heinrich Müller war bereits seit 1929 bei der Politischen Polizei in München für die Beobachtung der Kommunisten zuständig und blieb dies über 1933 hinaus. Ab 1934 setzte er seine Karriere in Berlin fort, wohin ihn Reinhard Heydrich, der frisch gekürte Leiter der Gestapo, mitgenommen hatte. Erst jetzt trat Müller in die SS ein, in die NSDAP gar erst 1938 – nur ein Jahr bevor er Chef der Gestapo des gesamten Reiches wurde.

Das Spitzenpersonal rekrutierte sich vor allem aus Verwaltungsjuristen, die in dem Jahrzehnt vor dem Ersten Weltkrieg geboren worden waren und in der Regel aus einem bürgerlichen Milieu stammten. Die wenigsten, das zeigt das Beispiel Düsseldorf, waren vor 1933 politisch einschlägig aktiv gewesen. Hier war keiner der hohen Gestapo-Beamten vor Hitlers Machtantritt Mitglied der NSDAP gewesen, einer jedoch im Zentrum. Die meisten kamen nach dem Studium direkt zur Gestapo, wo sie reibungslos im Sinne des Regimes funktionierten. Das war das Entscheidende, auch für die NS-Führung, so dass die Frage besonderer ideologischer Überzeugung oder karrierebewusster Anpassung in den Hintergrund trat.

Dies gilt sehr viel mehr noch für die Beamten der Kriminalpolizei, die augenscheinlich die gleiche Arbeit wie immer verrichteten – Verbrechen bekämpfen. Wer von ihnen nicht ohnehin schon Anhänger der Nationalsozialisten war oder dazu wurde, konnte problemlos am Selbstverständnis eines unpolitischen

Kriminalisten, der nur seine Arbeit machte, festhalten. Und diese Arbeit wurde bald schon einfacher, da oft als hinderlich empfundene rechtsstaatliche Beschränkungen der Polizeipraxis wegfielen und sich ihre Handlungsmöglichkeiten erheblich erweiterten. Unabhängig von der Einstellung zum Regime dürfte die weit überwiegende Mehrheit der Kriminalpolizisten dies begrüßt haben, bekamen sie doch nun Instrumente an die Hand, mit denen sie sich lästiger Fälle rasch entledigen konnten.

Ihr Hauptaugenmerk richtete sich auf sogenannte Berufs- und Gewohnheitsverbrecher. Von neu installierten linientreuen Polizeipräsidenten wie dem Berliner Polizeichef Magnus von Levetzow erhielten die Polizisten größtmögliche Handlungsfreiheit auch jenseits geltenden Rechts. In einer Serie von Großrazzien im Laufe des Jahres 1933 verhafteten Schutz- und Kriminalpolizei zahllose Kriminelle, denen sie bis dahin nicht beigekommen waren. Die geballte Polizeigewalt richtete sich aber nicht allein gegen Wiederholungstäter, sondern bald schon gegen jedwedes abweichende und als «asozial» gebrandmarkte Verhalten. Die Initialzündung hierfür war ein groß angelegter und propagandistisch begleiteter reichsweiter Polizeieinsatz gegen Bettler und Obdachlose im September 1933. In der Woche vom 18. bis zum 23. September verhaftete die Polizei landauf, landab Bettler von der Straße weg und holte Obdachlose aus den Asylen. Mehrere zehntausend Menschen wurden durch diesen bislang größten Polizeieinsatz vorübergehend verhaftet, so dass in der Nähe Posens eigens ein Lager eingerichtet werden musste, über das auch die Presse berichtete.

Der über Monate hinweg forcierte und praktizierte harte Kurs der Polizei offenbarte das hohe Konsenspotential des erheblich erweiterten Gegner- und Verbrecherbildes der Nationalsozialisten im Polizeiapparat und wohl auch weit darüber hinaus in der deutschen Gesellschaft. Rechtliche Grundlagen und Erweiterungen der Kompetenzen, so sie denn überhaupt geschaffen wurden, folgten schnell. Letztlich etablierte sich bereits in den ersten

Monaten des Regimes auch hier ein gängiges Muster wie in der Judenpolitik. Eine radikalisierte Praxis, Initiativen einzelner Funktionäre oder Einrichtungen schufen Fakten und weichten etwaige Widerstände in der Ministerialbürokratie oder Justiz auf; erheblich verschärfte Verordnungen und Gesetze kodifizierten diese nachträglich. In vielen Fällen beschränkte sich der Widerstand allerdings auf eine Kritik an den Methoden, während inhaltlich weitgehend Konsens herrschte.

Im November 1933 folgten ein Erlass und ein Gesetz, die der Polizei weitreichende Möglichkeiten an die Hand gaben. Am 13. November veröffentlichte Erich Liebermann von Sonnenberg, Chef des preußischen Landeskriminalamts, den Erlass über die «Anwendung der vorbeugenden Polizeihaft gegen Berufsverbrecher», auf dessen Grundlage die Polizei nunmehr mehrfach vorbestrafte Menschen ohne zeitliche Begrenzung und ohne Gerichtsurteil in Haft halten konnte. Am 24. November folgte das «Gesetz gegen gefährliche Gewohnheitsverbrecher und über Maßregeln der Sicherung und Besserung», das von vielen Juristen und Polizisten freudig aufgenommen wurde. Es verschärfte die Strafen für Wiederholungstäter erheblich, vor allem ermöglichte es die unbefristete Sicherungsverwahrung «gefährlicher Gewohnheitsverbrecher [...], wenn die öffentliche Sicherheit es erfordert»[111].

Wer aber als «Gewohnheitsverbrecher» zu gelten hatte, legte das Gesetz nicht fest, dies blieb den Richtern vorbehalten, die mitunter recht rigide Gebrauch davon machten. Auch dem Bild vom Gewohnheits- oder Berufsverbrecher lag ein biologistisches Verständnis zugrunde, dessen Wurzeln älter sind und die weit über den Nationalsozialismus hinausreichen. Die Verfechter der Kriminalbiologie sahen letztlich eine genetische Ursache notorischer Kriminalität, die mit der Ausschaltung von zunächst angenommenen mehreren tausend Kriminellen «ausgemerzt» werden könne. Das Fortbestehen dieser Kriminalität trotz der neuen Maßnahmen brachte diese Vorstellung keinesfalls ins Wanken, sie hatte vielmehr eine permanente Ausweitung des Kreises der Betroffenen und eine Radikalisierung der Praxis zur Folge.

Anders als bei der rasch einsetzenden Radikalisierung der Polizeipraxis gegen «Asoziale» und «Berufsverbrecher» verlief die Verfolgung Homosexueller zunächst sehr zurückhaltend. Die einflussreiche Position des SA-Chefs Ernst Röhm, dessen Homosexualität ein offenes Geheimnis war, wird hierfür maßgeblich gewesen sein. Im ersten Jahr der Regierung Hitler ließ man es bei symbolischen und nur punktuellen Schritten bewenden: Einige bekannte Schwulenlokale wurden geschlossen und die Verbreitung einschlägiger Literatur unterbunden, während Homosexuelle direkt kaum angegangen wurden. Das änderte sich schlagartig nach dem sogenannten Röhm-Putsch, der mörderischen Ausschaltung der SA-Führung und anderer konservativer Widersacher Ende Juni 1934. Als Legitimation für die Ermordung Röhms und anderer SA-Führer wurden nun antihomosexuelle Ressentiments mobilisiert, die diese «Nacht der langen Messer» der Bevölkerung, aber vor allem auch der großen SA-Anhängerschaft verständlicher machen sollte.

Nun fiel die Zurückhaltung: Es gab eine große Razzia in Bayern, die allerdings aus Sicht der Polizei ein Fehlschlag war und nur 78 Verhaftungen einbrachte. Die überwiegende Mehrheit der Fälle der nächsten zwei Jahre wurde durch Denunziationen bekannt. Parallel waren Kriminalpolizei und Gestapo, angetrieben von Himmlers manischer Homophobie, um eine Systematisierung, Zentralisierung und Effektivierung der Verfolgung der Homosexuellen bemüht. In der Berliner Gestapo-Zentrale wurde unter dem «alten Kämpfer» Josef Meisinger ein Sonderdezernat eingerichtet und es gab erste Anläufe zu einer umfassenden Erfassung aller Homosexuellen. Der Gesetzgeber flankierte dies mit einer Verschärfung des Strafrechts, die den Straftatbestand erheblich erweiterte und den Gerichten praktisch unbegrenzten Spielraum einräumte: «Bestraft wird, wer eine Tat begeht, die das Gesetz für strafbar erklärt oder die nach dem Grundgedanken eines Strafgesetzes und nach gesundem Volksempfinden Bestrafung verdient.»[112] Der Justizwillkür war damit Tür und Tor geöffnet. Dementsprechend gab es in den drei Jahren nach der Verschärfung über 22 000 Verurteilungen, während es in den drei Jahren davor 3900 waren.

Die Bekämpfung der Homosexualität war in gewisser Weise auch ein Motor beziehungsweise Vorläufer einer reichsweit zentralisierten Polizei. Noch bevor im Sommer 1937 das Reichskriminalpolizeiamt gebildet wurde, befahl Himmler im Oktober 1936 die Einrichtung einer Reichszentrale zur Bekämpfung der Homosexualität, die beim Preußischen Landeskriminalpolizeiamt angesiedelt war. Ihre Aufgabe war die «zentrale Erfassung und wirksame Bekämpfung»[113] der Homosexualität in Deutschland. Leiter wurde der bereits einschlägig versierte Josef Meisinger. Er sah Homosexualität als «der nordischen Rasse artfremd»[114], als Gefahr für die Wehrkraft des deutschen Volkes und Quelle von Kriminalität. Damit war Meisinger ganz auf der Linie Himmlers, der hier gar eine existentielle Gefahr sah, wie er im Februar 1937 vor den SS-Gruppenführern ausführte: «Wir müssen uns darüber klar sein, wenn wir dieses Laster weiter in Deutschland haben, ohne es bekämpfen zu können, dann ist das das Ende Deutschlands, das Ende der germanischen Welt.»[115] Daher erklärte der Reichsführer-SS einen Monat später auch das Vorgehen gegen die Homosexualität zum Gradmesser für die Leistungsfähigkeit der Polizei.

Die Folge davon war eine radikale Praxis, die tiefgreifende Folgen im Leben Homosexueller hinterlassen konnte. Friedrich-Paul von Groszheim zum Beispiel wurde im Januar 1937 in Lübeck im Zuge einer Massenverhaftung schwuler Männer von der Polizei geholt, immer wieder bei Verhören gefoltert und im November schließlich zu neun Monaten Gefängnis verurteilt. 1938 wurde er erneut von der Straße weg verhaftet, am 25. November aber entlassen mit der Auflage, sich bis zum 15. Dezember kastrieren zu lassen, ansonsten werde er wieder geholt. Er gab schließlich dem Verfolgungsdruck nach und unterzog sich am 15. Dezember der Operation.[116]

Himmler betrieb nicht nur auf dem Gebiet der Homosexuellenverfolgung eine Zentralisierung, sondern strebte diese für den gesamten Polizeiapparat an, den er überdies schrittweise aus den alten Strukturen löste und zunehmend mit der SS verschmolz. Der mit dem ersten Gestapo-Gesetz begonnene Prozess der Verselbständigung der Politischen Polizei und die Ausweitung ihrer Handlungsmöglichkeiten wurde mit weiteren Gesetzen und Durchführungsbestimmungen 1933/34 weiter vorangetrieben und fand im Februar 1936 mit dem dritten Gestapo-Gesetz seinen vorläufigen Schlusspunkt. Es entzog das Handeln der Gestapo der Kontrolle durch die Verwaltungsgerichtsbarkeit, worin der ehemalige Anwalt und jetzige Schriftsteller Erich Ebermayer klarsichtig «die gesetzliche Verankerung von schrankenloser Willkür und brutaler Gewalt»[117] erkannte. Zugleich bemächtigte sich Himmler, von Bayern ausgehend, Schritt für Schritt der Politischen Polizei in den übrigen Ländern, bis er Mitte Juni 1936 schließlich zum Chef der deutschen Polizei ernannt «und damit zum Herren über Freiheit und Leben aller Deutschen» wurde, wie Ebermayer in seinem Tagebuch schrieb. Er sah in Himmler nun den zweitmächtigsten Mann im Reich und wunderte sich, dass diese Machtkonzentration kaum wahrgenommen werde.[118]

Himmler und sein Apparat fühlten sich nicht an Recht und Gesetz gebunden. Das hatte die Praxis der vergangenen Jahre hinlänglich bewiesen, und daraus machte Himmler auch keinen Hehl. Im Oktober 1936 betonte er in einer Rede in der Akademie für Deutsches Recht, «ob ein Paragraph unserem Handeln entgegensteht, ist mir völlig gleichgültig; ich tue zur Erfüllung meiner Aufgaben grundsätzlich das, was ich nach meinem Gewissen in meiner Arbeit für Führer und Volk verantworten kann und dem gesunden Menschenverstand entspricht».[119]

Diese Entwicklung der Zentralisierung und Verschmelzung fand ihren Schlusspunkt am 27. September 1939 in der Bildung des Reichssicherheitshauptamtes, das unter Führung von Reinhard Heydrich die Kriminalpolizei, die Sicherheitspolizei und den Sicherheitsdienst der SS unter einem Dach vereinte. Parallel verschoben sich ab 1936/37 auch die Gewichte im Verfolgungsapparat.

In den ersten Jahren des Regimes aber war die Gestapo die zentrale, wenn auch nicht die einzige Institution der nationalsozialistischen Verfolgungspolitik. Sie setzte sich vor allem aus erfahrenen Beamten zusammen, deren Dienstalltag überwiegend von Büroarbeit dominiert war: Auf einer wöchentlichen Dienstbesprechung wurden besondere Vorkommnisse berichtet, ansonsten widmeten sich die Sachbearbeiter den laufenden Vorgängen; im Bereich der Judenpolitik war dies die Kontrolle der Einhaltung antijüdischer Gesetze und Maßnahmen, die Erfassung und Beobachtung der jüdischen Organisationen sowie das Verfassen von Berichten an Vorgesetzte oder die Zentrale. Auch war die Gestapo stark auf Anzeigen aus der Bevölkerung angewiesen, wenn es etwa ab September 1935 darum ging, verbotene Kontakte zwischen Juden und Nichtjuden zu verfolgen. Mehr als die Hälfte der «Rassenschande»-Verfahren im Bereich der Gestapo Düsseldorf zum Beispiel wurden durch Denunziationen ausgelöst.

Mit «Judenangelegenheiten» waren alle Abteilungen befasst, auch nachdem ab Herbst 1935 mit der Einrichtung eines eigenen Judenreferats eine gewisse Bündelung der Aufgaben vorgenommen worden war. In Düsseldorf arbeiteten Ende 1936 nur fünf von insgesamt vielleicht 200 Gestapo-Beamten im Judenreferat, während in den Außenstellen meist nur ein Beamter diesen Bereich bearbeitete. Allerdings halfen bei Bedarf, etwa während der Deportationen im Krieg, Kollegen aus anderen Abteilungen aus.

Der Schwerpunkt der Gestapo-Arbeit lag in der Anfangszeit des Regimes in der Ausschaltung der politischen Gegner. Hier konnte sie auf die Erfahrung derjenigen bauen, die bereits vor 1933 die politische Linke beobachtet hatten. Ende 1935 war in Düsseldorf mit 40 Beamten und Angestellten fast ein Viertel des gesamten Personals für die Bekämpfung der KPD verantwortlich. Durch die Umstrukturierung der Politischen Polizei war die Gestapo zunächst noch nicht die schlagkräftige Institution, die den Prozess der umfassenden Machtübernahme durch gezielte Maßnahmen gegen die Opposition begleitete und sicherte. Es dauerte einige Monate, bis sie überhaupt aufgebaut und zu einer systematischeren Überwachung politischer Gegner in der Lage war. Das war anfangs auch nicht notwendig, schienen doch der entfesselte Terror, undifferenzierte Massenverhaftungen und Razzien der schnellere und einfachere Weg, innerhalb kürzester Zeit jede Gefahr vor allem von links auszuschalten. In der Tat erwies sich diese Methode als äußerst effektiv. In nur wenigen Wochen waren die führenden Kräfte der Arbeiterbewegung – die einzige politische Kraft, von der ernstzunehmender Widerstand zu erwarten gewesen wäre – in einem der rasch aus dem Boden sprießenden Lager oder Folterkeller. Wer dieser Verhaftungswelle entgangen war, entzog sich dem Zugriff von Polizei und SA meist durch die Flucht ins Ausland.

Widerstand in der Krise

Die Stärke der Nationalsozialisten war nicht nur die Wucht des Terrors, sondern in entscheidendem Maße auch die Schwäche der Opposition. Weder Sozialdemokraten noch Kommunisten waren auf diese Entwicklung und etwa ein Agieren aus dem Untergrund heraus vorbereitet. Überdies waren sie untereinander tief verfeindet und verfolgten, vor allem in den ersten Monaten, einander entgegengesetzte Strategien. Die SPD verfolgte bis zu ihrer Auflösung im Juni 1933 einen innerparteilich jedoch nicht unumstrittenen strikten Legalitätskurs, während die KPD bereits aus der Illegalität agierte. Da der harte Kurs der Nationalsozialisten vor allem gegen die Kommunisten, aber auch gegen die Linke insgesamt, von vielen Deutschen begrüßt wurde, auch solchen, die keine Anhänger der Nationalsozialisten waren, hatten diese es zusätzlich schwer, wirksam Widerstand zu leisten. Fehlender Rückhalt über den engen Kreis der eigenen Anhängerschaft hinaus und der erbarmungslose Terror ließen Handlungsmöglichkeiten und Wirkung des Widerstands von links erheblich zusammenschrumpfen. Die Stabilisierung des Regimes und seine außenpolitischen und wirtschaftlichen Erfolge in den kommenden Jahren trugen ihren Teil dazu bei.

Von nationalkonservativer Seite gab es in den ersten Jahren, von vereinzelten Ausnahmen abgesehen, keinen grundsätzlichen, auf Überwindung des NS-Regimes angelegten Widerstand. Nur wenige der späteren Angehörigen des Widerstands, wie beispielsweise Helmuth James Graf von Moltke oder Adam von Trott zu Solz, lehnten den Nationalsozialismus schon 1933 grundsätzlich ab. Ein ähnliches Bild ergibt sich beim Blick auf die beiden großen Amtskirchen in Deutschland, in denen zunächst nur Einzelpersonen das Regime aus religiösen Gründen ablehnten. Den Kirchenorganen war mehr an der Bewahrung ihrer Eigenständigkeit und ihrer Glaubenslehre gelegen. Widerstand aus theologischen Motiven entwickelte sich erst in späteren Jahren.

Nach den Massenverhaftungen im Frühjahr 1933, dem Exodus führender Funktionäre und dem Parteiverbot im Juni 1933 zerfiel die Sozialdemokratie: Die Masse der Mitglieder zog sich resigniert ins Private zurück, enttäuscht von der Passivität, mit der die Führung das Ende der Republik hingenommen hatte. Allerdings existierte ein gewisses sozialdemokratisches Milieu fort; man traf sich in Gaststätten oder Geschäften, die von Gesinnungsgenossen betrieben wurden. Hier konnte man sich relativ offen austauschen, die oppositionelle Einstellung bewahren und sich gegenseitig bestärken. Etliche der ehemaligen Funktionäre, die nicht ins Ausland geflohen oder verhaftet worden waren, hielten untereinander losen Kontakt. Nur relativ wenige suchten in der

Illegalität den Kampf gegen das Regime, denn die wenigsten waren darauf angemessen vorbereitet und wurden bald schon von der Gestapo entdeckt. Der Verfolgungsdruck auf Sozialdemokraten ließ nach den ersten Monaten 1933 vorübergehend nach, da das Hauptaugenmerk auf die Kommunisten gerichtet war.

Diese waren erheblich empfindlicher durch Verhaftungen oder die Flucht zahlreicher Funktionäre geschwächt; im Juni 1933 etwa waren 17 von insgesamt 22 Bezirksleitern der KPD in Haft. Gleichwohl waren sie mitunter besser auf die Illegalität vorbereitet, da mancherorts schon vor 1933 Mitgliederkarteien, Waffen, Druckerpressen und Papier versteckt worden waren. Anders als die SPD war die KPD ab Ende Februar faktisch verboten. Sie verfolgte ungeachtet der Wucht des Terrors die Strategie, eine Massenpartei im Untergrund aufrechtzuerhalten, die durch Flugblätter, Klebezettel und Parolen offensiv Präsenz zeigte und so ihre Anhängerschaft vergrößerte. Dies war ein sehr verlustreicher Weg. Der Gestapo gelang es immer wieder, vor allem mit Hilfe von V-Leuten, in die Untergrundzellen einzudringen und sie zu einem ihr geeignet erscheinenden Zeitpunkt auszuheben. Von Seiten der SPD wurde diese Taktik der KPD als «Raubbau an den Kräften der Arbeiterschaft» kritisiert, «der zu keinem guten Ende führen kann».[120]

In Mönchengladbach zum Beispiel waren 1933/34 drei Versuche, einen Unterbezirk der KPD aufzubauen, daran gescheitert, dass die Gestapo durch V-Leute informiert wurde und viele der Beteiligten verhaften konnte. Im Sommer 1934 wurde ein erneuter Anlauf unternommen, von dem die Gestapo von Beginn an wusste. Ein Genosse hatte den V-Mann um Hilfe beim Aufbau der Untergrundorganisation gebeten. Er sollte Propagandamaterial aus den Niederlanden in Empfang nehmen und weiterverteilen, außerdem weitere Genossen anwerben. Kriminalassistent Abels von der Gestapo hielt in einem Bericht im Juni 1934 fest: «Auf diesseitige Anordnung geht der Gewährsmann auf das Anerbieten ein und handelt im Auftrag der Stapo-Außenstelle Mönchengladbach. Er erhielt genaue Anweisung, wie er sich genau zu verhalten hat.»[121] Schon eine Woche später lag der Klarname des Kontaktmannes vor, weitere Namen folgten rasch. Abels ließ die Dinge sich zunächst entwickeln, um, wie er schreibt, «den Kreis der Schädlinge im Augenblick des Zufassens vollständig zu treffen»[122]. In den kommenden Wochen lieferte der V-Mann immer weitere Details und Namen, bis die Gestapo schließlich Mitte August zuschlug und sechs Personen verhaftete. In den Verhören konnten die Gestapo-Beamten zustätzliche Namen aus den Gefangenen pressen; weitere 16 Festnahmen erfolgten. Über ein Jahr später, im März 1935, wurden schließlich 23 Personen vom Oberlandesgericht Hamm zu mehrjährigen Gefängnis- und Zuchthausstrafen verurteilt. Wenige Tage nach der Verhaftungsaktion konnte die Gestapo Düsseldorf der Zentrale in Berlin mitteilen, dass es gelungen sei, «den neu aufgezogenen illegalen Apparat der KPD in M. Gladbach vollständig zu zerschlagen».[123]

Mönchengladbach ist kein Einzelfall, in vielen Regionen gelang es der Gestapo, mit Hilfe von V-Leuten und aufgrund von unter Folter preisgegebenen Informationen zahlreiche Kommunisten zu verhaften und die illegalen Strukturen empfindlich zu treffen. Von den leitenden Funktionären waren im Oktober 1935 exakt 219 verhaftet, 14 ermordet und 125 emigriert; rund 40 waren aus der KPD ausgeschieden. Dass sich dennoch immer wieder Parteigänger bereitfanden, die Lücken zu schließen, nötigte den Verfolgungsbehörden geradezu Respekt ab. Die Gestapo aus Münster berichtete etwa für den Oktober 1935: «Bei den verschiedentlich in den letzten Monaten erfolgten Aushebungen von K. P. D.-Gruppen fiel insbesondere immer wieder die Einsatzbereitschaft aller Anhänger der illegalen K. P. D. auf, die sämtlich jederzeit bereit waren, die entstandenen Lücken auszufüllen und an Stelle der festgenommenen Genossen zu treten, ohne sich selbst von den auf Grund der neuen Hochverratsbestimmungen in der letzten Zeit verhängten hohen Zuchthausstrafen abschrecken zu lassen. Diese Einsatzbereitschaft für die kommunistische Idee geht sogar so weit, daß überzeugte Kommunisten immer wieder ihr Leben opfern, um ihre Genossen nicht verraten zu müssen.»[124]

Noch unnachgiebiger war die Haltung der Zeugen Jehovas. Ihre Vereinigungen, denen 1933 circa 25 000 Menschen angehörten, wurden unter dem Beifall der Kirche bis Juni 1933 verboten. Dennoch nahmen die Bibelforscher ihr Verkündigungswerk bald wieder auf und organisierten Gruppenzusammenkünfte. Die meisten von ihnen verweigerten aufgrund ihres Glaubens konsequent jedes Zugeständnis an die neuen Verhältnisse, angefangen bei der Verweigerung des Hitlergrußes. Erste Konflikte traten mit den Reichstagswahlen im März 1933 auf. Die Zeugen Jehovas lehnten eine Stimmabgabe grundsätzlich ab, worin die Nationalsozialisten ein Zeichen für deren Unzuverlässigkeit, wenn nicht gar Feindschaft sahen. Bei den Reichstagswahlen im November 1933 legten die Nationalsozialisten ihre relative Zurückhaltung ab und zwangen Zeugen Jehovas mitunter mit Gewalt zur Wahlteilnahme. Mancherorts wurden sie öffentlich angeprangert und mit Schildern durch die Straßen geführt, auf denen stand: «Wir sind Landesverräter, wir haben nicht gewählt».[125] Überdies gab es im Laufe des Jahres auch erste Verhaftungen wegen der Grußverweigerung.

Auch wirtschaftlich gerieten die Bibelforscher unter Druck. Etliche wurden aus dem öffentlichen Dienst entlassen, da sie den Gruß oder den Eid auf Hitler verweigerten, zahlreiche Betriebe zogen mit Entlassungen nach, denn einen Beitritt zur obligatorischen Deutschen Arbeitsfront lehnten die Zeugen Jehovas gleichfalls ab. Wer sich selbstständig machen wollte, erhielt häufig nicht den notwendigen Gewerbeschein, Geschäfte wurden boykottiert, woran sich Bruno Knöller erinnerte, dessen Eltern in Pforzheim einen Gemischtwarenladen betrieben: «Am Morgen des Wahltages kam die SA mit Karabinern, um meinen Eltern einen Schrecken einzujagen. [...] Da Knöllers nicht zur Wahl gehen, werden sie boykottiert. Das wirkte dann drei, vier Wochen. Aber dann kamen die ersten bei Nacht und haben etwas gekauft, und dann kamen auch wieder einige von der Partei zu uns und schließlich hieß es: ‹Ja, wenn du kommst, dann kann ich auch wieder bei Tag etwas kaufen!› Das hat sich dann immer wieder eingespielt bis zur nächsten Wahl.»[126] Renten und Pensionen wurden gekürzt, mitunter Fahrzeuge oder Führerscheine eingezogen. Die Diskriminierung verfolgte die Gläubigen bis in die Arbeitslosigkeit. In einem Fall wurde einem Zeugen Jehovas die Unterstützung mit dem Hinweis verweigert, er solle sich doch von seinem Gott Jehova etwas zu essen geben lassen. Nach einem Hinweis auf die fehlende Rechtsgrundlage ließ der Sachbearbeiter ihn von der Gestapo in ein Konzentrationslager einweisen.

Ein besonders schweres Los hatten die Kinder zu tragen. Auf der einen Seite erwarteten die Eltern, dass sie ungeachtet der neuen schwierigen Situation konsequent den Glaubensgrundsätzen und ihren praktischen Konsequenzen folgten; auf der anderen Seite wurden von der Schule und ihren Mitschülern Bekenntnisse zum «Führer» und der NS-Ideologie abverlangt. Horst Henschel beschrieb diese inneren Kämpfe in der Rückschau: «In der Schule wurde jeden Tag der Hitlergruß verlangt, den ich verweigerte, wofür ich Schläge bekam. Trotzdem war es jedesmal ein Grund zur Freude, wenn ich, gestärkt durch meine Eltern, treu geblieben war. Doch zwischendurch gab es auch immer wieder Gelegenheiten, wo ich entweder nach körperlichen Strafen oder in schwierigen Situationen doch ‹Heil Hitler!› sagte. Ich weiß, daß ich dann immer mit Tränen in den Augen nach Hause kam».[127]

1936 schließlich eskalierte die Situation: Die Gestapo erhöhte den Verfolgungsdruck enorm und griff zu radikaleren Methoden, die Zeugen Jehovas wiederum gingen zu offensiveren Formen des Widerstands über. Erst seit 1935 war es der Gestapo gelungen, vermehrt Verhaftungen vorzunehmen; zuvor wusste sie einfach noch zu wenig über die Zeugen Jehovas. Nun saßen Hunderte in Konzentrationslagern ein. Das hatte auch damit zu tun, dass der Missionsdienst von Haus zu Haus wieder aufgenommen worden war und dadurch der Zugriff erleichtert wurde.

Jetzt gingen die Behörden dazu über, Zeugen Jehovas das Sorgerecht für ihre Kinder zu entziehen; mindestens 860 Fälle sind dokumentiert. Die Kinder kamen in Heime oder Pflegefamilien und waren der Situation mitunter vollkommen verständnis- und hilflos ausgeliefert. Heinz Neumann zum Beispiel wurde 1937 im Alter von sieben Jahren seinen Eltern weggenommen und zu einem Bauern gegeben. Seine Eltern hatten ihm bis dahin aus Vorsicht wenig erzählt. «Daher verstand ich nicht, warum ich von ihnen getrennt worden bin», erinnerte er sich. «Ebensowenig verstand ich, warum der Bauer, der für mich verantwortlich war, mich immer schalt und einen Verbrecher nannte oder warum andere Kinder nichts mit mir zu tun haben wollten.»[128] Manche Eltern gaben, um ihre Kinder behalten zu können, dem Druck nach und erlaubten ihnen den Beitritt zur Hitler-Jugend oder dem Bund Deutscher Mädel.

Auch sonst ging der Staat nun sehr viel repressiver vor; es wurde gefoltert, oder Angehörige wurden als Geiseln genommen. Bei manchem Gestapo-Beamten wird die Wut darüber, den Zeugen Jehovas bisher nicht Herr geworden zu sein, brutalisierend gewirkt haben. In einem im Juni 1936 aus Dortmund außer Landes geschmuggelten Bericht ist von Schlägen mit Gummiknüppeln und von Auspeitschen die Rede. Überdies habe der vernehmende Beamte den Berichterstatter verhöhnt: «Wo ist denn euer Jehova, der euch retten will? Er wollte euch doch helfen, aber der sch... euch was; ich habe Gewalt über euch, ich bin der Scharfrichter von Dortmund. Ihr lernt alle noch Heil Hitler sagen!»[129]

Ende August 1936 spitzte sich die Lage zu. Vom 4. bis 7. September fand in Luzern ein Internationaler Kongress der Zeugen Jehovas statt. Zuvor schon waren Berichte über ihre Verfolgung aus Deutschland herausgeschmuggelt worden, um damit die Weltöffentlichkeit aufzuklären. Zeitgleich führte die Gestapo am 31. August Massenverhaftungen im gesamten Reich durch und deckte zahlreiche illegale Druckereien auf. Überdies verhaftete sie die meisten der rund 300 Kongressteilnehmer aus Deutschland bei ihrer Rückreise. Insgesamt kamen in diesen wenigen Tagen rund 1000 Zeugen Jehovas in Haft.

In Luzern aber war bereits eine Gegenmaßnahme beschlossen worden, die einige Monate danach umgesetzt wurde. In einer zentralen Aktion verteilten und verschickten am 12. Dezember von 17 bis 19 Uhr rund 3000 Zeugen Jehovas in ganz Deutschland ein Flugblatt, in dem ihre Verfolgung durch das NS-Regime angeprangert wurde. Der Text war in circa 300 000 Exemplaren im Ausland gedruckt und nach Deutschland geschmuggelt worden. Die vollkommen überraschte Gestapo konnte nur noch im Nachhinein reagieren und führte drei Tage danach bei allen ihnen bekannten Zeugen Jehovas eine Hausdurchsuchung durch, erlitt aber einen großen Fehlschlag. In den Monaten darauf allerdings verhaftete sie allein im Regierungsbezirk Münster 57 Personen. Das nahm der dortige Gaupersonalamtsleiter zum Anlass, in einem Rundschreiben an die Gauamtsleiter und Kreisleiter vor einer Unterschätzung der Zeugen Jehovas zu warnen: «Die Bibelforscher stellen vielmehr, da sie jegliche staatliche Autorität ablehnen, allein Jehova anerkennen und ihre Ansichten auch nach außen offen zum Ausdruck bringen, eine starke Gefahr für die Volksgemeinschaft dar.»[130]

Die Zeugen Jehovas antworteten darauf mit einer erneuten zentralen Flugblattaktion am 20. Juni 1937. Hier war ihnen aus der Not heraus sogar das Kunststück gelungen, 69 000 Exemplare im Reich herzustellen, da die 200 000 in Bern gedruckten Flugblätter nicht über die Grenze gebracht werden konnten. An die Vorbereitung erinnerte sich Hans Werner Kusserow, dessen gesamte vielköpfige Familie sich daran beteiligte: «Die Fenster wurden verdunkelt. Alle Anwesenden hatten Handschuhe an, um keine Fingerabdrücke zu hinterlassen. Die Briefe wurden in die mit Adressen versehenen Umschläge eingetütet. Beim Einpacken überlegten wir, wie die Briefe an einem ganz bestimmten Tag unauffällig in verschiedene Briefkästen geworfen werden konnten. Wir Kleinen wurden nicht zum Verteilen eingesetzt. Dieser Gefahr wollten uns unsere Eltern nicht aussetzen.»[131]

Kusserows Eltern und größeren Geschwister konnten die Briefe unbehelligt verteilen. Hubert H. aber, ein Arbeiter aus Krefeld, wurde erwischt. Nach mehreren Tagen Verhör gab er schließlich Namen von weiteren Beteiligten preis, acht Personen wurden verhaftet. Diesen konnten die Polizisten weitere Namen entlocken. Einer der Vernommenen nannte seine eigene Mutter, die schließlich die genauen Abläufe schilderte und auch ihre beiden Söhne als Mittäter verriet. Insgesamt wurden 25 Zeugen Jehovas in Krefeld verhaftet, die das Sondergericht schon im August zu Gefängnisstrafen zwischen vier Monaten und zwei Jahren verurteilte. Nach den umfassenden Verhaftungen 1937 verfügten die Zeugen Jehovas praktisch über keine organisatorischen Strukturen mehr in Deutschland.

III.

«Von denen sitzt keiner zu Unrecht»

Heinrich Himmler inspizierte seine Lager regelmäßig. Wie hier in Sachsenhausen präsentierte er sie immer wieder NS-Funktionären oder Angehörigen der Wehrmacht, aber auch ausländische Journalisten wurden durch die Lager geführt. «Keiner von ihnen», schrieb der ehemalige Dachau-Häftling Sales Hess unmittelbar nach der Befreiung, «bekam das eigentliche Lagerleben zu sehen.»[1] Die Besuche waren perfekte Inszenierungen. Vorher mussten die Häftlinge die ausgewählten Bereiche, in die die Gäste geführt werden sollten, auf Hochglanz polieren. «Während des Besuchs», berichtete Hess weiter, «durfte für gewöhnlich kein Häftling auf der Straße sein. Nicht einmal das Essen durften wir von der Küche holen.»

Auch die regelmäßig erscheinenden Berichte in der deutschen Presse boten in der Regel nur eine glatte Fassade, wenngleich sie, gleichsam als unterschwellige Drohung an die «Volksgenossen», mitunter dunkle Andeutungen enthielten. Himmler, der sehr genau über die wahren Zustände in den Lagern informiert war, sprach häufiger vor größerem Publikum über die Konzentrationslager und ihre Insassen. Mitte Januar 1937 nutzte der Reichsführer-SS die Gelegenheit eines nationalpolitischen Lehrgangs der Wehrmacht. Den versammelten Offizieren erzählte er freimütig, wenngleich auch hier die Fiktion von Ordnung und Disziplin aufrechterhaltend: «Die Lager sind umzäunt mit Stacheldraht, mit elektrischem Draht. Es ist selbstverständlich: Wenn einer eine verbotene Zone oder einen verbotenen Weg betritt, wird geschossen. Wenn einer auf dem Arbeitsplatz, sagen wir im Moor oder beim Straßenbau oder sonstwo, auch nur den Ansatz macht, zu fliehen, wird geschossen. Wenn einer frech und widersetzlich ist, und das kommt hier und da vor, wird wenigstens versucht, kommt er entweder in Einzelhaft, in Dunkelarrest bei Wasser und Brot, oder – ich bitte hier nicht zu erschrecken, ich habe die alte Zuchthausordnung Preußens vom Jahre 1914–1918 genommen – er kann in schlimmen Fällen 25 Hiebe bekommen. Grausamkeiten, sadistische Sachen, wie die Auslandspresse vielfach behauptet, sind dabei völlig unmöglich.»[2]

Ausführlich ließ sich Himmler über die Häftlinge aus und versuchte den Eindruck zu erwecken, es handele sich ausnahmslos um Kriminelle und degenerierte «Asoziale»: «Von denen sitzt keiner zu Unrecht; es ist der Abhub von Verbrechertum, von Missratenen. Es gibt keine lebendigere Demonstration für die Erb- und Rassengesetze [...]. Da sind Leute mit Wasserköpfen, Schielende, Verwachsene, Halbjuden, eine Unmenge rassisch minderwertigen Zeugs.»[3] Himmler führte dieses auch in der Presse gezeichnete Bild weiter aus. «Ich gehe jetzt, weil mir die Kriminalität in Deutschland immer noch zu hoch ist, dazu über», kündigte er für die Zukunft an, «Berufsverbrecher in viel größerem Umfange als bisher schon nach einigen Strafen, nach drei oder vier Malen, einzusperren und nicht mehr loszulassen. Das kann man anders gar nicht verantworten, besonders wir mit unserer Humanitätsduselei».[4]

Himmlers Worte waren keine verbale Kraftmeierei und seine Pläne für die Zukunft fern jeder «Humanitätsduselei». Ihnen ließ er in den folgenden Monaten in kurzen Abständen rasch Taten folgen. Nachdem er die Opposition ausgeschaltet und den Polizeiapparat erfolgreich unter seine Kontrolle gebracht und zentralisiert hatte, weitete er die Verfolgungen aus, baute das

Konzentrationslager-System aus und ließ in mehreren großangelegten Verhaftungsaktionen Tausende Menschen dorthin einliefern.

Lager und Gesellschaft

Lager waren das zentrale Verfolgungsinstrument des NS-Regimes, zunächst und vor allem zur Ausschaltung der Opposition, in späteren Jahren erweiterte Himmlers Apparat die Funktionen erheblich und schuf schließlich ein kaum noch übersehbares Lageruniversum im gesamten deutschen Herrschaftsbereich. Die Anfänge aber verliefen ungeordnet, viele verschiedene Akteure – von der Zivilverwaltung über die SA bis hin zur SS – betrieben ihre eigenen Lager und Strategien. Aus diesen mitunter chaotischen Zuständen, die gleichwohl für die Bekämpfung der politischen Gegner überaus effektiv waren, entstand erst im Laufe von über einem Jahr ein zentral organisiertes und verwaltetes Lagersystem.

Der Aufbau und Betrieb der Lager vollzog sich nicht in abgeschiedenen Regionen, abgeriegelt gegen neugierige Blicke. Vielmehr waren etliche Lager, vor allem die der Anfangszeit, an frei zugänglichen Stellen in den Ortschaften oder am Ortsrand gelegen; die Häftlinge wurden am hellichten Tage durch die Straßen geführt, und die Presse berichtete, wenngleich propagandistisch geschönt, offen darüber. Auch im Ausland erschienen zahlreiche, freilich kritischere Artikel, bald auch erste Berichte entlassener oder geflohener Häftlinge, die die Weltöffentlichkeit über Morde, Folter und Brutalität in den Lagern informierten, ohne große Wirkung zu erzielen. Konzentrationslager waren also, vor allem in den ersten Jahren des NS-Regimes, ein immer wiederkehrendes Thema in der Öffentlichkeit sowohl innerhalb Deutschlands als auch außerhalb.

Im besonderen Maße galt dies für das Konzentrationslager in der Kleinstadt Oranienburg in der Nähe Berlins. Am 21. März 1933 von der örtlichen SA auf dem Gelände einer ehemaligen Brauerei eingerichtet, stand es mit in der Spitze rund 1000 Häftlingen zeitweise im Mittelpunkt der öffentlichen Aufmerksamkeit weit über die Stadt und die Grenzen Deutschlands hinaus. Das Lager war nach außen nur durch einen Maschendrahtzaun abgegrenzt, so dass Passanten das Geschehen teilweise einsehen konnten. Es blieb infolgedessen nicht aus, dass sich rasch Informationen und Gerüchte über die dortigen Zustände und über die Behandlung der Häftlinge verbreiteten. In der örtlichen Presse erschienen daraufhin Berichte, die das Leben im Lager verharmlosend darstellten und die Inhaftierung der politischen Gefangenen zu legitimieren versuchten. Überdies verfolgte die Justiz Äußerungen über die Situation im Lager und verurteilte mehrere Personen zu Haftstrafen.

Lagerkommandant Werner Schäfer ließ zahlreiche Journalisten aus dem In- und Ausland in das Lager, um ihnen dort ein sorgfältig inszeniertes Lagerleben vorzuführen. Bereits im April 1933 ließ er auch für die Wochenschau Filmaufnahmen machen, die in den kommenden Tagen in den Berliner und Oranienburger Kinos gezeigt wurden; ferner gab es eine Rundfunkreportage aus dem Lager. Im Frühjahr 1934 wurde es nach Presseberichten gar zum «Hauptanziehungspunkt» einer Messe, auf der die Besucher angebliche Geschenke der Gefangenen für die Wachleute sowie Waffenfunde betrachten konnten.[5] Diese geballte Propagandainitiative sollte die kursierenden Gerüchte eindämmen und zugleich eine mehr oder minder unterschwellige Drohung sein.

Die Gerüchte drangen bis weit über die Region hinaus. Erich Ebermayer in Leipzig hielt schon im März 1933 fest: «Es sollen große Lager errichtet werden, wohin man die Leute bringt. [...] In Oranienburg soll ein solches Lager für Tausende bereits bestehen, ebenso in Dachau bei München. Es kommen unwahrscheinliche

Nachrichten von den Zuständen in den Lagern, die ich um der Ehre des deutschen Volkes willen nicht glauben kann und will.»[6] Exilzeitungen wie *Der Gegen-Angriff* des kommunistischen Verlegers Willi Münzenberg oder *Das Neue Tage-Buch* des geflohenen Journalisten Leopold Schwarzschild in Paris brachten seit Sommer 1933 Berichte ehemaliger Häftlinge, die ein realistisches Bild von dem Konzentrationslager nahe der Hauptstadt zeichneten.

Diese Propaganda-Scharmützel mit dem Exil verschärften sich, nachdem dem ehemaligen sozialdemokratischen Reichstagsabgeordneten Gerhart Seger im Dezember 1933 die Flucht aus Oranienburg gelungen war. Im Januar 1934 veröffentlichte Seger im Exilverlag der SPD ein kleines Buch, das zu einem Bestseller wurde. Es wurde innerhalb kürzester Zeit in mehrere Sprachen übersetzt, zahlreiche Zeitungen im Ausland berichteten nun auf authentischer Grundlage über Segers Geschichte; überdies ging der Journalist auf Vortragsreise durch Europa, die auf breite Resonanz stieß. Noch vor der Veröffentlichung hatte Seger Manuskripte an den Reichsjustizminister, an Staatsanwaltschaften und an den SA-Führer Ernst Röhm geschickt und wollte diese als Strafanzeige behandelt wissen. «Und nun», schließt er seinen Bericht, «hat die Rechtspflege des Dritten Reiches das Wort!»[7] Das NS-Regime reagierte umgehend, allerdings nicht mit der Einleitung von Ermittlungen, sondern indem es Segers Frau und seine kleine Tochter als Geiseln verhaftete. Sie wurden erst nach internationalen Protesten freigelassen und konnten das Land verlassen. Kommandant Schäfer sah sich durch die ungewollte internationale Berühmtheit seines Lagers herausgefordert und veröffentlichte seinerseits schon im März 1934 ein eigenes Buch über Oranienburg, in dem er Seger und andere Zeugen zu widerlegen suchte und das gewohnt geschönte Bild darbot.[8]

Für die Weltöffentlichkeit lag damit der klaffende Widerspruch zwischen Propaganda und Wirklichkeit offen zutage, denn bald wurden weitere Zeugnisse über Oranienburg, wie der Bericht des jüdischen Predigers Max Abraham aus Rathenow, veröffentlicht.[9] Daran, dass Seger die tatsächlichen Zustände im Lager darstellte, konnte kein Zweifel mehr bestehen, zumal auch aus anderen Lagern schon ähnliche Schilderungen publiziert worden waren, beispielsweise Hans Beimlers Bericht über Dachau[10]. Diese Texte fanden auch ihren Weg nach Deutschland; sie wurden oftmals als Tarnschriften ins Land geschmuggelt – Segers Bericht etwa als Nachdruck des Gesetzes zur Ordnung der Nationalen Arbeit.

Detailliert erfuhr die Öffentlichkeit im Ausland vom Lageralltag der Häftlinge: Die fast ununterbrochene Eile, zu der die Gefangenen unter Beschimpfungen oder Prügel vom Wecken in aller Frühe bis zum Abend angetrieben wurden; die fehlende Hygiene und kärgliche Ernährung, die mitunter stundenlangen kräftezehrenden Appelle am Morgen und Abend und vor allem schließlich die Zwangsarbeit am Tage. In Oranienburg bestand diese zunächst aus dem Auf- und Ausbau des Lagers, aus Straßenbauarbeiten, Erd- und Meliorationsarbeiten. Diese mussten mit primitiven Mitteln und in unzureichender Kleidung bei jedem Wetter unter der stets drohenden Brutalität der Wachleute verrichtet werden. Am Abend blieb kaum Zeit und Gelegenheit für die Häftlinge, sich zu erholen. Zudem standen sie den gesamten Tag in Gefahr, Opfer brutaler Willkür der Wachleute zu werden, die sich bisweilen ein Vergnügen daraus machten, Einzelne über das Normalmaß hinaus zu demütigen und zu quälen. Bevorzugt wählten sie hierzu prominente Häftlinge und Juden aus, die ohnehin schon besonders schwere und schmutzige Arbeiten zugewiesen bekamen.

Informationen über diese Zustände gelangten auch über das Ausland nach Deutschland zurück. Erich Ebermayer war im Juli 1933 im Urlaub in der Schweiz und genoss dort die schon ungewohnte Freiheit. Aus der Presse erfuhr er nun auch Details über die Konzentrationslager, die Flüchtlinge nach draußen getragen hatten: «Prügel, Hunger, zerstörte Menschenwürde, bestialische Quälereien, Mord – das sind die Waffen gegen die Wehrlosen, nur für ihre Überzeugung oder ihren Glauben Leidenden. Tausende von Kommunisten, Sozialisten, Juden, Priestern – und, o freundliche Ironie der Weltgeschichte! – ‹Junker› und ‹Reaktionäre› [...] befinden sich in solchen Lagern.»[11] Die totale Missachtung jedweder Rechtsstaatlichkeit ließ in ihm den Entschluss reifen, seine Zulassung als Rechtsanwalt niederzulegen, auch wenn dies nur ein symbolischer Akt war, da er schon länger nicht mehr praktizierte.

Das Propagandadebakel, das Kommandant Schäfer im Frühjahr 1934 erlebte, schadete seiner Karriere nicht. Der Dreißigjährige war der NSDAP bereits in den zwanziger Jahren beigetreten und hatte einen Sturmbann der SA-Standarte 208 befehligt. Nach dem Jahr in Oranienburg wurde der «alte Kämpfer» am 1. April 1934 Kommandant der Emslandlager in Papenburg, die in den folgenden Jahren erheblich expandierten.

Kurze Zeit nach Schäfers Weggang wurde das Lager Oranienburg im Zuge der Entmachtung der SA durch den «Röhm-Putsch» aufgelöst. Polizeikräfte drangen Anfang Juli in das Lager und entwaffneten die SA. Zwei Tage später rückten 150 SS-Männer unter dem Kommando von Theodor Eicke, dem frisch ernannten Inspekteur der Konzentrationslager, an und lösten es am 14. Juli auf. Tags zuvor hatten sie die Häftlinge in das Konzentrationslager Lichtenburg überführt.

Die Geschichte von Oranienburg steht geradezu idealtypisch für die Etablierung des einheitlich organisierten Konzentrationslager-Systems unter zentraler Leitung der SS. Es war das letzte Lager unter der Regie der SA, das Theodor Eicke, von Himmler mit der Vereinheitlichung des Lagerwesens beauftragt, auflöste. Zwei Jahre später wurde in Oranienburg das Konzentrationslager Sachsenhausen errichtet. Als Musterlager geplant, wurde es zentraler Ausbildungsort für die Konzentrationslager-SS und bald auch Sitz der Inspektion der Konzentrationslager (IKL).

Die IKL war eine neuartige Institution, die Himmler Ende Mai 1934 einrichtete und der Gestapo-Zentrale in Berlin unterordnete. Zum Inspekteur berief er Theodor Eicke, der Ende Juni 1933 Kommandant in Dachau geworden war und dort für die Systematisierung, Vereinheitlichung und Zentralisierung des Terrors in den Lagern den Grundstein gelegt hatte. Eicke war eine schillernde Persönlichkeit. Die Militärlaufbahn des Schulabbrechers endete jäh mit dem Ersten Weltkrieg. Nach dem Besuch der Polizeischule versuchte er vergeblich, in den Polizeidienst aufgenommen zu werden. Nach kürzerer Arbeitslosigkeit kam er im Werkssicherheitsdienst der BASF in Ludwigshafen unter, trat 1928 in die NSDAP und die SA ein, 1930 in die SS, in der er bald 1000 Mann befehligte. 1932 wurde Eicke zu zwei Jahren Zuchthaus verurteilt, weil er für den pfälzischen Gauleiter Joseph Bürckel Sprengkörper hergestellt hatte. Er konnte sich der Haft entziehen und floh auf Anordnung Himmlers nach Italien. Nach dem Machtantritt der Nationalsozialisten kehrte er zurück, geriet aber in Konflikt mit Bürckel, der ihn schließlich am 21. März 1933 verhaften ließ. Eicke kam nach einem Hungerstreik in die Psychiatrische Klinik Würzburg, Himmler strich ihn aus den Listen der SS. Im Frühsommer jedoch nahm sein Schicksal eine überraschende Wendung: Himmler erklärte sich mit seiner Entlassung einverstanden und setzte ihn im Konzentrationslager Dachau ein, wo er Ende Juni Lagerkommandant Hilmar Wäckerle ablöste.

In Dachau gelang Eicke sein Gesellenstück, das ihm seine vollständige Rehabilitierung einbrachte und ihm einen rasanten Aufstieg in der SS ermöglichte. Er strukturierte das Lager um und etablierte ein «Dachauer Modell», das maßgeblich für die anderen Konzentrationslager werden sollte. Nachdem es in der Anfangszeit immer wieder zu Ermittlungen der Justiz wegen Todesfällen in Dachau gekommen war, schuf Eicke eine Struktur, die das Lager gegen jedweden Einfluss von außen abschotten und den Terror unauffälliger und geordneter erscheinen lassen sollte.

Die Lagerordnung, die Eicke im Oktober 1933 erließ und die in den kommenden Jahren auch in anderen Lagern Anwendung fand, listete einen langen Katalog an Verhaltensmaßregeln auf: vom frühmorgendlichen Aufstehen, den Appellen, der Arbeit bis zum späten Abend und bestimmte drakonische Strafen bei Verstößen dagegen. An der brutalen Willkür der Wachleute, an der alltäglichen Gewalt änderte dies freilich wenig. Die Lebens- und Arbeitsbedingungen der Häftlinge blieben katastrophal. Darüber ließ sich der italienische Generalkonsul in München, Francesco Pitaalis, auch nicht hinwegtäuschen, als er Dachau im Herbst 1933 besuchte, das auf ihn einen «primitiven Eindruck» machte. «Eine absolute Disziplin», berichtet er in die Heimat, «die deutlich den Eindruck beträchtlicher Furcht und Erniedrigung für diejenigen vermittelte, die ihr ausgeliefert sind.» Überdies machte er auf die Unrechtmäßigkeit der Einweisungen aufmerksam und betonte, «dass alles der Willkür der politischen Polizei überlassen ist».[12]

Gleichwohl machten sich nach einiger Zeit im Ausland deutliche Anzeichen eines Abstumpfens gegen die Nachrichten aus Deutschlands Lagern bemerkbar. Mancher Journalist fühlte sich bereits übersättigt und lehnte neue Publikationen Entflohener rundheraus mit dem Argument ab, das sei alles schon bekannt und oft genug beschrieben worden. Andere Beobachter glaubten offenkundig an ein Abklingen des Terrors und an ein Ende der Willkür.[13] Die Exil-SPD wandte sich im Mai 1937 gegen diese Haltung und schilderte ausführlich das «Los der Gefangenen», etwa die besonders schikanöse Behandlung der jüdischen und der homosexuellen Häftlinge oder die konsequente Haltung der Zeugen Jehovas, die auch im Lager trotz aller Strafen kaum zu Zugeständnissen bereit waren.

Dass Juden besonderen Schikanen ausgesetzt waren, berichteten viele ehemalige Häftlinge schon in den dreißiger Jahren der Weltöffentlichkeit. 1934 lag schließlich mit Max Abrahams Bericht «Juda verrecke» die erste ausführliche Publikation eines selbst unmittelbar Betroffenen vor. Abraham, der als Prediger in der Gemeinde Rathenow bei Berlin arbeitete, war Ende Juni 1933 aus Rache von SA-Leuten überfallen und nach seiner Gegenwehr verhaftet worden. Abraham war bereits 1930 von einem SA-Mann überfallen worden und hatte diesen angezeigt, woraufhin dieser zu einer Gefängnisstrafe verurteilt worden war. Nachdem sie Abraham nun in ihrer Gewalt hatten, prügelten die SA-Männer wie besessen auf ihn ein, zwangen gar einen anderen jüdischen Gefangenen, ihn mit einem Knüppel zu schlagen. Er wurde ins Konzentrationslager Oranienburg gebracht, wo man eine «Judenkompagnie» bildete, der besonders demütigende und schwere Arbeiten zugewiesen wurden. Abraham zum Beispiel musste mit dem ehemaligen preußischen SPD-Fraktionsvorsitzenden Ernst Heilmann die Latrinen reinigen. Immer wieder wurde er vernommen und dabei verhöhnt und misshandelt. Im Konzentrationslager Börgermoor, wohin er mit der gesamten «Judenkompagnie» Anfang September verlegt worden war, steigerten sich die Qualen und Demütigungen noch. Zum jüdischen Neujahrsfest machte sich die SS einen Spaß daraus, ihn in eine Dunggrube zu zwingen, aus der er zu seinen Mithäftlingen predigen sollte.[14]

An der schlechten Behandlung von Juden änderte sich auch in den kommenden Jahren nichts. Im Juni 1937 hob der französische Generalkonsul dies in einem Bericht nach Paris eigens hervor.[15]

Juden machten aber bis zum Juni 1938 nur eine kleine Minderheit der KZ-Häftlinge aus. In den ersten Jahren waren es mehrheitlich politische Gefangene – überwiegend Kommunisten, zunehmend auch Sozialdemokraten. Vereinzelt wurden in dieser Zeit auch schon «Asoziale» eingewiesen, ab 1934/35 überdies vermehrt Zeugen Jehovas und Homosexuelle. Während des NS-Regimes wurden etwa 50 000 Homosexuelle verurteilt, mehr als die Hälfte allein von 1936 bis 1939. 5000 wurden in Konzentrationslager eingewiesen, wo sie außer der generell herrschenden Gewalt die brutal ausgelebte Homophobie vieler SS-Leute erlitten. Von Seiten ihrer Mitgefangenen konnten sie nur ein begrenztes Maß an Solidarität erwarten, da Schwulenfeindlichkeit nicht an den Lagertoren Halt machte. Die Überlebenschancen homosexueller Männer waren daher geringer als die politischer Gefangener oder der Zeugen Jehovas.

Letztere stellten eine eigene Häftlingsgruppe dar, deren Anteil an der Gesamtzahl bis Anfang 1938 zwischen fünf und zehn Prozent betrug. Die deutschen Sondergerichte verurteilten insgesamt rund 6000 Zeugen Jehovas, in Konzentrationslagern wurden circa 2000 bis 3000 inhaftiert. Sie stellten von sich aus eine geschlossene Gemeinschaft dar, wurden aber auch von der SS besonders behandelt. Sie sollten möglichst separat untergebracht werden, um Kontakte zu anderen auf ein Minimum zu beschränken. Der Lagerführer in Sachsenburg ordnete im Dezember 1935 zum Beispiel an: «Die Posten haben vor allen Dingen darauf zu achten, daß vor allem die Bibelforscher sich in ihrer freien Zeit nicht mit anderen Häftlingen in Gespräche einlassen, um eine Verbreitung des Bibelforschertums zu verhindern.»[16] Wegen ihrer konsequenten Haltung und der offenen Ablehnung von Zugeständnissen waren sie häufig Opfer besonderer Schikanen und Brutalität. Beschimpfungen wie «Bibelwürmer» oder «Jordanscheiche» und Gotteslästerungen waren an der Tagesordnung. Aus Dachau hat Edgar Kupfer-Koberwitz in geheimen Aufzeichnungen die Herabwürdigung eines Zeugen Jehovas und seines Glaubens festgehalten: «Du mit deinem Hergott! Warum kommt er nicht herab, warum hilft er dir nicht? Weil er ein Rindvieh ist, dein Herrgott! Weil er nicht kann, das Stück Scheiße!»[17] Die Situation der Zeugen Jehovas unterschied sich auch insofern grundlegend von der anderer Häftlinge, als ihnen die Entlassung in Aussicht gestellt wurde, wenn sie ihrem Glauben abschworen. In einer Verpflichtungserklärung, die Himmler höchstpersönlich 1938 entworfen hatte, sollten sie dies bekräftigen. Unter anderem hieß es dort: «Ich habe erkannt, daß die Internationale Bibelforscher-Vereinigung eine Irrlehre verbreitet und unter dem Deckmantel der religiösen Betätigung lediglich staatsfeindliche Ziele verfolgt.»[18] Nur sehr wenige ließen sich allerdings darauf ein.

Der Anteil weiblicher Häftlinge in den Konzentrationslagern war vor dem Krieg relativ gering. Nach der ersten Verhaftungswelle im März 1933 waren nur 300 bis 400 Frauen unter den insgesamt 40 000 bis 50 000 Häftlingen. Das waren vor allem politische Gefangene, Zeuginnen Jehovas oder Frauen, die als Sippenhäftlinge anstelle ihrer geflohenen Männer gefangengenommen worden waren. Sie waren anfangs in unterschiedlichen Lagern untergebracht, bis das Preußische Innenministerium in Moringen im heutigen Niedersachsen im Oktober 1933 aus dem dort bereits bestehenden Lager ein zentrales Frauenlager machte. Hier waren bis zu seiner Auflösung im März 1938 insgesamt 1400 Frauen inhaftiert. Zeuginnen Jehovas stellten zeitweise den Großteil der Häftlinge. Erst im Frühjahr 1938 wurden die Frauen in das Frauenkonzentrationslager Lichtenburg überführt, das im Unterschied zu Moringen Teil des SS-Lagersystems war, bis schließlich die meisten im Mai 1939 nach Ravensbrück kamen. Insgesamt waren bis Kriegsbeginn circa 3500 Frauen in Konzentrationslagern inhaftiert. Die Haftbedingungen der Frauen unterschieden sich zunächst deutlich von denen der Männer, es gab weniger Misshandlungen und Brutalität. Sie glichen sich aber vor allem ab 1938 immer stärker an.

Insgesamt waren im ersten Jahr der NS-Herrschaft 80 000 bis 100 000 Menschen, vornehmlich politische Gegner der Nationalsozialisten, meist kürzere Zeit in den Konzentrationslagern, Schutzhaftabteilungen der Gefängnisse oder SA-Folterstätten inhaftiert. Im Sommer 1933 waren noch rund 27 000 Menschen in Schutzhaft, gegen Ende 1934 nur noch circa 3200. In den darauffolgenden Jahren stieg die Zahl durch verschiedene Verhaftungswellen gegen politische Gegner und durch die Ausweitung des Gegnerbegriffs wieder an und erreichte Ende 1937 einen Stand von 7750 KZ-Häftlingen. Im Juni 1938 erreichte die Zahl mit 24 000 ihren vorläufigen Höhepunkt; die «Asozialen» und «Kriminellen» stellten jetzt die größte Gruppe; Frauen machten zu dieser Zeit nur rund zehn Prozent der Gefangenen aus.

Das gemeinsame Leid bewirkte keinesfalls automatisch Solidarität. Homosexuelle wurden von etlichen Kameraden argwöhnisch betrachtet und bisweilen diskriminiert. Die Kriminellen, selbst keine einheitliche Gruppe, wurden von politischen Häftlingen meist verachtet und bekämpft. Und auch unter den politischen Gefangenen herrschte zum Teil Ablehnung und Feindschaft, da lange Zeit die Gegensätze zwischen Kommunisten und Sozialdemokraten auch im Lager fortbestanden. Dies versuchte die SS zu verstärken und sich zunutze zu machen.

Sie etablierte in den Lagern ein System der «Selbstverwaltung», getragen von sogenannten Funktionshäftlingen. Das waren Gefangene, die Positionen im Lagerbetrieb von der SS übertragen bekamen. Sie arbeiteten als Lagerälteste, Blockälteste, «Kapos», sie dienten in der Verwaltung als Schreiber oder arbeiteten im Krankenbau. Diese Positionen brachten den Funktionshäftlingen gewisse Privilegien bei der Unterbringung, eine bessere Ernährung und leichtere Arbeiten. In gewissem, natürlich begrenztem Maße war der Lageralltag daher auch abhängig vom Verhalten dieser Häftlingsgruppe. Funktionshäftlinge konnten ihre Macht zum Wohle ihrer Kameraden einsetzen, oft beschränkt auf diejenigen der eigenen Häftlingsgruppe, oder ihnen aber durch Brutalität und Gier das Los zusätzlich erschweren. Um diese Posten entbrannte in manchen Lagern ein zäher Kampf, vor allem zwischen politischen und kriminellen Häftlingen. Juden waren prinzipiell ausgeschlossen; so verachtenswert die anderen Häftlinge für die SS auch waren, so war es für sie doch undenkbar, dass ein Jude einer «arischen» Gruppe Kommandos erteilen oder sie gar bestrafen könnte.

Mit diesem System hierarchischer Häftlingskategorien und vor allem der Funktionshäftlinge installierte die SS das Prinzip indirekter Herrschaft. Sie sparte erheblich Personal ein und verlagerte das Verhältnis Aufseher-Häftling auf die Insassen selbst. Im Juni 1944 setzte Himmler den versammelten Wehrmachtgenerälen in einer Ansprache die Vorteile freimütig und zynisch auseinander: «Wir haben hier sogenannte Kapos eingesetzt. Also einer ist der verantwortliche Aufseher, ich möchte sagen, Häftlingsältester über dreißig, vierzig, über hundert andere Häftlinge. In dem Moment, wo er Kapo ist, schläft er nicht mehr bei denen. Er ist verantwortlich, daß die Arbeitsleistung erreicht wird, daß bei keinem eine Sabotage vorkommt, daß sie sauber sind, daß die Betten gut gebaut sind. [...] Er muß also seine Männer antreiben. In dem Moment, wo wir mit ihm unzufrieden sind, ist der nicht mehr Kapo, schläft er wieder bei seinen Männern. Daß er dann von denen in der ersten Nacht totgeschlagen wird, das weiß er.»[19]

Dieses ausgefeilte System nahm in Dachau seinen Anfang und entwickelte sich stetig weiter. Von dort aus betrieb Eicke im Auftrag Himmlers auch die Auflösung kleinerer und die Reorganisation einer Reihe größerer Lager nach dem «Dachauer Modell», angefangen Ende Mai 1934 im Konzentrationslager Lichtenburg; es folgten die Lager Esterwegen, Sachsenburg, Columbiahaus und Bad Sulza. Alle übrigen Konzentrationslager wurden aufgelöst, so dass im Frühjahr 1935, als der Umbau vorläufig abgeschlossen war, nur noch fünf Lager mit insgesamt 3000 bis 3500 Häftlingen in Deutschland existierten. Damit war nur eine Zwischenetappe erreicht. 1936 entstand am Stadtrand Oranienburgs das Konzentrationslager Sachsenhausen als neues Musterlager auf der «grünen Wiese». Architekt Bernhard Kuiper feierte es als das «schönste Konzentrationslager Deutschlands».[20] Im Jahr darauf ließ Eicke die kleinen Lager Esterwegen, Sachsenburg, Columbiahaus und Bad Sulza auflösen, stattdessen wurde Dachau erheblich erweitert, und bei Weimar entstand das Lager Buchenwald, im Jahr darauf folgten Flossenbürg in Bayern nahe der Grenze zur Tschechoslowakei sowie Mauthausen in Österreich. Im Mai 1939 wurde das Frauenkonzentrationslager Ravensbrück errichtet.

Diese Lager folgten nunmehr dem einheitlichen Organisationsschema: An der Spitze stand der von Himmler ernannte Lagerkommandant, der Anordnungen direkt aus Berlin beziehungsweise ab 1938 aus Oranienburg von der Inspektion der Konzentrationslager erhielt. Er entschied über Auslegung und Anwendung des Strafkatalogs und wachte disziplinarisch über die SS-Leute. Damit verfügte er über sehr viel Einfluss auf die Verhältnisse im Lager, konnte er doch über Strafen gegen Häftlinge bis hin zur öffentlichen Hinrichtung relativ frei entscheiden und Übergriffen besonders brutaler SS-Männer entweder entschlossen entgegentreten oder sie darin bestärken. Daher war ein Wechsel an der Spitze der Kommandantur für die Häftlinge mitunter sehr deutlich spürbar.

Die politische Abteilung in der Kommandantur war im Grunde genommen die Lager-Gestapo. Die hier beschäftigten SS-Leute waren daher auch sowohl der örtlichen Gestapo als auch dem Kommandanten unterstellt. Sie waren für die Verwaltung der Unterlagen über die Häftlinge sowie für den Schriftverkehr über sie nach draußen verantwortlich. Hier wurden die Häftlingskartei und die Sterbebücher des Lagers geführt. Vor allem aber verbreitete die politische Abteilung Angst und Schrecken, da hier Häftlinge verhört wurden, was fast immer mit Gewalt und schwerer Folter verbunden war und nicht selten mit dem Tod endete.

Sehr viel direkteren Kontakt und damit Einfluss auf den Alltag der Häftlinge hatten die Mitarbeiter der Abteilung Schutzhaftlager, die Lager-, Rapport- sowie Arbeitseinsatzführer. Sie überwachten vor allem die Einhaltung der Lagerordnung, sei es am Arbeitsplatz der Häftlinge oder in deren «Freizeit». Diese Ordnung regelte das Verhalten der Gefangenen auf Schritt und Tritt und öffnete gerade durch ihre Detailversessenheit Willkür und Terror Tür und Tor. Die Angehörigen dieser Abteilungen waren diejenigen, die ihre Gewalt tagtäglich in direktem Kontakt mit den Häftlingen ausübten und waren so für die meisten von ihnen das Gesicht des Lagerterrors.

Neben einer Verwaltungsabteilung, die entscheidend die Hygiene, die Lebensmittelversorgung und die Unterbringung der Häftlinge beeinflusste, gab es den Lagerarzt. Seine Aufgabe war es in erster Linie, ein Übergreifen von Krankheiten und Epidemien auf die SS-Leute oder Menschen außerhalb des Lagers zu verhindern. Überdies waren die SS-Ärzte in zahlreiche Verbrechen involviert: Sie meldeten Häftlinge zur Zwangssterilisierung, führten Kastrationen durch und waren während des Krieges vielfach in die Massenmorde involviert.

Im Sommer 1935 fiel die Richtungsentscheidung Hitlers, an den Konzentrationslagern festzuhalten, obwohl sie ihren ursprünglichen Zweck der Ausschaltung der Opposition erfüllt hatten und die verbliebenen Häftlinge problemlos in den Haftanstalten der Justiz hätten unterbracht werden können. Allerdings war Himmler längst nicht mehr nur an einer Unterbringung von Kommunisten und anderen Regimegegnern gelegen. Er hatte weitaus größere Pläne einer nach rassischen Grundsätzen formierten Volksgemeinschaft, in der rassisch «Minderwertige» und abweichendes Verhalten generell rigoros verfolgt werden sollten. Hierfür benötigte er ein Lagersystem mit entsprechenden Kapazitäten. Tatsächlich saßen bereits Anfang November 1938 rund 24000 Menschen in den Konzentrationslagern ein, zwei Jahre zuvor waren es knapp 4800 gewesen.

Radikalisierung der Rassenpolitik

Grund für den sprunghaften Anstieg der Häftlingszahlen in den Konzentrationslagern war die Radikalisierung der Verfolgungspolitik ab 1937, nachdem vor allem Himmler in wichtigen Bereichen die Deutungshoheit und die Macht erlangt hatte, die völkische Utopie einer rassereinen Volksgemeinschaft in die Praxis zu übersetzen. Das KZ-System war auf eine Ausdehnung des Gegnerbegriffs durch seine Umstrukturierung und seinen Ausbau vorbereitet; die wichtigsten Verfolgungsinstanzen unterstanden Himmler, und ihre Zentralisierung war weit fortgeschritten: die Politische Polizei mit dem Geheimen Staatspolizeiamt in Berlin an der Spitze und die Kriminalpolizei mit dem Reichskriminalpolizeiamt. Widerstände aus Justiz oder Verwaltung waren kaum mehr zu befürchten, wusste man sich doch in der Stoßrichtung und in grundsätzlichen Zielen der Verfolgungspolitik durchaus einig – auch ohne einen klaren Masterplan.

Am 23. Februar 1937 wandte sich Himmler an das Preußische Landeskriminalpolizeiamt und ordnete an, 2000 «nicht in Arbeit befindliche Berufs- und Gewohnheitsverbrecher schlagartig an einem Tage im ganzen Reichsgebiet festzunehmen und in den Konzentrationslagern unterbringen zu lassen»[21]. Damit eskalierte er die präventive Kriminalitätsbekämpfung, mit deren bisherigen Ergebnissen er unzufrieden war, erheblich; außerdem beschaffte er sich mit einem Schlag sehr viele neue Häftlinge für die Konzentrationslager, deren Ausbau gerade im Gange war. Die Kripostellen reichten in der Berliner Zentrale Listen ein, aus denen dort die Personen, die am 9. März verhaftet werden sollten, ausgewählt wurden. Die Polizeibeamten nutzten die Gelegenheit, sich wieder einmal schwieriger Fälle zu entledigen.

Eine weitere Großaktion folgte einen Monat später. Am 6. April befahl Reinhard Heydrich den Leitern der Staatspolizeistellen in Ballungsgebieten die Verhaftung von Kommunisten, auch in Fällen, in denen die Beweislage schlecht war. Es traf in der Hauptsache solche Kommunisten, die schon vor 1933 aktiv und bereits einmal in Schutzhaft gewesen waren. So wurde zum Beispiel in Düsseldorf Albert N. verhaftet. Er war schon seit 1920 Genosse und hatte bis April 1935 zwei Jahre im Konzentrationslager Borgermoor eingesessen. Zwar fanden die Beamten bei der Hausdurchsuchung keine Beweise gegen ihn, dennoch brachten sie ihn ins KZ Sachsenhausen. Der konzertierte Schlag gegen Kommunisten erfüllte offenbar innerhalb kürzester Zeit seinen Zweck, denn bereits am 22. April blies Heinrich Müller ihn ab, da, wie er schrieb, «die K. Z.-Lager z. Z. überfüllt sind».[22]

Die im Polizei- und SS-Apparat weitverbreitete Auffassung, Wiederholungskriminalität sei genetisch bedingt, wurde in den kommenden Jahren auf abweichendes Verhalten schlechthin ausgeweitet. Nach dieser Logik entfiel die Notwendigkeit, ein Delikt nachweisen zu müssen, wenn doch durch Verhalten in der Vergangenheit eine kriminelle oder «asoziale» Veranlagung offenbar zu sein schien. In einem «Grundlegenden Erlass über die vorbeugende Verbrechensbekämpfung durch die Polizei» machte Reichsinnenminister Wilhelm Frick dies zur Maxime der Polizeiarbeit im gesamten Reich.

Der Polizei wurden damit fast unbegrenzte Handlungsmöglichkeiten gegen Kriminelle und «Asoziale» eingeräumt, da sie weitgehende Deutungsmacht darüber erhielt, wer vorbeugend inhaftiert werden konnte. In Vorbeugungshaft genommen werden konnte nun nicht nur, wer dreimal zu einer Haftstrafe verurteilt worden war, sondern auch, «wer aufgrund einer von ihm begangenen schweren Straftat und wegen der Möglichkeit der Wiederholung eine so große Gefahr für die Allgemeinheit bildet, daß seine Belassung auf freiem Fuß nicht zu verantworten ist, oder wer einen auf eine schwere Straftat abzielenden Willen durch Handlungen offenbart, welche die Voraussetzungen eines bestimmten strafbaren Tatbestands noch nicht erfüllen». Durch die Ausweitung auf «Asoziale» war praktisch jedes von der Norm der rassischen Volksgemeinschaft abweichende Verhalten, ohne dass es gegen bestehende Gesetze verstoßen musste, strafwürdig, konnte doch auch vorbeugend verhaftet werden, «wer, ohne Berufs- oder Gewohnheitsverbrecher zu sein, durch sein asoziales Verhalten die Allgemeinheit gefährdet».[23]

Bis Ende 1937 lag die Verfolgung von «Asozialen» – Bettlern, Obdachlosen und allen, die als «arbeitsscheu» eingestuft wurden – in der Verantwortung der lokalen Arbeits-, Fürsorge- und Wohlfahrtsämter sowie der allgemeinen Verwaltung. Mit Fricks Erlass war die Voraussetzung für eine stärkere Zentralisierung gelegt worden. Auch hier folgte eine reichsweite Verhaftungsaktion auf dem Fuße. Ende Januar 1938 wies Himmler die Polizei an, gegen «Arbeitsscheue» vorzugehen, also gegen all jene, die mindestens zweimal grundlos eine Arbeitsstelle abgelehnt oder unentschuldigt ihren Arbeitsplatz verlassen hatten. Die Arbeitsämter sollten die Namen solcher Personen an die Gestapo melden, die jedoch zugleich mit den Wohlfahrtsämtern und anderen Behörden eigene Erhebungen anstellte. Die ermittelten Personen sollten ursprünglich im März verhaftet und nach Buchenwald gebracht werden. Wegen des «Anschlusses» Österreichs aber wurde die Aktion auf die letzten zehn Apriltage verschoben; circa 2000 Männer gerieten in die Fänge der Gestapo.

Das Ergebnis fiel aus Sicht der Führungsspitze der Sicherheitspolizei enttäuschend aus. Daher ordnete Heydrich am 1. Juni eine weitere Großaktion an, die den Kreis der Personen erheblich erweiterte und für jede Kriminalpolizeileitstelle die Mindestzahl von 200 Verhafteten ausgab. Im Fokus waren nun alle als «asozial» Eingestuften, also Bettler, Landstreicher, Zuhälter, «Zigeuner», mehrfach Vorbestrafte sowie Juden mit mindestens einer Gefängnisstrafe, da, wie Heydrich schrieb, «das Verbrechertum im Asozialen seine Wurzeln hat und sich fortlaufend aus ihm ergänzt».[24] Wichtigstes Kriterium bei der Auswahl aus diesem Personenkreis sollte deren Arbeitsfähigkeit sein. Hier verbanden sich mehrere Motivlagen: Zum einen fügte sich diese «Aktion Arbeitsscheu» in das Konzept der biologistischen Kriminalprävention als «Säuberung» der Volksgemeinschaft von «schädlichen Elementen». Zum anderen und vor allem ging es auch darum, mit einem Schlag viele Arbeitskräfte für das expandierende Lagersystem zu beschaffen, zumal die SS dieses nun auch mit wirtschaftlichen Interessen verknüpfte.

Die beteiligten Behörden – Polizei, Fürsorgeverwaltung und Arbeitsämter – nutzten die sich bietende Gelegenheit mit Eifer und übertrafen die Erwartungen Heydrichs bei Weitem. Insgesamt wurden mindestens 10 000 Personen verhaftet, die zunächst nach Buchenwald, Sachsenhausen und Dachau kamen, später auch nach Flossenbürg. Die Interessen der beteiligten Akteure deckten sich: Während Himmler seine neu errichteten Lager mit möglichst vielen arbeitsfähigen Häftlingen auffüllen wollte, waren die Ämter bestrebt, eine größtmögliche Zahl von Klienten abzuschieben. So konnten sie schwierige Fälle loswerden, zugleich deutlich Kosten einsparen und für die Zukunft eine abschreckende Wirkung erzielen. Das Fürsorgeamt in Frankfurt am Main zum Beispiel prahlte beim Oberbürgermeister mit seinen Erfolgen: «Wir haben [...] in engster Verbindung mit der Geheimen Staatspolizei und der Kriminalpolizei über 150 Asoziale [...] in Vorbeugungshaft einliefern können. [...] Geldlich hat dieser Erlaß auch eine wesentliche Entlastung des Fürsorgehaushalts zur Folge.»[25]

Drei Beispiele veranschaulichen, dass «Asozialität» im Dritten Reich oft tödlich endete: Ein 54-jähriger Mann aus Duisburg wurde verhaftet und ins KZ Sachsenhausen gebracht. Er war der Kriminalpolizei vom Wohlfahrtsamt gemeldet worden, da er nicht für seine Frau und die beiden Kinder sorge, so dass diese unterstützt werden müssten. Außerdem habe er Arbeit verweigert und trinke. «Er ist mehrmals vom Wohlfahrtsamt verwarnt worden», schrieb die Kriminalpolizei, «und wird als der Typ des asozialen verantwortungslosen arbeitsscheuen Menschen geschildert.»[26] Er starb 1940 im Lager. Über einen invaliden Bergmann, Vater von sieben Kindern, der wegen Bettelei in den Jahren der Weltwirtschaftskrise mehrfach vorbestraft war, hieß es: «K. ist ein asozialer und arbeitsscheuer Mensch, der es bisher immer und immer wieder verstanden hat, ohne Arbeit sein Leben zu fristen. Er zieht bettelnd durch den hiesigen Industriebezirk und scheut sich, einer geregelten Arbeit nachzugehen [...]. Durch sein ruheloses Wanderleben und sein fortgesetztes Betteln wurde K. allmählich zu einer Landplage.»[27] Man war sich sicher, dass er auch in Zukunft betteln würde. Er starb schon nach wenigen Monaten in Sachsenhausen. Ein anderer Mann durchlitt nach seiner Verhaftung die Lager Sachsenhausen, Neuengamme und Dachau, bis er im Mai 1942 im Rahmen der «Euthanasie»-Morde in den Lagern getötet wurde.

Die Einweisung von «Asozialen» in Konzentrationslager wurde nach der Juni-Aktion rasch zu einer routinierten Praxis der Behörden. Sie veranlassten nun auch weitaus häufiger als zuvor die Einweisung von «asozialen» Frauen in Konzentrationslager. Das waren vor allem Prostituierte und «Zigeunerinnen», aber auch Wohnungslose oder solche Frauen, deren promiskuitiver Lebenswandel den Behörden ein Dorn im Auge war.

Auf Unterstützung aus der Bevölkerung konnten die Verhafteten kaum hoffen. Dass mit mehrfach Vorbestraften, Zuhältern, Obdachlosen und Bettlern endlich «aufgeräumt» wurde, dürfte auf breite Zustimmung gestoßen sein. Sinti und Roma standen seit jeher einem hohen Maß an Vorurteilen und Feindseligkeit gegenüber; und zu den jüdischen Nachbarn waren nach mehreren Jahren der Ausgrenzung und Isolation vielfach die Kontakte abgerissen, zumal es ohnehin kaum noch jemand wagte, offen für Juden einzutreten oder auch nur ein Wort des Bedauerns zu äußern. Die Ärztin Hertha Nathorff hörte so manches in Berlin, ihr Mitleid galt aber vor allem den verhafteten Juden: «Sie haben wieder so viele Leute verhaftet. Wer einmal ein Vergehen begangen hat, wer nur einmal wegen eines Verstoßes gegen die Verkehrsregelung sich vergangen hat und bestraft wurde, um lumpige ein oder zwei Mark – wenn es ein Jude war – er wird eingesperrt, nach Buchenwald bei Weimar gebracht, in ein Lager, das Nazis bewachen. Sie foltern und quälen die armen Menschen bis aufs Blut, mit Berufsverbrechern bringen sie sie zusammen, längst abgebüßte Haftstrafen müssen noch einmal abgesessen werden.»[28]

Viele der Verhafteten kamen vom Rande der Gesellschaft und fanden sich auch in den Konzentrationslagern am Rande der Häftlingsgesellschaft wieder. In der Hierarchie standen sie weit unten, Solidarität von ihren Mithäftlingen hatten sie kaum zu erwarten, untereinander auch nicht. Bei ihnen konnte es im Unterschied beispielsweise zu kommunistischen oder sozialdemokratischen Häftlingen keine Gruppenidentität geben; mehrfach

Vorbestrafte oder Zuhälter hatten wenig gemein mit Obdachlosen oder Sinti und Roma. Von den Mithäftlingen wurden die Kriminellen und «Asozialen» oft argwöhnisch betrachtet oder gar verachtet, ihre Inhaftierung als legitim angesehen. Der Kommunist Julius Freund zum Beispiel beschrieb die Vorbeugehäftlinge in Buchenwald als entmenschlichte und rohe Wesen, als «Gestalten mit gemeinen Zügen und solche, denen das Zuchthaus die Kerkerfarbe angelegt hatte. Sie hatten tiefliegende Augen und den gefährlichen Blick eines Raubtieres, das jemanden zerreißen will.»[29]

Durch die massenhaften Einweisungen in die Konzentrationslager im Frühjahr und Juni 1938 verschob sich dort die Zusammensetzung der Häftlingsgesellschaft vorübergehend stark: Sachsenhausen hatte Anfang 1938 circa 2500 Häftlinge, im Sommer kamen über 6000 «Asoziale» hinzu, in Buchenwald waren es insgesamt knapp 4200 neue Häftlinge, die nun die Mehrheit der insgesamt rund 7000 Häftlinge ausmachten; Dachau verzeichnete fast 900 Neuzugänge. Die Zustände in den Lagern waren katastrophal, da diese noch nicht hinreichend auf so viele neue Gefangene vorbereitet und zum Teil noch im Aufbau begriffen waren. Die Bevölkerung in der Umgebung wusste Bescheid: «Das Konzentrationslager Sachsenhausen liegt unmittelbar an der Autostraße Oranienburg-Wandlitz, die viel befahren wird. Das Lager bildet einen riesigen Komplex, der gar nicht zu übersehen ist. [...] Wenn man im Postomnibus am Lager vorbeifährt, hört man jedesmal Äußerungen des Bedauerns. ‹Arme Kerle, die dort leiden müssen.› Mutige Leute äußern sogar ihr Mißfallen über den Gesinnungsterror des Regimes.»[30] Der Informant der Exil-SPD meinte gar feststellen zu können, dass allgemein Empörung über die Zustände herrsche.

Unter den neuen KZ-Häftlingen waren auch einige hundert Sinti und Roma, die als «Asoziale» oder «Arbeitsscheue» und im Rahmen der vorbeugenden Verbrechensbekämpfung verhaftet worden waren. Die Einweisung von «Zigeunern» in Lager begann aber deutlich früher, da etliche Kommunen initiativ wurden und, meist ab Mitte der dreißiger Jahre, eigene Lager einrichteten, die sie örtlichen Sinti und Roma zuwiesen. Damit trieben sie die Verfolgung von Sinti und Roma voran, ohne auf eine gesetzliche Grundlage zurückzugreifen oder diese abzuwarten. Das größte Lager dieser Art lag in der Hauptstadt, wo das Wohlfahrtsamt bereits 1934 entsprechende Überlegungen zur Einrichtung eines Lagers anstellte. Einen willkommenen Anlass boten schließlich die Olympischen Spiele im Sommer 1936. Am 16. Juli verhaftete die Polizei in ganz Berlin «Zigeuner» an ihren bisherigen Wohnstätten und brachte sie nach Berlin-Marzahn, wo zwischen Bahngleisen und einem Friedhof das Lagergelände war. Hier lebten fortan einige hundert Menschen unter unzureichenden Bedingungen, da es weder Strom noch Wasser gab. Für die Versorgung mit Lebensmitteln waren die Bewohner selbst verantwortlich, stießen dabei aber auf erhebliche Probleme, da die umliegenden Händler ihnen nur sehr widerwillig etwas verkauften. Wegen der schlechten hygienischen Verhältnisse waren Krankheiten wie Scharlach, Diphterie oder Tuberkulose an der Tagesordnung.

Eine Zeit lang übte das Lager eine gewisse Anziehungskraft auf Schaulustige aus. Otto Rosenberg berichtete davon, dass immer wieder Neugierige kamen und fotografierten, bis sie von den Polizisten, die das Lager bewachten, vertrieben wurden.[31] Auch die Presse berichtete über diese «Zigeunerlager» der Kommunen. Die *National-Zeitung* ließ sich beispielsweise im Mai 1937 über die Bewohner des Gelsenkirchener Lagers in der Nähe eines Freibads aus: «Nun von dieser Romantik, den ‹glutäugigen, leichtfüßigen Schönen›, ‹wildblickenden, verwegenen Pustasöhnen›, bei deren Anblick man schon den kalten Stahl eines scharfgeschliffenen Messers im Leibe zu verspüren glaubt, ist hier herzlich wenig zu verspüren. Von den Zigeunerweibern geht wahrhaftig kein ‹sinnbetörender Reiz› aus. Schlampig, zerzaust kommen dem Besucher ein paar Zigeunerfrauen watschelnd entgegen, noch gar nicht so alt, wie ihr Aussehen vermuten läßt; aber, na, Sie kennen ja die Redensart von des Teufels Großmutter».[32]

Der Ton verschärfte sich nicht nur in der Presse. Die «Zigeunerfrage» wurde in den Behörden mehr und mehr als ein rassisches und nicht mehr nur soziales Problem verstanden. Überdies setzte auch hier ein Prozess der Zentralisierung ein, der Ende 1938 mit der Etablierung der Reichszentrale zur Bekämpfung des Zigeunerunwesens abgeschlossen war. Damit vollzog sich auch auf diesem Gebiet 1937/38 eine entscheidende Zentralisierung und Radikalisierung, die aber lokalen Initiativen genügend Raum ließen.

Für die Juden in Deutschland markierte das Jahr 1938 nach Monaten relativer Ruhe einen erneuten tiefen Einschnitt, der weit über den des Jahres 1935 hinausging. Nach Jahren der zunehmenden Isolierung und Stigmatisierung schwand die Hoffnung auf eine Besserung oder gar nur Stabilisierung ihrer Lage. Victor Klemperer empfand Ende 1937 ein «hoffnungslose[s] Vegetieren»[33]; Anfang 1938 sah er sich total vereinsamt, jedes Vertrauen in seine Mitmenschen schien ihm abhandengekommen zu sein: «Was auch kommen mag, ich werde nie wieder Zutrauen, nie wieder Zugehörigkeitsgefühl haben. Es ist mir sozusagen retrospektiv ausgetrieben; zu vieles, was ich in der Vergangenheit leicht nahm, als partielle peinliche Erscheinung auffaßte, halte ich jetzt für gemeingermanisch und typisch.»[34] Luise Solmitz, obgleich noch in einer besseren Lage als Klemperer, war nicht minder hoffnungslos, denn, so schrieb sie zu Jahresbeginn, «zu erwarten haben Menschen wie wir nichts mehr».[35]

Die Stabilisierung und die außenpolitischen Erfolge sowie die Erfahrungen der letzten Jahre schob die Aussicht auf eine Änderung der Situation in unerreichbare Ferne. Der Rückhalt Hitlers und des Regimes in der Bevölkerung war enorm, die Isolation der jüdischen Bevölkerung so weit fortgeschritten, dass Zeichen der Hilfe und Solidarität kaum noch zu erwarten waren. Aus Sachsen erreichte die Exil-SPD ein Bericht, der die Stimmung der dortigen

Bevölkerung einfängt: «In unserem Bezirk gibt es nur wenig Juden. Lesen die Leute von Maßnahmen gegen die Juden in den Großstädten, dann stimmen sie zu. Wird aber ein Jude aus dem näheren Bekanntenkreis betroffen, dann jammern dieselben Leute über den Terror des Regimes. Da rührt sich wieder das Mitgefühl.»[36] Allerdings hatte die überwiegende Mehrheit der deutschen «Volksgenossen» Anfang 1938 wohl keine nennenswerten Kontakte mehr zu Juden.

Die Judenpolitik der Nationalsozialisten schien Ende 1937/38 in eine Sackgasse geraten zu sein und in ihren eigenen Widersprüchen heillos gefangen. Auf der einen Seite strebten sie eine zahlreichere Auswanderung von Juden an, auf der anderen Seite legten sie diesen durch zahllose Maßnahmen und durch die gezielte Verarmung und Ausplünderung Steine in den Weg. In den potentiellen Aufnahmeländern erhöhte dies nicht gerade die ohnehin schon sehr begrenzte Aufnahmewilligkeit. Die Auswanderung stagnierte daher, Abhilfe sollte eine Radikalisierung der Verfolgungspolitik schaffen, um den Druck auf die Juden in Deutschland zu erhöhen.

Nachdem der Ton bereits im Zuge des Reichsparteitags im September 1937 erheblich verschärft worden war und es mancherorts wieder antijüdische Übergriffe und Boykotte gab, erwies sich die Annexion Österreichs im März 1938 als Katalysator der Judenpolitik. Zugleich verschärfte sich aus Sicht der führenden Akteure nun die Problemlage, denn von einem Tag auf den anderen kamen 200 000 weitere Juden in den deutschen Herrschaftsbereich. Über diese brach in den ersten Wochen und Monaten nicht nur der entfesselte Straßenterror des nationalsozialistischen Mobs und etlicher «normaler» Österreicher herein, sondern auch eine Welle antisemitischer Verordnungen, die im alten Reichsgebiet über Jahre schrittweise eingeführt worden waren: Juden wurden wenige Tage nach dem «Anschluss» aus dem Staatsdienst entlassen, Ehen mit «Nichtariern» verboten, Berufsverbote und -einschränkungen erlassen, und schließlich wurden im Mai die

Nürnberger Gesetze auch in Österreich in Kraft gesetzt. «Österreich», brachte Jochen Klepper die Situation auf den Punkt, «erlebt nun fünf Jahre Nationalsozialismus konzentriert in wenigen Wochen».[37]

Begleitet wurde die Verfolgung auf dem Verordnungsweg von einem Ausmaß an bei Weitem nicht nur von Parteiverbänden initiierter und betriebener offener Gewalt auf der Straße, die die bisherigen Ausschreitungen im Reich noch übertraf. Der Mob verprügelte Juden, beschimpfte sie, beschmierte Schaufenster jüdischer Geschäfte, stellte dort Boykottwachen auf, drang in Wohnungen ein, plünderte und demütigte jüdische Passanten. Der Wiener Arzt David Schapira erinnerte sich 1940 rückblickend an diese Tage: «Juden mit gebrochenen Rippen, blutigen Schädeln, ausgebrochenen Zähnen kamen in Massen in die Ambulanz des jüdischen Spitales. – Um nur ein Beispiel anzuführen, wurden eines Nachmittags die Juden in der Hauptallee, ohne Rücksicht auf Alter und Geschlecht, zusammengetrieben und gezwungen, ‹Froschhüpfe zu machen› und selbst zu rufen ‹Juda verrecke› oder ‹Ich bin ein Saujud›. Sie mussten Spiessruten laufen und ähnliches.»[38] Häme und Spott mussten die Juden auch von gaffenden Passanten ertragen, viele Nichtjuden sahen dem Spektakel stumm zu, nur manche zeigten Mitgefühl.

Die Weltpresse berichtete ausführlich über die Exzesse in Wien und anderen Orten, die Diplomaten hielten ihre Regierungen auf dem Laufenden. Der italienische Botschafter berichtete im April 1938 nach Rom von Boykottaktionen und Drangsalierungen derjenigen, die dennoch in jüdischen Geschäften einkauften. «Außerdem», fuhr er fort, «hat eine Wiederaufnahme der Gepflogenheit – die sich zu Beginn des neuen Regimes ausgebreitet hatte – stattgefunden, nach der man die Juden dazu zwingt, die Böden in den von der Partei genutzten Lokalen zu putzen; ich selbst habe Gelegenheit gehabt, diese Szene in zwei Cafés zu beobachten; in einem davon wurde die Arbeit dem Besitzer und seiner Frau auferlegt. Auch andere wenig erbauliche Szenen haben sich ereignet: In einer großen Straße des zweiten Bezirks – der hauptsächlich von Juden bewohnt wird – wurden etwa hundert Juden dazu gezwungen, auf allen vieren zu gehen oder auf der Erde zu kriechen.»[39]

In den westlichen Hauptstädten setzte aufgrund solcher und vieler anderer Berichte nun auch ein langsames Umdenken in der Einwanderungspolitik ein. In Deutschland verbreiteten sich die Nachrichten von den Ausschreitungen in Österreich rasch, mitunter nahmen sie den Umweg über das Ausland, wie Erich Ebermayer notierte: «Aus dem Ausland hört man von unerhörten Grausamkeiten der SS in Wien. Die ‹Revolution› scheint sich dort viel radikaler und grausamer zu vollziehen als seinerzeit bei uns im Reich. Hunderte von Wiener Jüdinnen müssen, auf den Knien liegend, mit ätzender Säure die Hallen des Westbahnhofs schrubben. Tausende Juden, Sozialisten, Kommunisten werden in die KZ's des Reiches eingeliefert. Finsterste Rache tobt sich offenbar überall aus.»[40]

Die «Arisierung» der Wirtschaft erhielt einen Schub durch die in Österreich von örtlichen Parteiinstanzen und anderen massiv betriebene «Entjudung» der Wirtschaft. Man verzeichnete auch im Reich wieder mehr gewaltsame Übergriffe gegen Juden und lokale Boykottaktionen. Schließlich setzten österreichische Nationalsozialisten auch Maßstäbe bei der Vertreibung. Im Burgenland verjagte man alle dort lebenden rund 3800 Juden. Verhaftungen, Betriebsschließungen, Beschlagnahmungen und anderes mehr bauten Druck auf, bis die Polizei dort schließlich dazu überging, Gruppen über die Grenzen nach Ungarn, in die Tschechoslowakei oder nach Jugoslawien zu treiben. Diesem Vorbild folgte man ab Ende Mai in Wien und anderen Regionen Österreichs; bald wurden ausländische Juden, aber auch Juden aus dem Reich in die westlichen Nachbarländer abgeschoben.

Vor allem aber war Österreich der Umweg, über den der Sicherheitsdienst (SD) der SS seine Position stärken und seinem Führungsanspruch mehr Geltung verschaffen konnte. Dem SD hatte Himmler im Juli 1937 schon die Bearbeitung der «grundsätzlichen Judenangelegenheiten» übertragen, während die Gestapo exekutiv Einzelfälle bearbeiten sollte. Der SD war eine relativ kleine Behörde, in der vor allem junge, gut ausgebildete Juristen und andere Akademiker arbeiteten, die dem Radauantisemitismus im Stile Streichers einen vermeintlich «sachlichen Antisemitismus der Vernunft» vorzogen. Sie verfochten die Auswanderung der Juden als oberstes Ziel, dem sich alles andere unterzuordnen hatte. Bestand ihre Arbeit bislang in erster Linie darin, Informationen zu sammeln und in Lageberichten zusammenzufassen, wollten die ehrgeizigen SD-Mitarbeiter in Österreich nun auch tatkräftig in das Geschehen eingreifen.

Zunächst sicherten sie sich den Zugriff auf die jüdischen Organisationen, verhafteten zahlreiche Funktionäre, beschlagnahmten Archivmaterial. Einen Teil der jüdischen Einrichtungen, vor allem assimilatorische, lösten sie auf, während sie die übrigen, meist zionistischen, unter ihre Kontrolle brachten und später für ihre Zwecke, vor allem die Organisation der Auswanderung, instrumentalisierten. Federführend war hier Adolf Eichmann, der in Wien keinesfalls als subalterner technokratischer Bürokrat auftrat, als der er sich nach dem Krieg mit gewissem Erfolg stilisierte, sondern als tatkräftiger und initiativfreudiger Vorkämpfer. Er kontrollierte und dirigierte die jüdischen Gemeinden des Landes von Wien aus, immer mit dem obersten Ziel, die Auswanderung zu forcieren. «Jedenfalls habe ich die Herrschaften auf den Trab gebracht, was Du mir glauben kannst», schrieb er seinem Kollegen Herbert Hagen stolz aus Wien und meldete die von ihm festgesetzten Auswandererzahlen nach Berlin.[41]

In den ersten Wochen nach dem «Anschluss» hatten besondere Einsatzkommandos aus Sicherheitspolizisten und einfachen Polizeibeamten neben zahlreichen Juden auch politische Gegner verhaftet. Dieser Verhaftungswelle ließ Eichmann eine zweite folgen, die nun aber allein gegen Juden gerichtet war. Ende Mai sollte die Gestapo vornehmlich vorbestrafte Juden verhaften und in Konzentrationslager einweisen. Die Anweisung hierzu kam aus der obersten Führungsspitze; Hitler selbst soll sie gegeben haben, um Arbeitskräfte für den Bau des «Westwalls» zu rekrutieren. Über 1000 Juden wurden allein in Wien verhaftet und nach Dachau deportiert. Anders als ursprünglich geplant, blieben sie dort. Eichmann tat sich mit der grundlegenden Neuorganisation und erheblichen Forcierung der Auswanderung der österreichischen Juden hervor, womit er auch für das Reich neue Maßstäbe setzen sollte.

Die Verhaftungen Ende Mai, Anfang Juni in Österreich waren nur der Anfang, denn wenige Tage später wurden im gesamten Deutschen Reich im Zuge der «Aktion Arbeitsscheu Reich» auch viele vorbestrafte Juden verhaftet und in Konzentrationslager eingewiesen. Bei dieser ersten reichsweiten Verhaftungsaktion gegen Juden reichten geringfügige Strafen aus, um verhaftet zu werden. Vorangegangen war ein Alleingang des Berliner Gauleiters Goebbels und seines Polizeipräsidenten, die den Radikalisierungsschub des Frühjahrs 1938 nutzen wollten, um in ihrem Bereich die Zahl der Juden drastisch zu reduzieren. Ein entfesselter Terror und Verhaftungen sollten den Auswanderungsdruck auf die gesamte jüdische Bevölkerung der Hauptstadt massiv erhöhen. Parallel zu den Ereignissen in Österreich ließ Goebbels in Berlin, sehr zum Ärger von Heydrichs Apparat, seine Leute Ende Mai, Anfang Juni auf die Juden los: Geschäfte wurden beschmiert und boykottiert, die Polizei führte Razzien in Lokalen durch. Die Presse begleitete dies mit hetzerischen Artikeln und kriminalisierte die Juden, indem sie den hohen Anteil von Juden unter den Verhafteten heraushob und berichtete, «umfangreiches Material aus jüdischen Verbrecherkreisen»[42] sei ermittelt worden. Außerhalb Deutschlands fiel man auf eine derart plumpe Propaganda nicht herein. Die *Pariser Tageszeitung* stellte einen Tag später die Lesart des *Völkischen Beobachters* richtig: «Die Gestapo wollte eben einen Grund für diese Razzia angeben, obgleich es sich in Wirklichkeit um eine reine Verfolgungsmassnahme handelte, die durch keinerlei sachliche Motive zu begründen ist.»[43]

Nach erheblichen Reibungen zwischen den Berliner Akteuren und Heydrich nutzten Polizeipräsident von Helldorff und Goebbels die Mitte Juni anlaufende Verhaftungswelle gegen «Asoziale» für einen weiteren Anlauf gegen die Berliner Juden. Polizisten und SA-Männer verhafteten Hunderte, beschmierten wieder Geschäfte und Arztpraxen und entfalteten vor den Augen der Öffentlichkeit einen massiven Straßenterror. Krawalle und Plünderungen waren an der Tagesordnung. Ausländische Journalisten berichteten detailliert über die brutalen Akte in Berlin. Die Polizisten gingen dazu über, wahllos Juden mitzunehmen – als Vorwand mussten nichtige Gründe wie schräges Überqueren der Straße oder die Missachtung einer roten Ampel herhalten. Auf diese Weise verhafteten sie in Berlin innerhalb weniger Tage über 2000 Juden. Andernorts, beispielsweise in Breslau oder Magdeburg, folgte man diesem Beispiel. Eine derart unkontrollierte Gewalt lief dem Konzept der Sicherheitspolizei und des SD zuwider, zumal lokale Eigenmächtigkeiten deren Führungsanspruch bedrohten. Der erzürnte Chef der Sicherheitspolizei Heydrich behielt sich daher für die Zukunft vor, über Einzelmaßnahmen zu entscheiden.

Insgesamt wurden innerhalb eines Monats mindestens rund 4000 Juden verhaftet und in Konzentrationslager gebracht. Wer die Zeit dort überstand und das Lager schließlich wieder verlassen konnte, war allerdings nur auf Abruf in Freiheit. Die Kriminalpolizei setzte den ehemaligen Häftlingen eine bestimmte Frist, innerhalb derer sie die Auswanderung organisieren mussten, andernfalls drohte ihnen erneute Haft.

Den Ausschreitungen in Österreich im Frühjahr und den Verhaftungen im gesamten Reich im Juni 1938 folgte eine weitere Serie antijüdischer Verordnungen und Gesetze, die das Leben der Juden weiter einschränkten. Neben anderen Berufsbeschränkungen verloren im Juli die jüdischen Ärzte ihre Zulassung, mit Ausnahmegenehmigung konnten manche, als «Krankenbehandler» herabgesetzt, noch jüdische Patienten behandeln. Nach den Ärzten traf es Mitte Oktober die Rechtsanwälte: Bis auf rund 170 «Konsulenten» für jüdische Klienten durften sie nicht mehr arbeiten. Die Berufsverbote hatten für die Betroffenen und deren Familien existenzielle Folgen. Gemessen daran hatte die Mitte August 1938 erlassene «Zweite Verordnung zur Durchführung des Gesetzes über die Änderung von Familiennamen und Vornamen» vor allem eine zunächst symbolische Bedeutung. Diese traf die meisten aber bis ins Mark: Juden durften ab dem 1. Januar 1939 nur bestimmte, vermeintlich jüdische Namen tragen, die das Reichsinnenministerium zuließ. Wer keinen dieser oft herabwürdigenden Namen trug, musste einen zusätzlichen Vornamen führen – Männer Israel, Frauen Sara. «Es wäre zum Lachen, wenn man nicht den Verstand darüber verlieren könnte», kommentierte Victor Klemperer den neuen Tiefschlag und stellte fest: «Die neuen Namen sind zum überwiegenden Teil nicht alttestamentarische, sondern komisch klingende jiddische oder Ghettonamen.»[44]

Noch ehe die neue Verordnung greifen konnte, schlug Hitlers aggressive Außenpolitik Juden und Nichtjuden in ihren Bann. Während viele «Volksgenossen» aber «nur» einen Krieg fürchteten, war damit für manche Juden auch die Angst vor blutigen Pogromen zu Kriegsbeginn und weiteren empfindlichen Einschränkungen verbunden. Die Ereignisse im September 1938 weckten zwiespältige Gefühle. Luise Solmitz hielt ungeachtet ihrer persönlichen schwierigen Situation an ihrer Hitler-Verehrung fest, pries ihn als Übermenschen und bedauerte nach der Entscheidung zur Annexion des Sudetenlands lediglich, dass es ihnen verboten war zu flaggen. Victor Klemperer erkannte an, dass «Ungeheures erreicht» sei, sah seine Lage aber hoffnungsloser denn je: «Aber *wir* sind nun zur Negersklaverei, zum buchstäblichen Pariatum verurteilt bis an unser Ende.» Selbstmordgedanken versuchte er beiseitezudrängen und sich selbst Mut zuzusprechen: «Nicht denken – weiter.»[45]

Was in Großbritannien, Paris, Rom und anderswo als friedensrettende Tat gefeiert wurde, bedeutete aber auch, dass das Schicksal zahlreicher Juden, NS-Gegner und Tschechen im Sudetenland auf dem Altar einer durchaus umstrittenen Realpolitik geopfert wurde. Viele der geschätzten 400 000 bis 500 000 Anschlussgegner im Sudetenland, darunter die meisten Juden und beispielsweise 80 000 Sozialdemokraten, spürten schon wenige Stunden nach Unterzeichnung des Münchner Abkommens, bevor überhaupt deutsche Soldaten die Grenze überschritten hatten, am eigenen Körper, was «Frieden in unserer Zeit» bedeutete. Beschimpfungen und Prügel waren an der Tagesordnung, Sozialdemokraten wurden mit diffamierenden Schildern durch die Straßen geführt, mancherorts entwickelten sich pogromartige Ausschreitungen.

Mit der Wehrmacht kamen Einsatzkommandos der Sicherheitspolizei und des SD Anfang Oktober ins Land, die anhand lange vorher zusammengestellter Listen Regimegegner verhafteten und Material beschlagnahmten. Im Visier hatten sie zunächst politische Gegner, vor allem Kommunisten und Sozialdemokraten. In vielen Regionen wollten die Polizeikräfte während einer gewissen Übergangsphase, in der noch offene Fragen zwischen den Regierungen in Prag und Berlin zu klären waren, überdies Fakten schaffen. Sie übten Druck auf die örtlichen Juden aus und drängten sie zum Weggang in die angrenzenden tschechischen Gebiete; manche wurden kurzerhand mit Bussen über die neue Grenze gebracht. Mitunter griffen die Polizisten zu brutaler Gewalt, um die Juden loszuwerden, oder sperrten sie, wie viele politische Gegner auch, in Lager. Wie viele Juden und NS-Gegner verhaftet wurden, lässt sich nicht mehr eindeutig feststellen. Bis zum Frühjahr 1939 wurden nach aktuellen Schätzungen rund 10 000 Menschen verhaftet; alleine die Gestapo Karlsbad verhaftete bis zum 7. November 1157 Personen.[46]

Die Euphorie im Reich über den neuerlichen gelungenen Coup Hitlers führte auch in Deutschland wieder zu einem Anstieg der Gewalt gegen Juden, zumal außenpolitisch motivierte Rücksichtnahmen allem Anschein nach hinfällig geworden waren. Der Terror setzte schon wenige Tage nach der Münchner Entscheidung ein. «Durch den ‹Sieg ohne Krieg› über die Tschechoslowakei wächst den Raubrittern hier im Land wieder der antisemitische Kamm», stellte Walter Tausk in Breslau fest und berichtete weiter: «und man hörte morgens um acht Uhr folgende Rundfunkdurchsage: die Juden hätte man jetzt soweit, daß man sie nur noch zum Holzhacken und Straßefegen verwenden wird, daß ihnen die Nasen lang werden und der Schweiß runterläuft, man wird ihnen jetzt auch das Letzte nehmen und sie dann zum Lande rausjagen. Für mich sind das nicht ‹nur Worte›.»[47] Ende Oktober 1938 fasste Feliks Chiczewski, der polnische Generalkonsul in Leipzig, die Situation der Juden zusammen: «Die Juden sind resigniert. Sie sehen, dass ihr Schicksal in Deutschland besiegelt ist, wenn nicht ein außergewöhnlicher Fall eintritt. Sie sind sich bewusst, dass sie Deutschland so schnell wie möglich verlassen müssen.»[48]

Widerstand in Wartestellung

Widerstand gegen die forcierte Verfolgung der Juden oder die Radikalisierung der Rassenpolitik allgemein hatte es bis zum Krieg kaum gegeben. Sicherlich hatten die linken Untergrundorganisationen und vor allem die verschiedenen Kräfte im Exil auch diesen Bereich der NS-Politik kritisiert, ihre Hauptanliegen aber waren andere. Auch in den Kirchen oder in regimeferneren Kreisen im Militär ging bei Einzelnen die Ablehnung dieser Seite des Regimes deutlich über eine bloße Methodenkritik hinaus. Der Widerstand blieb aber auf Einzelpersonen beschränkt, eine breite Basis entwickelte sich hier nicht, schon gar nicht aufgrund der Verfolgungspolitik der Nationalsozialisten.

Eine dieser mutigen Einzelkämpferinnen war die liberale Protestantin Elisabeth Schmitz. Der bei Friedrich Meinecke promovierten Historikerin blieb 1920 als Frau eine wissenschaftliche Karriere verbaut, so dass sie auf den Schuldienst umschwenkte und ein theologisches Ergänzungsstudium abschloss. Nach mehreren befristeten Stellen erhielt sie 1929 eine feste Stelle an einem Berliner Gymnasium. Elisabeth Schmitz war eine engagierte Protestantin mit vielfältigen Kontakten in der Kirche. Sie drängte bereits seit dem Aprilboykott 1933 Theologen wie Karl Barth, Martin Niemöller oder Helmut Gollwitzer dazu, gegen die Verfolgung der Juden zu protestieren. Unter anderem trat sie dafür ein, dass sich die Kirche um die KZ-Häftlinge kümmere, ihre verfolgten Mitglieder in Schutz nehme und Kontakt zu den jüdischen und katholischen Gemeinden halte, gewissermaßen interkonfessionelle Solidarität übe. Sie war durch ihren Glauben grundsätzlich sensibilisiert, erlebte die Konsequenzen der Judenpolitik aber auch hautnah im Freundeskreis mit.

Im Sommer 1935 schließlich, nach der Gewaltwelle gegen Juden und den Nürnberger Gesetzen, verfasste sie eine Denkschrift «Zur Lage der deutschen Nichtarier». Sie schilderte ausführlich die Hetzpropaganda, den Ausschluss von Juden aus vielen Lebensbereichen und die daraus resultierenden Konsequenzen. Schmitz sorgte dafür, dass die Denkschrift auch Führungskreise der Bekennenden Kirche erreichte. Fast ein Jahr später, wohl enttäuscht über ausbleibende Reaktionen, ermöglichte sie eine größere Verbreitung, indem sie eine aktualisierte Fassung vervielfältigte und verschickte. Eindringlich mahnte sie: «Es geht um die Existenz von Hunderttausenden, es geht um das nackte Leben.»[49] Schmitz wollte erreichen, dass die Kirche sich die Angelegenheit zu eigen machte und ihre Initiative aufgriff, wie sie im Juli 1936 an Barth in die Schweiz schrieb: «Was ich will, ist vor allem dies: dass ich nicht als Privatperson XY einigen mir zufällig erreichbaren Pfarrern Material gebe, sondern dass *die Kirche* anerkennt, dass es sich um ein Gebiet handelt, das sie angeht, u. dass sie meine Arbeit in irgendeiner Form als einen ihr erwiesenen Dienst annimmt.»[50] Die Kirche – weder die evangelische noch die katholische – machte sich die Sache der Verfolgten nicht zu eigen, auch wenn sie deren Leid durchaus wahrnahm. Es blieb in der Regel bei der Initiative Einzelner.

In der Wehrmacht, aus der heraus am ehesten erfolgversprechender Widerstand möglich gewesen wäre, überwog in den ersten Jahren der NS-Herrschaft eine verhaltene Zustimmung. In den militärischen und außenpolitischen Zielen wusste man sich zunächst weitgehend einig: Die erfolgreiche Revision des Versailler Vertrags, die Entmachtung der SA, die Wiedereinführung der Wehrpflicht sowie eine Stärkung der Armee durch gesteigerte Rüstung trafen dort auf Zustimmung. Dennoch gab es auch hier einige, die etwa die Methoden der Gestapo und der SS sowie «Exzesse» in der Verfolgungspolitik ablehnten und im Laufe der Jahre in zunehmende Distanz zum Regime gerieten.

Erst 1938 aber reifte bei einem größeren einflussreichen Kreis innerhalb der Wehrmacht der Entschluss, Widerstand zu leisten, das heißt, Hitler und seine Gefolgsleute abzusetzen. Wesentlich beflügelt wurde dies durch das Personalrevirement im Frühjahr und die Sudetenkrise im Sommer 1938. Durch Intrigen und fingierte Vorwürfe, die sich bald schon als falsch erwiesen, wurden im Januar 1938 Reichskriegsminister Werner von Blomberg sowie der Oberbefehlshaber des Heeres, Werner von Fritsch, entlassen. Überdies ersetzte Hitler den bisherigen Außenminister Konstantin Freiherr von Neurath durch Joachim von Ribbentrop. Mit einem Schlag hatte er damit diejenigen geschasst, die seiner Eröffnung des künftigen Expansionskurses im November 1937 deutlich entgegengetreten waren.

Die Umstände dieser einschneidenden Personaländerungen empörten viele in der Wehrmacht und trugen wesentlich dazu bei, dass sich ein Kreis von Leuten zusammenfand, die zum Staatsstreich bereit waren, sollte Hitler den Befehl zum Überfall auf die Tschechoslowakei geben. Im Zentrum stand dabei Ludwig Beck, bis Mitte August 1938 Chef des Generalstabs des Heeres. Beteiligt waren Personen wie Ulrich von Hassell, bis kurz zuvor Botschafter in Rom, der frühere Leipziger Oberbürgermeister Carl Goerdeler und der kommandierende General des Wehrkreises III in Berlin, Erwin von Witzleben. Auch der Hohe SA-Führer und Berliner Polizeipräsident Wolf Heinrich von Helldorf sowie sein Stellvertreter Fritz-Dietlof Graf von der Schulenburg waren wohl eingeweiht und hatten Stillhalten der Berliner Polizei im Falle eines Staatsstreichs zugesichert. Die Pläne waren im September 1938 ausgearbeitet, Hitler sollte verhaftet, die Terrorzentralen sowie die wichtigen Schaltstellen in Berlin besetzt werden. Nach außen hatte Goerdeler versucht, die britische Regierung auf eine harte Haltung gegen Hitlers Gebietsforderungen einzuschwören.

Wie hoch die Erfolgsaussichten und die Entschlossenheit aller Beteiligten im Ernstfall tatsächlich gewesen wären, lässt sich schwer einschätzen, da die Rechnung viele Unbekannte aufwies. Die große Kriegsangst in der Bevölkerung lässt eine gewisse Zustimmung vermuten, wenn die Krise mit einem Putsch erfolgreich abgewehrt worden wäre; auf der anderen Seite aber waren das Regime und vor allem Hitler populär, so dass die Gefahr einer neuen Dolchstoßlegende real schien. Vor allem wäre die Haltung des Auslands kaum absehbar gewesen, wo die Putschisten einen zwiespältigen Eindruck hinterlassen hatten, da sie auch dort einer moderaten Expansionspolitik im Osten das Wort geredet hatten. Der Abschluss des Münchner Abkommens Ende September 1938 jedenfalls ließ die Beteiligten vor Taten zurückschrecken. Gleichwohl hatte sich hier erstmals ein Kreis von Männern zusammengefunden, die untereinander offen Widerstand und einen Staatsstreich geplant hatten und von denen viele überdies Freundschaften und Bekanntschaften zu weiteren regimefernen Persönlichkeiten pflegten. Aus diesem Netzwerk sollten Jahre später erneut Putschpläne kommen.

Aber längst nicht alle waren schon im Herbst 1938 grundsätzliche Gegner Hitlers und seiner Politik. Schulenburg zum Beispiel, dem im Herbst 1938 ohnehin nur eine gewisse Mitwisserschaft zugerechnet werden kann, betätigte sich ganz im Sinne des Regimes, mit dem er sich in vielem im Einklang wusste. Er hatte seine rasche Karriere nicht zuletzt auch seinem frühen Parteibeitritt im Februar 1932 zu verdanken. Nach Hitlers Regierungsantritt stieg er zum Oberregierungsrat in Königsberg auf und gehörte dort zu den Vertrauten des Gauleiters Erich Koch. Den Terror der Anfangszeit bejahte er vorbehaltlos, und auch in den kommenden Jahren, in denen er als Landrat in Ostpreußen und ab Juli 1937 als Polizeivizepräsident in Berlin arbeitete, deutet kaum etwas auf seine spätere kritische Haltung hin. Im August 1939 wurde er schließlich Regierungspräsident in Breslau, wo er nach dem deutschen Überfall auf Polen in der erweiterten Provinz auch in die sogenannte Volkstumspolitik involviert war und vor scharfen Tönen und harten Maßnahmen gegen die polnische Bevölkerung nicht zurückschreckte. Von dort bis zum 20. Juli 1944 war es noch ein langer Weg.

An grundsätzlichen Gegnern des Nationalsozialismus mangelte es im Vergleich dazu in der Linken zunächst nicht, allerdings fehlte es hier an Möglichkeiten für einen wirksamen Widerstand. Überdies hatte die großangelegte reichsweite Verhaftung von Kommunisten im Frühjahr 1937 den Widerstand von dieser Seite empfindlich geschwächt; alleine 1936 und 1937 waren rund 20 000 Kommunisten verhaftet worden. Die personellen Ressourcen waren durch die offensive Propagandaarbeit und die wiederkehrenden umfassenden Verhaftungen durch die Gestapo so weit aufgebraucht, dass die Lücken nicht mehr gefüllt werden konnten. Eine weitere Schwäche des kommunistischen Widerstands bestand in dem offenkundigen Widerspruch zwischen Propaganda und NS-Wirklichkeit. Vom krisengeschüttelten Kapitalismus und der voranschreitenden Verelendung der Arbeitermassen war angesichts der tatsächlichen Verbesserung der Lebensbedingungen und der Erholung auf dem Arbeitsmarkt wenig zu sehen. Eine derart von den Realitäten immer wieder widerlegte «Endzeit»-Propaganda verlor zwangsläufig an Wirkungsmacht. Überdies weckten ausbleibende Erfolge der Untergrundarbeit, gepaart mit der effizienten Schlagkraft der Gestapo, an der Basis zunehmend Zweifel am Sinn des Unterfangens. Bis zum Kriegsbeginn blieb den noch aktiven Kommunisten daher kaum etwas anderes übrig, als von der offensiven Agitation nach außen auf Bewahrung des inneren Zusammenhalts umzuschwenken – so wie die Sozialdemokraten es, von einigen lokalen Ausnahmen abgesehen, in den vorangegangenen Jahren auch gemacht hatten.

Die beinahe ausweglos scheinende Situation des Widerstands der Arbeiterbewegung fasste Friedrich Stampfer, umtriebiges Mitglied des Vorstands der Exil-SPD, 1938 zusammen: «Es ist wahr und muß offen ausgesprochen werden, daß zur Zeit bei den Gegnern Hitlers in Deutschland tiefe Niedergeschlagenheit herrscht. Sie sehen, daß große Massen des Volkes zu einer Erhebung gegen das System noch nicht reif sind, da sie geneigt sind, für den Verlust ihrer staatsbürgerlichen Freiheiten und für die Verschlechterung ihrer Lebensbedingungen die außenpolitischen Erfolge Hitlers als vollen Gegenwert in Rechnung zu stellen. Die Genugtuung über das Erreichte und der Glaube an weitere Erfolge Hitlers, dem ‹alles gelingt›, tun ihre Wirkung. Die sozialdemokratische Opposition scheint in diesem Augenblick nicht nur durch den Terror niedergeschlagen, sondern auch durch die Tatsachen widerlegt.»[51]

Für linke Parteien und Organisationen wie die Sozialistische Arbeiter-Partei (SAP), «Neu Beginnen» oder kommunistische Splittergruppen stellte sich die Situation im Herbst 1938 kaum anders dar. Im Unterschied zu den Massenorganisationen von SPD und KPD aber gerieten sie erst ab 1935/36 stärker ins Visier der Gestapo, nachdem diese KPD und SPD weitgehend ausgeschaltet hatte. Der Rückhalt dieser Parteien in der Bevölkerung war äußerst gering, ihnen fehlte es an einer Massenbasis, an einem breiten Milieu, umfassten sie reichsweit doch nur einige hundert oder tausend Mitglieder. Daher waren sie nur punktuell in manchen Orten aktiv, verbreiteten Flugblätter, schrieben Parolen an Wände und Ähnliches.

Überdies schwand der Rückhalt von außen zusehends, da sich durch den Expansionskurs Deutschlands und die mitunter rigide Flüchtlingspolitik der Aufnahmeländer die Handlungsmöglichkeiten der Exilanten reduzierten. Deren Verbindungen zu den Untergrundaktivisten in der Heimat wurden seltener oder brachen ganz ab. Zudem kann von *dem* deutschen Exil keine Rede sein – die Spaltung in miteinander zum Teil bitter verfeindete Parteien und Organisationen war hier stärker denn je, auch wenn Bemühungen um eine «Volksfront» über Parteigrenzen hinweg zeitweise auf einige Linke eine hohe Anziehungskraft ausübten. Über die Jahre machte sich eine wachsende Entfremdung zwischen Exil und Heimat bemerkbar, die letztlich zwei völlig verschiedene Welten waren.

Im Kern krankte der Widerstand der linken Kräfte daran, dass sich das Volk hinter den «Führer» scharte und ihnen eine breite Anhängerschaft über einen doch begrenzten Kreis von Aktivisten fehlte. Daran war, vor allem im Falle der Kommunisten, auch das zunehmende Auseinanderklaffen von politischer Analyse sowie Propaganda auf der einen und der gesellschaftlichen Realität auf der anderen Seite nicht ganz unschuldig. Nationalkonservativer Widerstand, sofern für die Vorkriegszeit überhaupt von einem solchen die Rede sein kann, krankte in erster Linie an der eigenen Unentschlossenheit und daran, dass in diesen Kreisen der Nationalsozialismus und seine Politik eben doch noch nicht immer grundsätzlich abgelehnt wurden. Nach wir vor wogen viele die kriminellen Seiten des Regimes gegen die wirtschaftlichen und außenpolitischen Erfolge auf.

IV.

«Antisemitismus – gut! Aber doch nicht so»

Es gab etwas zu sehen in der vornehmen Bäder- und Kasinostadt Baden-Baden. Viele Neugierige, darunter einige Kinder, die offenbar gerade aus der Schule gekommen waren, hatten sich am frühen Nachmittag versammelt. Die Menge bildete ein Spalier, wenige Uniformierte schienen für Ordnung zu sorgen. Was wie ein harmloses Ereignis – die Hochzeit einer bekannten Persönlichkeit vielleicht – aussah, war ein typisches Spektakel, wie es sich im November 1938 vielerorts in Deutschland zugetrug.

Am frühen Morgen des 10. November hatte die Polizei damit begonnen, jüdische Männer zu Hause zu verhaften und zur Polizeidirektion zu bringen. Im Laufe des Vormittags kamen immer mehr Verhaftete zusammen. Die rund 80 Männer mussten sich dann im Hof in Reih und Glied aufstellen. Gegen Mittag öffnete sich das schwere Hoftor, und die Polizisten führten die Gruppe hinaus. Über eine Stunde lang mussten die Männer über weite Umwege durch die Stadt bis zur eigentlich nahegelegenen Synagoge gehen. «Was an Zuschauern zu sehen war, war Pöbel», erinnerte sich der Gymnasiallehrer Arthur Flehinger, einer der Verhafteten, 1955 an die damalige Situation. Einige Lehrer hätten ihre Schüler mit Bonbons dazu angestiftet, ihm und den anderen «Juda, verrecke!» hinterherzurufen. «Ob diese Inszenierung wirklich zur Belustigung der Zuschauer beitrug, möchte ich stark bezweifeln», so Flehinger. Er erinnerte sich hingegen an Leute, «die hinter dem Vorhang weinten».[1]

Schließlich kam der Zug bei der Synagoge an, wo bereits eine Menge Schaulustiger versammelt war: «Man mußte an dem Gesindel vorbei, und an wüsten Schmährufen ließen es die traurigen Gestalten wirklich nicht fehlen.»[2] Die jüdischen Männer mussten dort über einen Gebetsmantel laufen und in die Synagoge gehen, wo man sie zwang, das Horst-Wessel-Lied zu singen und Passagen aus «Mein Kampf» laut vorzulesen. Nach dieser Demütigung brachte man die Gruppe in ein nahegelegenes Hotel, wo sie, vollkommen im Ungewissen, warteten, wie weiter mit ihnen verfahren werden sollte. Währenddessen setzten Nationalsozialisten die Synagoge in Brand.

Nach einiger Zeit, inzwischen hatten die über Sechzigjährigen gehen dürfen, trieben SS-Leute und Polizisten die übrigen 50 Männer aus dem Hotel: «Im Laufschritt mußten wir hinaus zum Autobus rennen, und wer nicht schnell genug rannte, bekam einen Denkzettel.»[3] Der Bus fuhr sie zum Bahnhof. Von dort brachte man sie, zusammen mit Juden aus dem Umland, in einem bewachten Sonderwaggon ins Konzentrationslager Dachau, wo in diesen Tagen Tausende Juden aus zahlreichen Regionen des Landes eintrafen.

Wendepunkt «Kristallnacht»

Den Ereignissen in Baden-Baden und in anderen deutschen Dörfern und Städten ging eine Maßnahme voraus, die beides war – Vorgeschichte der Novemberpogrome in Deutschland und Höhepunkt einer schon seit Anfang 1938 betriebenen Vertreibungspolitik gegen ausländische Juden. In einer überhasteten Aktion schob die deutsche Polizei Ende Oktober Tausende polnische Juden über die Grenze nach Polen ab, wo viele von ihnen wochen- und monatelang in Lagern festsaßen, weil die polnischen Behörden sie nicht einreisen lassen wollten.

Bereits im März 1938 hatte das polnische Parlament ein Gesetz verabschiedet, demzufolge Personen ausgebürgert werden konnten, wenn sie fünf Jahre oder länger im Ausland lebten. Im Oktober spitzte sich die Lage zu: Das Innenministerium in Warschau verordnete, dass nach Ende des Monats nur noch einreisen durfte, wessen Pass einen entsprechenden Vermerk einer polnischen Auslandsvertretung vorwies. Ende Oktober drohten Tausende Juden aus Polen, die schon seit vielen Jahren in Deutschland lebten, damit staatenlos zu werden. Der Chef der Sicherheitspolizei ordnete daher für den 28. und 29. Oktober an, Juden mit polnischer Staatsangehörigkeit zu verhaften und diese noch vor Ablauf des Monats an die Grenze zu schaffen. «Es muß erreicht werden», schrieb Heydrich, «daß eine möglichst große Zahl polnischer Juden, namentlich der männlichen Erwachsenen, rechtzeitig vor dem genannten Zeitpunkt über die Grenze nach Polen geschafft wird.»[4] Übereilt holten die Polizisten 17000 bis 18000 Menschen im gesamten Reich ab und brachten sie in Zügen an die Grenze. Wen die deutsche Polizei nicht zu Hause antraf, der hatte Glück. Mancherorts, wie in München, konnten sich einige Betroffene rechtzeitig in das polnische Konsulat retten und entgingen so der Deportation.

Die ersten Deportierten reisten noch problemlos nach Polen ein, als aber die polnischen Zollbeamten die Zahl der Einreisewilligen erkannten, riegelten sie die Grenze ab, so dass Tausende zeitweise im Niemandsland festsaßen, bevor sie in Internierungslager im polnischen Grenzort Zbąszyn aufgenommen wurden. SS-Leute trieben Hunderte aber auch im freien Gelände über die Grenze. «Es war stockfinstere Nacht», erinnerte sich Gerta Pfeffer aus Chemnitz 1940 an ihren Fußmarsch vom Zug zur Grenze. «Wir hörten nur das Stöhnen der Erschöpften und das rohe Schimpfen der S. S. Wir marschierten immer noch auf der unbekannten Strasse einem unbekannten Ziele zu. Plötzlich hörten wir an der Spitze des Zuges Schreien. Mich überlief es kalt. Was bedeutet das wiederum?»[5] Die Schreie kamen von denen, die die SS nun mit brachialer Gewalt antrieb, durch einen Wassergraben hinüber auf die polnische Seite zu gehen. Dort angekommen, waren sie vollkommen orientierungslos und irrten umher, bis sie schließlich auf einen polnischen Grenzbeamten trafen. Die Nacht über mussten sie im Niemandsland verharren, bis sie nach einigem Hin und Her am nächsten Tag schließlich einreisen konnten.

Marcel Reich-Ranicki, 1920 in Polen geboren, war einer der Vertriebenen aus Berlin. Er wurde frühmorgens von einem Polizisten geweckt und zu einem Sammelplatz geführt, wo bereits Hunderte andere warteten. Am Nachmittag wurden sie in einen Zug gezwängt und zur Grenze gebracht. «Es war vollkommen dunkel», schilderte er die Situation an der polnischen Grenze, «man hörte laute Kommandos, zahlreiche Schüsse, gellende Schreie. Dann kam ein Zug an. Es war ein kurzer polnischer Zug, in den uns die deutschen Polizisten brutal hineinjagten. In den Waggons war es drängend voll.»[6] Er hatte Glück; nach stundenlangem Warten durfte er einreisen, da seine Familie bereits in Warschau lebte. Die meisten der vertriebenen polnischen Juden hatten diese Möglichkeit nicht. Sie saßen lange Zeit dort fest.

Aus diesem Unheil entwickelte sich innerhalb weniger Tage eine Tragödie für alle Juden im Deutschen Reich. Am 7. November schoss der siebzehnjährige Herschel Grynszpan in Paris auf den deutschen Botschaftsmitarbeiter Ernst vom Rath und verletzte ihn schwer. Grynszpan, der illegal in Paris lebte, hatte von der Abschiebung seiner Eltern und seiner Schwester aus Hannover nach Polen erfahren, wo diese nun an der Grenze festsaßen. Diesmal waren die Nationalsozialisten fest entschlossen, die Gelegenheit zu nutzen. Der Vorwand für einen umfassenden Schlag gegen die Juden, den viele Parteiaktivisten bereits seit Längerem ersehnt und vorbereitet hatten, war gegeben. Willy Cohn in Breslau ahnte Böses, als er am Tag darauf von dem Anschlag in der Zeitung las. Wie schlimm es kommen sollte, konnte er sich freilich nicht ausmalen. Er rechnete mit «Beschlagnahmungen, Einsperrungen, vielleicht auch mit der Einstellung der jüdischen Pensionszahlungen und so weiter. Es ist unabsehbar, und die feige Tat, die aus einem falsch verstandenen Rachedurst entstanden ist, wird in das Leben jedes Einzelnen eingreifen.»[7] «Wir haben alle Angst», schrieb Ruth Maier in Wien schon am Tag des Attentats in ihr Tagebuch, denn auch sie befürchtete Schlimmes: «[S]ie werden uns schlagen, weil ein poln. Jude einen Deutschen töten wollte.»[8]

In der Tat: Zu Gewalt gegen Juden kam es noch am gleichen Abend und in der Nacht im Gau Kurhessen. In Kassel zog ein Mob durch die Stadt, verwüstete zunächst das Café eines Juden, dann die Synagoge und im Laufe des Abends noch weitere Geschäfte, während zahlreiche Schaulustige dem Treiben zusahen. In der Nacht und am darauffolgenden Tag kam es, wahrscheinlich auf Veranlassung der Gauleitung, in weiteren Orten der Region zu ähnlichen organisierten Krawallen, so auch in dem 5000-Seelen-Ort Bebra. Dort hatte der stellvertretende Kreisleiter Erich Braun die bevorstehende «Aktion» abends auf einer Parteiversammlung angekündigt. Örtliche Aktivisten, vermutlich bald auch weitere Bürger und auswärtige SS-Leute, zogen später durch die Stadt zu den jüdischen Geschäften und Wohnungen. Von den Zerstörungen schrieb Gerda Kappes ihrer Schwiegermutter ausführlich in einem Brief. «Wir schliefen die ganze Nacht nicht», klagte sie, «konnten aber bei der Dunkelheit auch auf der Straße nichts erkennen als nur viele Menschen, ich glaube, die Hälfte der Bewohner Bebras waren die Nacht auf den Beinen.»[9] Neben Wohnungen und Geschäften suchte die Menge auch die Synagoge und die jüdische Schule heim und wütete die ganze Nacht. Am nächsten Morgen griff Bürgermeister Schwichtenberg ein, nicht zum Wohle der Juden Bebras, sondern nur um die herumliegenden Waren vor Diebstahl zu schützen und Plünderungen zu verhindern. Er verbot das «Betreten der Judenhäuser» und sah dann die Ordnung wiederhergestellt. «Es sammelten sich wohl noch den ganzen Tag über Neugierige vor den Häusern an», berichtete er später dem Landrat, «jedoch trugen diese Ansammlungen keinen demonstrativen Charakter».[10]

Am folgenden Tag und in der Nacht auf den 9. November kam es in weiteren Orten des Gaus zu ähnlichen Ausschreitungen, bei denen auch Synagogen niedergebrannt wurden. Die Gauleitung und die von ihr angewiesenen SA- und SS-Männer hatten den Terror initiiert und sicherlich begonnen. In der Region war Antisemitismus weit verbreitet, deshalb schlossen sich im Laufe der Krawalle etliche Bürger an und randalierten gegen ihre Mitbürger und Nachbarn. Die radikalen Vorreiter in Kurhessen wiesen der NS-Reichsführung gewissermaßen den Weg.

Es traf sich für sie günstig, dass die meisten Parteioberen in München versammelt waren, um dort, wie jedes Jahr, den Hitler-Putsch von 1923 zu feiern und der «Toten der Bewegung» zu gedenken. Am Nachmittag traf die Nachricht vom Tod Ernst vom Raths ein. Am Rande eines Parteiempfangs im Alten Rathaus berieten sich Propagandaminister Goebbels und Hitler: Der «Führer» billigte Ausschreitungen gegen Juden, die als spontane Äußerungen des Volkszorns inszeniert werden sollten und bei denen die Polizei nicht eingreifen sollte. Überdies wies er an, dass 25 000 bis 30 000 Juden zu verhaften seien. Danach machte sich Goebbels, der sich schon im Sommer in Berlin als Scharfmacher in der «Judenfrage» hatte profilieren wollen, ans Werk: Er gab später am Abend die Anweisungen an die versammelten Parteiführer und die Polizei weiter, diese wiederum informierten hastig die Gliederungen der Partei in ihrem Bereich. «Alles saust gleich an die Telephone», beschrieb Goebbels mit Blick auf die Nachwelt die Ereignisse. «Nun wird das Volk handeln. Einige Laumänner machen schlapp. Aber ich reiße immer wieder alles hoch. Diesen feigen Mord dürfen wir nicht unbeantwortet lassen. Mal den Dingen ihren Lauf lassen.»[11]

In München machte sich der SS-«Stoßtrupp Adolf Hitler» sogleich auf und zerstörte Synagogen. Bald schon trafen Nachrichten aus anderen Regionen ein. «50, dann 7[5] Synagogen brennen», berauschte sich Goebbels an dem losgetretenen antisemitischen Flächenbrand: «In Berlin brennen 5, dann 15 Synagogen. Jetzt rast der Volkszorn. Man kann für die Nacht nichts mehr dagegen machen. Und ich will auch nichts machen. Laufen lassen. [...] Als ich ins Hotel fahre, klirren die Fensterscheiben. Bravo! Bravo! In allen großen Städten brennen die Synagogen.»[12] Nicht nur in Großstädten, auch in Kleinstädten und auf dem flachen Land tobten sich nun Parteiaktivisten, SA- und SS-Männer, Hitler-Jugend und mit ihnen auch zahlreiche einfache «Volksgenossen» aus.

Da die Weisungen nur mündlich gegeben wurden, fassten die Versammelten sie verschieden auf oder nutzten bewusst den sich daraus ergebenden Spielraum. Daher unterschieden sich die nach unten weitergegebenen Anordnungen und das Ausmaß der Gewalt von Region zu Region. Die Ereignisse überschlugen sich derart, dass Missverständnisse oder widersprüchliche Anweisungen vorkamen. Der Regierungspräsident in Wiesbaden zum Beispiel übermittelte abends um 23 Uhr per Funkspruch allen Polizeidienststellen die Order: «Ausschreitungen gegen Juden, auch Sachschäden sind unbedingt zu verhindern!»[13] Wenige Stunden später, am 10. November morgens um kurz nach sechs Uhr, korrigierte er sich, indem er die Polizei nur noch anwies, Brandstiftungen, Plünderungen und Personenschäden zu verhindern. «Im übrigen», stellte er klar, «besteht Handlungsfreiheit gegen Eigentum deutscher Juden.»[14] Das blieben letztlich unbeholfene Versuche, die losgetretene Orgie der Gewalt irgendwie in geordnete Bahnen zu lenken.

Über die Gewaltexzesse in Deutschland berichteten die ausländischen Korrespondenten und Diplomaten ausführlich, die Exilpresse war voll von Nachrichten, und zahlreiche jüdische Flüchtlinge schilderten nach ihrer Ausreise die Ereignisse. Ihre

Berichte wurden in Amsterdam vom Jewish Information Office gesammelt und verbreitet. Über die Nacht in Düsseldorf zum Beispiel erzählte eine junge Frau, die alleine mit ihrem Kind zu Hause war und hören konnte, wie eine Gruppe Männer auf der Straße lärmte: «Ich hörte, dass man zu mir auch kommen wollte, schloss rasch meine Wohnungstür, meine Schlafzimmertür, holte meinen schlafenden Jungen aus dem Bett [...] und schloss mich ins Bad ein.»[15] Voller Angst hörte sie die Männer in anderen Wohnungen im Haus wüten, bis sie auch in ihre eindrangen und mit Beilen und Hacken alles zertrümmerten: «Die Scheiben wurden eingeschlagen, die Bilder zerschnitten, die Lehne und Sessel der Möbel zerhackt, die Tischplatten zerschlagen, kurz und gut alles zerstört und zum Schluss sämtliche Möbel übereinandergeworfen.»[16] Kaum waren die Randalierer abgezogen, kamen schon Nachbarn und andere Plünderer, wühlten aus den Trümmern Brauchbares heraus und nahmen es mit.

Es waren keinesfalls nur Parteiaktivisten unterwegs, sondern auch Kinder und Jugendliche. Vor allem auf dem Land und in Kleinstädten wuchs sich die antijüdische Gewalt mitunter zu einem kollektiven Rausch aus, an dem sich zahlreiche Bewohner beteiligten. Im mittelhessischen Laubach führte ein Lehrer eine Menge von Hitler-Jungen und anderen Nationalsozialisten an. Sie zerstörten die Einrichtung der jüdischen Gemeinde und suchten die Wohnungen der wenigen noch verbliebenen Juden heim. Unterwegs schlossen sich ihnen mehr und mehr Leute an. Nicht nur HJ-Mitglieder beteiligten sich an den Ausschreitungen, in mehreren Orten wurden ganze Schulklassen von ihren Lehrern auf die Wohnungen und Geschäfte von Juden losgelassen.

Die Kinder gerieten dabei oft in einen Gewaltrausch, der sich kaum mehr kontrollieren ließ. Manchmal standen die Eltern dem hilflos gegenüber, wie ein Beispiel aus dem Dorf Okriftel bei Mainz zeigt, von dem der emigrierte Journalist Konrad Heiden 1939 in seinem Buch über die «Kristallnacht» berichtete: «Ein Neunjähriger kommt nach Hause gerannt und ruft: ‹Vater, gib mir ein Beil, heute schlagen wir bei den Juden alles kaputt.› Einen Augenblick lang spürt der Vater den Wunsch, seinen Jungen durch eine Ohrfeige zur Besinnung zu bringen. Er unterlässt es. Sein neunjähriger Hitlerjunge ist in diesem Augenblick stärker als er; eine Strafe würde aus dem Bürschlein einen durch seine kindlichen Parteifreundschaften gefährlichen Feind machen. [...] Das Beil bekommt der Junge nicht, aber halten kann der Vater ihn auch nicht. Glückselig stürmt der Neunjährige davon; er wird schon ein Werkzeug gefunden haben, mit dem er bei den Juden alles kaputt schlug.»[17] Der französische Konsul in Mainz schrieb nach Paris, dass Jugendliche im Alter von 16 bis 18 Jahren in kleineren Gruppen durch die Straßen zogen und Fensterscheiben und Einrichtungen der Läden zerstörten und diese plünderten.[18]

Die entfesselten Randalierer zerstörten nicht nur Eigentum, sondern quälten, prügelten und demütigten ihre jüdischen Nachbarn: Rabbiner zwang man, selbst das Feuer an der Synagoge zu legen, orthodoxen Juden schnitt man Bärte ab, die Gewalttäter prügelten Jung und Alt blutig, mitunter bis zur Bewusstlosigkeit, oder zwangen sie, sich den Balkon hinabzustürzen. *The Daily Telegraph and Morning Post* schilderte am 11. November mehrere Fälle: In Dortmund wurde ein Mann gezwungen, drei Kilometer über den Boden zu kriechen, während er fortwährend geschlagen wurde; in Wien trieb ein Mob alte Männer vor sich her, stieß sie immer wieder nieder, trat auf sie ein und jagte sie weiter.[19]

Heydrichs Apparat war weitgehend überrascht von den Ereignissen. Eilig informierte Gestapo-Chef Müller die Staatspolizeistellen im Reich kurz vor Mitternacht am 9. November und ordnete an, nicht einzugreifen, solange es nicht zu Plünderungen komme. Vor allem aber sollten seine Männer Archivmaterial in den jüdischen Gemeinden sichern und die Verhaftung von bis zu 30 000 jüdischen Männern, «vor allem vermögende Juden»,[20] vorbereiten. Die Gestapo setzte seit den frühen Morgenstunden alle verfügbaren Beamten ein. In Breslau beobachtete Walter Tausk das rege Treiben am Polizeipräsidium, wo laufend Polizeiautos Verhaftete heranbrachten. Es hatte sich eine größere Menge Schaulustiger eingefunden: «Das dichte Spalier an der Kreuzung Tauentzien-Höfchenstraße grölte bei jedem Auto: ‹Aufhängen›.»[21] Abends wurden die Gefangenen «triumphaliter durch die Stadt geschleppt und geschleift»[22] und vom Bahnhof wahrscheinlich ins Konzentrationslager Buchenwald gebracht.

In den Lagern, die innerhalb kürzester Zeit heillos überfüllt waren, erwartete die Verhafteten die übliche demütigende Aufnahmeprozedur. Die SS-Leute ließen sich jedoch noch darüber hinausgehende Quälereien für die jüdischen Häftlinge einfallen. Ein Rechtsanwalt, der sechs Tage lang in Sachsenhausen inhaftiert war, legte nach seiner Auswanderung Zeugnis davon ab: «Beim Appell schritt der Lagerkommandant die Front ab. Zuweilen blieb er stehen, beschimpfte irgendeinen der Angetretenen auf die gemeinste und nicht wiederzugebende Weise. Zu einem meiner Nachbarn sagte er ohne Grund: ‹Jetzt muss ich mir für dich dreckige Judensau extra die Handschuhe ausziehen›, und nachdem er dies in aller Ruhe getan hatte, schlug er dem Bedauernswerten mit aller Kraft mehrfach ins Gesicht und auch noch unter das Kinn.»[23] Am Tag der Beisetzung vom Raths erhielten die jüdischen Häftlinge zur Strafe kein Essen.

Vom ersten Moment im Lager an peinigten die Wachleute die Juden besonders; sie wurden oft heftig geprügelt und beschimpft und mussten stundenlang Appell halten, das heißt stehen, ohne austreten oder sich rühren zu dürfen. In den darauffolgenden Tagen wurden sie zu meist sinnlosen Zwangsarbeiten herangezogen, begleitet von Schlägen und Beschimpfungen. «Jede Tätigkeit im Lager», berichtete Kurt Juster aus Hamburg Ende November 1938 in den Niederlanden, «musste sich im Laufschritt abspielen, sowohl der Weg zur wie von der Arbeit, wie auch, soweit möglich, bei der Arbeit. Lief jemand nicht, so schrien die SS-Leute: ‹Immer laufen, Pinkel, lauf, dickes Judenschwein.› Erschöpften und Misshandelten durfte nicht geholfen werden, ‹das Schwein muss liegen bleiben›.»[24] Diese Strapazen hielten viele nicht aus, einige

Hundert der verhafteten Juden starben in den Wochen nach den Pogromen im Lager.

Auf den Frauen der Verhafteten lag eine schwere Last. Oft war das genaue Schicksal, selbst der Aufenthaltsort ihrer Männer unbekannt. Die Frauen mussten nun alleine mit der schwierigen Situation fertig werden, die Schäden beseitigen, die Geschäfte auflösen. Vor allem aber jagten sie nun Auswanderungspapieren nach, denn der einzige Weg, die Männer aus den Lagern zu bekommen, war der Nachweis einer geregelten Ausreise. «Man rannte vom Morgen bis zur Nacht», schrieb Franziska Schubert aus Wien 1940 über diese Zeit, «man rannte mit etwas Fürchterlichem um die Wette; wenigstens um Kopfeslaenge voran bleiben, nur rennen. Und die Angst lief mit, lief voraus und lief hinterdrein».[25] Nach Tagen der Ungewissheit erhielt sie Nachricht: Ihr Mann war im Polizeigefängnis und noch nicht, wie so viele andere, im Konzentrationslager. Eine Schiffspassage nach New York hatte sie bereits gebucht, so dass ein Hoffnungsschimmer bestand, ihn bald freizubekommen. Ende November schließlich wurde er entlassen. «Sein Gesicht war verquollen und sein Ausdruck so verstoert und abwesend, dass ich wahrscheinlich an ihm vorbeigegangen waere, ohne ihn zu erkennen, wenn ich ihm auf der Strasse begegnet waere.»[26] Ihr Mann war von der Haft seelisch zutiefst verstört. Im März 1939 schließlich konnten sie das Land verlassen.

Die Bilanz dieser Tage, in denen Zehntausende Deutsche gegen die Juden und ihr Eigentum wüteten, lässt sich nicht mit vollständigen und exakten Zahlen belegen: 1300 bis 1500 Juden wurden getötet, in den Selbstmord getrieben oder starben kurz darauf im Konzentrationslager, etwas über 30 000 Männer wurden verhaftet und in die Konzentrationslager Dachau, Buchenwald und Sachsenhausen gebracht. Rund 1400 Synagogen, über 170 Wohnhäuser und bis zu 7500 Geschäfte wurden zerstört.[27] Wie viele Deutsche sich an der Gewalt gegen Juden beteiligten, lässt sich nicht mehr sagen. Allein in Berlin waren in der Nacht

10 000 Nationalsozialisten auf den Beinen und zerstörten Wohnungen, Geschäfte und Synagogen. Am Tage setzten sie ihr Werk fort, und ganz gewöhnliche Berlinerinnen und Berliner schlossen sich ihnen an. Zu vermuten ist daher, dass die Zahl der Täter mindestens im sechsstelligen Bereich liegt.

Zwar hatten die Juden mittlerweile schon häufiger Ausbrüche der Gewalt erlebt, die Wucht der Ereignisse im November 1938 und ihr allumfassender Charakter aber war dennoch eine Scheidelinie, jenseits deren jede Perspektive auf ein Leben in Deutschland, sei es auch mit vielen Einschränkungen, verloren war. Illusionen auf eine mögliche Stabilisierung der Situation, sich irgendwie arrangieren zu können, waren zerstoben. «Ich will mich legen», schrieb Hertha Nathorff in Berlin am Abend des 10. November niedergeschlagen, «das Licht löschen, wie heute in mir ein heilig glühend Licht ausgelöscht wurde, mein Glauben, daß der Mensch doch gut sei.»[28]

Gerade für die seit Langem assimilierten Juden des Bürgertums brach eine Welt zusammen, an der sie lange noch auch nach dem Regierungsantritt der Nationalsozialisten festgehalten hatten. Nun schien alles möglich, noch Schlimmeres denkbar. «Aber ich will nicht voreilig behaupten, daß wir bereits im letzten Höllenkreis angelangt sind»[29], meinte Victor Klemperer am Ende des Jahres. In Breslau machte sich Willy Cohn keine Illusionen, denn es «kann leicht noch viel schlimmer kommen; ich bin ziemlich pessimistisch».[30] Als er zu Silvester zurückblickte, konstatierte er: «Es war wohl das schlimmste Jahr in der Geschichte der Juden in Deutschland seit dem Mittelalter». Dennoch beschloss er das Jahr mit dem Bekenntnis: «Ich hänge trotz alledem an Deutschland.»[31] Die Exil-SPD erkannte in den Novemberpogromen eine Wendemarke von tiefgreifender Bedeutung: «Der Vernichtungsfeldzug gegen die deutschen Juden ist allen Anzeichen nach in sein letztes Stadium eingetreten.»[32]

Innerlich noch zerrissener waren wohl Menschen wie Luise Solmitz: Nichtjuden, die mit Juden verheiratet waren, die aber gleichwohl Hitler bewunderten und die außenpolitischen Erfolge der Nationalsozialisten begeistert feierten. Im September 1938 hatte Luise Solmitz Hitler noch als «Übermensch» hymnisch gepriesen. Im November sah sie ihr eigenes Schicksal «unaufhaltsam dem Untergang» zulaufen und schrieb resigniert: «Immer dachte ich, nun ist wohl der Gipfel erreicht, siehe da, es war immer nur Vorspiel des nächsten. Nun kommt das Ende.»[33] Den geliebten «Führer» aber brachte sie damit nicht in Verbindung, er schien für sie, entrückt von den täglichen Drangsalierungen und der Gewalt, nur für die glanzvollen Seiten des Regimes, für die Erfolge zuständig gewesen zu sein.

In der bedrückten, desillusionierten und verzweifelten Stimmung der meisten Juden war das Verhalten der Umgebung besonders wichtig, gewannen kleine Gesten der Zuwendung, des Zuspruchs oder aber sorgsam versteckte Äußerungen des Unmuts über das Geschehen besonders große Bedeutung. Daher wurden sie – als rühmliche Ausnahme, als ein kleiner Funken der Hoffnung – vielfach aufgeschrieben. Auf der anderen Seite registrierten viele entsetzt, dass sich Nachbarn, Bekannte und Kinder an dem Treiben beteiligten, dass sie auf der Straße angepöbelt und beschimpft wurden. Die große Mehrheit der «Volksgenossen» aber stand dabei und sah schweigend zu. Die Frage nach der Einstellung der nichtjüdischen Mehrheit, vor deren Augen sich dies alles abspielte, deren Kinder, Nachbarn, Freunde und Bekannte sich womöglich daran beteiligten, ist heute wie damals zentral. Sie zu ergründen, in ihren Gesichtern zu lesen mühten sich jüdische Tagebuchschreiber, aber auch regimekritische Nichtjuden, ausländische Journalisten und Beobachter im Exil. Ihr Verhalten konnte als stumme Zustimmung oder aber als stillschweigende Ablehnung gedeutet werden. Letzteres wollten nicht wenige gerne glauben, um das Bild von einem «anderen Deutschland» aufrechtzuerhalten.

Die Exil-SPD, die 1938 nach Paris umgesiedelt war, las aus der Vielzahl der Berichte ihrer Zuträger aus dem Reich, «daß die

Ausschreitungen von der großen Mehrheit des deutschen Volkes scharf verurteilt werden».[34] Im Dezember zeichnete sie allerdings schon ein weniger eindeutiges Bild: Informationen aus Berlin schienen zwar zu belegen, dass es «eine so einmütige und offene Ablehnung der nationalsozialistischen Methoden» noch nicht gegeben habe, ein Bericht aus Südwestdeutschland aber gab andere Informationen. Auch unter den Arbeitern gebe es Leute, die Juden nicht verteidigten, und man habe in manchen Kreisen einen schweren Stand, wenn man die Ereignisse deutlich ablehne. «So einheitlich», folgerte der Berichterstatter, «war also die Empörung doch nicht».[35] Der *Neue Vorwärts*, das Zentralorgan der Sozialdemokraten im Exil, titelte Ende November gar «Widerstand im Volke» – alle Berichte, auch ausländischer Beobachter, seien sich einig darin, dass das Volk die Gewalt ablehne, selbst SA- und SS-Männer hätten sich bisweilen dagegengestellt.[36] Auch die *Pariser Tageszeitung* stellte die Haltung der erdrückenden Mehrheit der Deutschen so dar und betonte mit Blick auf das Ausland: «Aber es gibt noch ein anderes Deutschland, es ist das Deutschland, dessen Namen von den derzeitigen Machthabern missbraucht wird.»[37]

Ein wenig differenzierter las Konrad Heiden die Berichte ausländischer Journalisten und der jüdischen Flüchtlinge aus Deutschland, die er in seinem Buch über die Novemberpogrome ausführlich heranzog. Er machte markante regionale Unterschiede aus; vor allem in Österreich sei die Beteiligung der «Volksgenossen» an der Gewalt weitaus größer gewesen als in anderen Landstrichen. Dennoch kam auch Heiden zu ähnlichen Schlussfolgerungen wie die anderen deutschen Emigranten. Zusammenfassend schrieb er: «Begangen wurden die Ausschreitungen von einer Truppe unter Befehl; begleitet wurden sie von einer Bevölkerungsgruppe, die durch alle sozialen Schichten reicht, aber den meisten Beobachtern in ihrer Masse als ‹Mob› erscheint, also von einer Gruppe, die aus asozialen Elementen besteht oder stark von ihnen durchsetzt ist. Die Mehrheit der Bevölkerung verharrte passiv; es ist eine Nichtbeteiligung, die von der Verständnislosigkeit bis zur Ablehnung geht. Offener Widerspruch ist begreiflicherweise selten. Entschiedenheit und Mut sind die Eigenschaften dieser eingeschüchterten und irregeführten Masse nicht.»[38] Willy Brandt ging im norwegischen Exil aufgrund der Berichte gar so weit, von einer «Solidaritätsbewegung mit den Juden» zu sprechen.[39] Bei diesen Stimmen aus dem Exil war in der Lagebeurteilung sicherlich auch der Wunsch Vater des Gedankens, war ihnen doch mit Blick auf eine Zeit nach Hitler daran gelegen, das Bild eines «anderen Deutschland» hochzuhalten.

Doch die Meinung der meisten deutschen Exilanten unterschied sich nicht sehr von der ausländischer Journalisten oder Diplomaten, die aus Deutschland berichteten und sich auch bemühten, das Schweigen der Masse zu entschlüsseln. Der britische Generalkonsul in München wusste von etlichen Deutschen, die ihr Unbehagen und ihre Scham ausgedrückt hätten, auch von einzelnen Fällen, in denen SA- und SS-Männer Juden gegenüber Sympathie gezeigt hätten.[40] Aus Innsbruck meldete der italienische Generalkonsul, die Bevölkerung wirke «bestürzt und konsterniert» und zeige sich «zutiefst empört».[41] Der Schweizer Konsul in Köln unterschied zwischen der Jugend, die «nicht genug Sadismus zeigen» konnte, und Erwachsenen, die «mit vielsagendem Kopfschütteln den Schauplatz dieser wilden Orgien verließen».[42] In Leipzig beobachtete der polnische Generalkonsul «eher große Bedrücktheit und eine gewisse Scham».[43] Der italienische Generalkonsul in München bemerkte zwar auch eine verbreitete Kritik an den Ausschreitungen, sah hierin aber keine grundsätzliche Ablehnung, «da sie eher eine Frage der Form als der Substanz betrifft».[44]

Diese Einschätzung des italienischen Diplomaten deckt sich mit den zahlreichen, freilich nicht unproblematischen Lageberichten deutscher Behörden aus allen Regionen Deutschlands, die in der Regel, wenn sie überhaupt kritische Töne vermeldeten, von Unmutsäußerungen über die Zerstörung von Waren, Wertgegenständen, Möbeln und Wohnraum berichteten. Eine solche offenbar auf Methodenkritik beschränkte Ablehnung zeigt sich auch in manchen Tagebüchern Unbeteiligter. Ulrich von Hassell, langjähriger deutscher Botschafter in Rom, sah durch seine diplomatische Brille zunächst das Ansehen Deutschlands in der Welt angegriffen und beriet sich mit anderen, «was man tun könnte, um den Abscheu gegen diese Methoden zum Ausdruck zu bringen».[45]

Die Scham, die viele Beobachter aus den Mienen der stumm zuschauenden Deutschen herauslasen, konnte vieles bedeuten; eine grundsätzliche Ablehnung, eine judenfreundliche Haltung oder gar stumme Solidarität dürfte aber wohl nur bei einer kleinen Minderheit hinter den betretenen Gesichtern gesteckt haben. Zu diesen wenigen gehörte die Protestantin Elisabeth Schmitz. Sie war zutiefst erschüttert von der barbarischen Gewalt und zog daraus die radikale Konsequenz, den Schuldienst zu quittieren. Tagelang streifte sie durch Berlin, schaute sich die Verwüstungen an, sprach mit vielen Menschen, informierte sich durch ausländische Zeitungen und berichtete in Briefen von den Ereignissen. Die gläubige Lehrerin, die schon früher versucht hatte, die Kirchenleitungen aufzurütteln, wollte Pfarrer dazu bewegen, den nahenden Buß- und Bettag nicht ungenutzt verstreichen zu lassen und Stellung zu beziehen. Ein Schweigen der Kirche an diesem Tag, so kurz nach der «Kristallnacht» schien ihr unmöglich und unerträglich.

Einer der wenigen Pfarrer, die tatsächlich öffentlich das Wort erhoben, war Helmut Gollwitzer, der seit der Verhaftung Martin Niemöllers 1937 in der Dahlemer Gemeinde predigte. Er schrieb sich, der Dahlemer Gemeinde und der Kirche insgesamt ins Stammbuch: «Es steckt ja in uns allen; dass man erleben kann, wie biedere Menschen sich auf einmal in grausame Bestien verwandeln, ist ein Hinweis auf das, was mehr oder weniger verborgen in uns allen steckt. Wir sind auch alle daran beteiligt, der eine durch die Feigheit, der andere durch die Bequemlichkeit, die allem aus dem Wege geht, durch das Vorübergehen, das Schweigen, das Augenzumachen, [...] durch die verfluchte Vorsicht, die sich durch jeden schiefen Blick und jeden drohenden Nachteil von jedem guten Werk abbringen lässt.»[46] Offen sprach Gollwitzer die Ausschreitungen nicht an, auch benannte er die Juden nicht explizit als jene «Nächsten», von denen er sprach. Doch der direkte zeitliche Zusammenhang konnte bei keinem Zuhörer einen Zweifel lassen, von wem er sprach, als er die Gemeinde aufrief: «Nun wartet draußen unser Nächster, notleidend, schutzlos, ehrlos, hungernd, gejagt und getrieben von der Angst um die nackte Existenz, er wartet darauf, ob heute die christliche Gemeinde wirklich einen Bußtag begangen hat.»[47] Im Landkreis Bayreuth fand Pfarrer Hermann Seggel am gleichen Tag deutliche Worte: Die Ausschreitungen «seien vom christlichen Standpunkt aus in keiner Weise gut zu heißen, sondern zu verurteilen. Ein Christenmensch mache so etwas nicht, das seien Untermenschen gewesen»,[48] wurde den Behörden zugetragen. Ein Vierteljahr nach dieser Predigt zeigte ein «Volksgenosse» den Pfarrer an.

Gehen oder bleiben?

Gollwitzer, Seggel und ein paar andere Pfarrer blieben einsame Rufer in der Wüste; nur wenige zeigten sich solidarisch. Als nach dem Novemberpogrom die antijüdische Politik eine fatale Dynamik gewann, als eine Verordnung auf die nächste folgte und Tausende Männer in den Konzentrationslagern saßen, waren die deutschen Juden weitgehend auf sich gestellt. Schon am 12. November erließ Hermann Göring eine Serie von Verordnungen: Er verfügte eine von den deutschen Juden aufzubringende «Sühneleistung» in Höhe von einer Milliarde Reichsmark; er untersagte Juden zum 1. Januar 1939, Geschäfte oder Handwerksbetriebe zu betreiben; schließlich wälzte er mit einer dritten Verordnung die Kosten für die Beseitigung der Schäden an Geschäften und Wohnungen auf die Juden ab und schlug deren Versicherungsansprüche dem Reich zu.[49] Dies war nur der Anfang.

Am gleichen Tag waren in Görings Luftfahrtministerium mehr als hundert Vertreter des Regimes zusammengekommen, darunter die Führungsspitze des Innenministeriums und der Sicherheitspolizei. Ziel war es, die Judenpolitik in geordnete Bahnen zu lenken. Eingangs stellte Göring klar, dass er im Auftrag Hitlers handle, «wonach die Judenfrage jetzt einheitlich zusammengefaßt werden soll und so oder so zur Erledigung zu bringen ist».[50] Göring lehnte, ebenso wie Himmler und Heydrich, die Krawalle ab und machte zunächst seinem Ärger Luft: «Wir haben jetzt diese Sache in Paris gehabt. Darauf folgten wieder Demonstrationen, und jetzt muß etwas geschehen! Denn, meine Herren, diese Demonstrationen habe ich satt. Sie schädigen nicht den Juden, sondern schließlich mich, der ich die Wirtschaft als letzte Instanz zusammenzufassen habe.»[51] An anderer Stelle warf er eine zynische Bemerkung ein, die deutlich macht, dass ihm in erster Linie an einer störungsfreien Wirtschaft, keinesfalls am Wohl der Juden gelegen war: «Mir wäre lieber gewesen, ihr hättet 200 Juden erschlagen und hättet nicht solche Werte vernichtet.»[52] Die Radauantisemiten hatten, was Göring sehr wohl wusste, beides getan – gemordet und randaliert.

Görings Hauptthema war zunächst die Arisierung, die nun noch einmal erheblich forciert wurde; Juden sollten endgültig aus der Wirtschaft ausgeschlossen werden; eine Verordnung über die Einzelhandelsgeschäfte war dafür ein erster Schritt. Die Runde diskutierte überdies weitere Maßnahmen, um die Juden von der übrigen Bevölkerung stärker abzusondern. Goebbels brachte Verbote des Kino- und Theaterbesuchs und eine Sperrung der Wälder für Juden ins Spiel. Heydrich schlug eine Kennzeichnung der Juden vor, Göring stimmte zu, sah aber über kurz oder lang die Frage von Gettos aktuell werden. «Das Ghetto», wandte Heydrich dagegen ein, «wo der Jude sich mit dem gesamten Judenvolk versammelt, ist in polizeilicher Hinsicht unüberwachbar. Es bleibt der ewige Schlupfwinkel für Verbrechen und vor allen Dingen von Seuchen und ähnlichen Dingen.» Vor allem aber sah Heydrich ein Überwachungsproblem: «Die Kontrolle des Juden durch das wachsame Auge der gesamten Bevölkerung ist besser, als wenn Sie die Juden zu Tausenden und aber Tausenden in einem Stadtteil haben».[53] Eine ganze Reihe weiterer möglicher Maßnahmen, kamen zur Sprache: der Entzug von Führerscheinen, Aufenthaltsverbote für bestimmte Plätze und anderes mehr. Mit den drei noch am gleichen Tag erlassenen Verordnungen wollte Göring, das betonte er eigens, ein Signal an die Aktivisten senden, dass sich die Führung der dringenden Fragen annehme; gleichzeitig sollte damit ein Wiederaufflackern der Ausschreitungen verhindert werden.

In den kommenden Wochen folgte eine Vielzahl antijüdischer Verordnungen mit dem Ziel, die Lebensmöglichkeiten von Juden weiter einzuschränken und sie abzusondern: Der Reichserziehungsminister schloss jüdische Schülerinnen und Schüler aus den allgemeinen Schulen aus, weil «es für deutsche Schüler unerträglich ist, mit Juden in einem Klassenraum zu sitzen».[54] Auch waren fortan räumliche und zeitliche Aufenthaltsbeschränkungen für Juden möglich; ihnen wurde das Halten von Brieftauben verboten, ihre Führerscheine wurden für ungültig erklärt. Pensionen wurden gekürzt, die letzten jüdischen Hochschullehrer entlassen, Mietbeihilfen für Juden gestrichen und vieles mehr.[55] «[I]mmer das zermürbende Gefühl, daß alles Unrecht ist, was wir tun u. haben, besonders, daß wir überhaupt da sind», kommentierte Luise Solmitz die Entwicklung. «Es soll uns ja das Gefühl unseres Unwerts, unserer Überflüssigkeit, mehr als Entbehrlichkeit, Unerwünschtheit immer wieder eingehämmert werden.»[56]

Den Klemperers in Dresden gab die Verkündung des Führerscheinentzugs den Rest: «Stimmung ist noch weiter gesunken, und da beinahe, nein wirklich jeden Tag neue Judengesetze herauskommen, so sind wir mit den Nerven total auf dem Hund.»[57] Jochen Klepper, der noch bei den Novemberpogromen eine breite Ablehnung der Bevölkerung beobachtet hatte, beklagte Anfang Dezember angesichts der zahlreichen Verordnungen: «Die menschliche Härte feiert heute Orgien. Denn keiner der über die Regierungsmaßnahmen empörten, den Juden gegenüber mitleidigen Deutschen bietet Hilfe an. Keiner stellt sich vor, wie es wäre, wenn ihn auch nur eine kleine Abgabe getroffen hätte.»[58] Das war neben dem unmittelbaren Zweck der jeweiligen Verordnung genau das, was die Akteure der Judenpolitik erreichen wollten. Der Sicherheitsdienst in Stuttgart stellte daher Anfang April 1939 befriedigt fest: «Die Abwehrmaßnahmen von Partei und Staat, welche rasch hintereinander folgen, lassen die Juden nicht mehr zu sich kommen, es ist zu beobachten, daß eine ausgesprochene Hysterie bei jüdischen Frauen und Männern einsetzt.»[59]

Das vorrangige Ziel der Judenpolitik sollte aber nicht bloß die gesellschaftliche Ausgrenzung der Juden in Deutschland, sondern vielmehr ihre vollständige Entfernung, ihre Auswanderung sein. Heydrich hatte es bereits auf der Sitzung am 12. November angesprochen und rühmte sich dort der Erfolge seiner Männer in Österreich: «Wir haben das in der Form gemacht, daß wir den reichen Juden, die auswandern wollten, bei der jüdischen Kultusgemeinde eine gewisse Summe abgefordert haben. Mit dieser Summe und Devisenzuzahlungen konnte dann eine Anzahl der armen Juden herausgebracht werden. Das Problem war ja nicht, den reichen Juden herauszukriegen, sondern den jüdischen Mob.»[60] Nach dem Wiener Modell sollte nun auch für das gesamte Reich eine solche Zentralstelle für jüdische Auswanderung geschaffen werden, um das Tempo zu forcieren.

Die Linie, alles auf die Karte Auswanderung zu setzen, fand auch Hitlers Billigung, der als entscheidende Instanz der Judenpolitik zwar nicht öffentlich in Erscheinung trat, im Hintergrund gleichwohl die allgemeine Richtung vorgab, einzelne Vorschläge ablehnte, andere billigte und auch eigene Ideen einbrachte. Göring hatte sich nach dem 12. November mit Hitler besprochen, wohl auch Vorschläge aus der Sitzung vorgetragen. Am 6. Dezember berief Göring eine Sitzung der Gauleiter, Oberpräsidenten und Reichsstatthalter ein, auf der er sie auf eine gemeinsame Linie einzuschwören suchte und bat, Einzelaktionen zu unterlassen: «Also es muß hier Ordnung geschaffen werden. Sie sehen immer wieder, daß die Judenfrage eine organische Lösung erfordert, die nur geschaffen werden kann, wenn alle am gleichen Strang ziehen.»[61] Hier gab er Auswanderung als das oberste Ziel aus und berief sich dabei auf eine Führerentscheidung: «Ferner hat der Führer folgenden Grundsatz aufgestellt, den ich bitte, auch festzuhalten: An der Spitze aller unserer Überlegungen und Maßnahmen steht der Sinn, die Juden so rasch und so effektiv wie möglich ins Ausland abzuschieben, die Auswanderung mit allem Nachdruck zu forcieren, und hierbei all das wegzunehmen, was die Auswanderung hindert.»[62] Natürlich war auch Göring klar, dass nicht alles von oben zu regeln war, dass nicht jede Initiative der unteren Instanzen unterbunden werden konnte. Die Versammelten sollten sich daher immer eine Frage als Richtschnur stellen: «Wie würde der Führer wohl entscheiden? Es kann sein, daß ich paarmal Mist mache, aber im allgemeinen hat man doch sehr schnell das Gefühl: Was würde der Führer dazu sagen, wenn ich ihm das vortrage? Meine Herren, wenn Sie das fragen, dann haben Sie sofort das Richtige getroffen, was zu tun ist.»[63] Damit war eine Generallinie ausgegeben, die es in dieser Form in der Judenpolitik bislang nicht gegeben hatte und der alles andere untergeordnet werden sollte.

Das Thema Auswanderung wurde aber auch ohne weiteres Zutun der Nationalsozialisten nun zur brennenden Frage, die sich wohl fast allen Juden in Deutschland stellte. «Gehen oder bleiben? Zu früh gehen, zu lange bleiben? Ins Nichts gehen, im Verderben bleiben?»,[64] fragten sich Victor Klemperer und seine Frau in Dresden und viele andere mit ihnen. Das waren jedoch keine neuen Fragen, sondern im Grunde genommen die Frage, die sich Tausende Juden in den letzten Jahren wieder und wieder gestellt hatten. Was viele bislang abgehalten hatte, waren feste Bindungen an Deutschland, die immer wiederkehrende Hoffnung auf eine Stabilisierung ihrer Situation und schließlich die restriktiven Einwanderungsgesetze der meisten Staaten. Eine Auswanderung wäre immer mit dem Verlust fast des gesamten Vermögens verbunden gewesen, und für viele bestand nur wenig Aussicht, sich eine einigermaßen erträgliche Existenz im Ausland aufbauen zu können. Das betraf vor allem Rechtsanwälte, Lehrer und ähnliche Berufsgruppen; aber auch Ärzte trafen auf erhebliche Schwierigkeiten, Anstellungen zu bekommen. Die Weltwirtschaftskrise, an deren Folgen viele Länder noch über Jahre litten, erschwerten die Ausreisemöglichkeiten für deutsche Juden zusätzlich.

Je nachdem, wie Juden in Deutschland die aktuelle politische Situation und ihre Aussichten einschätzten und wie sich die Bestimmungen der Aufnahmeländer änderten, schwankten die Zahlen erheblich: Im ersten Jahr des NS-Regimes gingen circa 37 000 Juden ins Ausland. Nachdem die Zahlen zwischenzeitlich stark gesunken waren, verursachten der Terror des Sommers 1935 und die Verabschiedung der Nürnberger Gesetze einen deutlichen Anstieg, 1936 gingen 25 000 Juden ins Ausland, im Jahr darauf waren es rund 23 000.[65] Der «Anschluss» Österreichs, der antijüdische Terror dort und die forcierte Vertreibung der österreichischen Juden brachten das Thema jüdische Auswanderung auf die internationale Agenda.

Im Juli 1938 hatte der amerikanische Präsident Roosevelt in das französische Evian zu einer Konferenz über die Flüchtlingsfrage geladen. Die Vertreter von 32 Staaten berieten eine Woche lang, enttäuschten aber die in sie gesetzten Erwartungen: Alle lehnten die Aufnahme zusätzlicher jüdischer Flüchtlinge vor allem aus wirtschaftspolitischen Gründen ab. Einzig zur Gründung eines Intergovernmental Committee for Refugees, das Lösungen finden und mit der deutschen Regierung verhandeln sollte, konnten sich die Deligierten durchringen. Das eklatante Missverhältnis zwischen Aufwand und hehren Worten brachte Leopold Schwarzschild im Pariser Exil mit seiner ätzenden Kritik auf den Punkt: «Die Welt leidet peinlich an ihrem schlechten Gewissen. Einunddreißig Regierungen entsandten angenehm berührt ihre Delegation – jede und jede von der Hoffnung beseelt, daß die dreißig anderen sowohl die Situation wie die Schande beseitigen würden.»[66] Die jüdische *C. V.-Zeitung* sah jedoch einen gewissen Erfolg, da mit einer umfassenden Lösung doch nicht hätte gerechnet werden können. Sie erkannte einen grundsätzlichen Fortschritt: «32 Staaten aus allen Teilen der Welt haben ihre prinzipielle Bereitschaft ohne Rückhalt und ohne Einschränkungen erklärt, an der Lösung eines Problems mitzuarbeiten, das, von Europa ausgehend, zu einem Weltproblem geworden ist.»[67] Die Erfahrungen der letzten Jahre hatten offenkundig die Erwartungen an die Welt auf ein sehr bescheidenes Maß heruntergedrückt. Den Nationalsozialisten spielte die Ergebnislosigkeit auf der einen Seite in die Hände, konnten sie diese doch weidlich in ihrer Propaganda auskosten, auf der anderen Seite aber wäre ihnen an einer umfassenden Lösung gelegen gewesen.

Die Novemberpogrome hatten die Lage fundamental geändert. Zwar ließen die potentiellen Einwanderungsländer nicht grundsätzlich von ihren restriktiven Einreisebeschränkungen, legten diese aber zum Teil etwas großzügiger zu Gunsten der Flüchtlinge aus. Überdies ließen einige Staaten, vor allem Großbritannien, mit humanitären Sofortprogrammen jüdische Kinder ins Land, um diese aus Deutschland zu retten. Annähernd 10 000 Kinder konnten bis Kriegsbeginn nach Großbritannien, Hunderte weitere in die Niederlande, die Schweiz, nach Belgien oder Schweden einreisen. Für ganze Familien bot einzig Shanghai noch die Möglichkeit einer visumfreien Einreise, so dass viele versuchten, Plätze auf einem Schiff zu ergattern. Bis August 1939 flohen rund 14 000 Juden aus Deutschland dorthin. Das alles schien jedoch nur ein Tropfen auf den heißen Stein zu sein. Ruth

Andreas-Friedrich, die mit einigen anderen jüdischen Freunden und Bekannten half, klagte im Februar 1939 die Welt an: «Fast scheint es so, als hätten sich alle Staaten verschworen, den deutschen Juden das Auswandern zu erschweren. Hier limitiert man den Zuzug. Dort sperrt man ihn ganz. [...] Weiß die Welt noch immer nicht, wie groß hier die Not, wie unaufschiebbar die Hilfe ist? Zweihundertfünfzigtausend Juden leben noch in Deutschland. Was sind eine viertel Million, verteilt über die ganze Erde? Warum erbarmt man sich ihrer nicht? Warum zeigt sich nicht eine Großmacht bereit, um dieser viertel Million Menschenleben willen ein Opfer zu bringen?»[68]

Einschneidend verändert hatte sich vor allem aber auch die Haltung vieler Juden in Deutschland, die nun keinerlei Zukunftsperspektiven mehr erkennen konnten und alles daransetzten, die NS-Diktatur hinter sich zu lassen. Viele der Bedenken, die ihnen bis dato im Wege gestanden hatten, verloren nun an Bedeutung – die unsicheren Aussichten in der Fremde, der Verlust eines Großteils des Vermögens, eine vorübergehende Trennung der Familien oder Reste patriotischer Bindungen an das Heimatland. Nun ging es um die nackte Existenz. Das umso mehr, als bald klar wurde, dass diejenigen der rund 30 000 im KZ einsitzenden Männer, die vollständige Ausreiseunterlagen vorweisen konnten, aus dem Lager entlassen würden.

Jüdische Hilfsorganisationen, ausländische Konsulate, Reisebüros wurden belagert, ein Gerücht über Ausnahmeregelungen, über verschlungene Ausreisemöglichkeiten jagte das nächste. Jede bis vor Kurzem noch so fremd, so unvorstellbar erschienene Möglichkeit wurde in Betracht gezogen. «Wenn man nicht Möbel packt», beschreibt Ruth Andreas-Friedrich die Situation in ihrem Bekanntenkreis, «sitzt man über den Atlas gebeugt. Wo liegt La Paz? Ach so, in Bolivien! Neuseeland soll vorübergehend aufgemacht haben. In Uruguay brauchen sie Ärzte. Landwirte können nach Palästina auswandern. Der Globus schrumpft zusammen. Brasilien scheint ein Katzensprung, London wie ein Nachmittagsausflug nach Wannsee.»[69] Die Bemühungen um eine geregelte Auswanderung liefen angesichts der Panik und des Ansturms nahezu ins Leere, daran konnte auch die Einrichtung der Zentralstelle für jüdische Auswanderung nichts ändern. Die jüdischen Hilfsorganisationen konnten der Masse nicht Herr werden, standen doch dem Andrang der Menschen kaum noch reale Aussichten auf Visa gegenüber. Überdies blieben die NS-Instanzen in ihren Widersprüchen gefangen – einerseits drängten sie auf eine möglichst umfangreiche Auswanderung, andererseits legten sie den Juden durch zahlreiche Verordnungen und Auflagen, durch die weitreichende Ausplünderung der Ausreisewilligen und durch vollkommen ungedeckte Schikanen einzelner Beamter permanent Steine in den Weg.

Vor einer Ausreise lag ein langer Weg von Behördengängen, von stundenlangem Warten, Ausfüllen von Formularen, Beibringen von Bescheinigungen und vielem mehr. Dies zog sich über Monate hin, und der Ausgang war ungewiss. Wer Kontakte ins Ausland hatte, schrieb seine Bekannten um die dringend notwendigen Erklärungen an, für den Unterhalt der Einwanderer zu sorgen, an; wer keine dieser Affidavits hatte, wandte sich verzweifelt an ausländische Hilfsorganisationen oder ihm vollkommen unbekannte Personen, von denen es hieß, sie würden vielleicht helfen.

Die Auswanderungsbürokratie spannte zahlreiche Fallstricke auf, regelte jedes Detail. Was sich hier vollzog, war letztlich Raub auf dem Verwaltungswege. Das Reichswirtschaftsministerium bestimmte im April 1939, was die Flüchtlinge überhaupt mitnehmen durften: Grundsätzlich ausgeschlossen war der Besitz, der erst nach dem 31. Dezember 1932 erworben worden war, außer dringend notwendiger Kleidung oder eigens für die Ausreise angeschafftem Hausrat. Dessen voller Preis musste allerdings als Abgabe bezahlt werden. Wertsachen wie Gold oder Edelsteine, Fotoapparate, Musikinstrumente oder Kunstwerke mussten die Emigranten zurücklassen, Ausnahmen wurden für Eheringe, Uhren und «gebrauchtes Tafelsilber, und zwar je Person 2 vierteilige Eßbestecke, bestehend aus Messer, Gabel, Löffel und kleinem Löffel»,[70] gemacht. In langen Anträgen musste jedes Stück aufgeführt und von den Devisenstellen genehmigt werden.

Hertha Nathorff gehörte zu den rund 100 000 Juden, die diese Hürden nahmen und nach den Pogromen bis zum Kriegsbeginn das Land noch rechtzeitig verlassen konnten. Immer wieder spricht sie bei den Behörden, beim amerikanischen Konsulat vor. Scheint ein Problem gelöst, eröffnen sich zwei neue. Die Zeit drängt, da auch ihr Mann verhaftet ist. Eine Reise über Kuba, heißt es, sei möglich und könne Zeit verschaffen, bis für eine Einreise in die Vereinigten Staaten alle Dokumente beisammen sind. Dafür müssen die amerikanischen Freunde sogenanntes Vorzeigegeld bereitstellen. Sie muss einen Pass beantragen, Unbedenklichkeitsbescheinigungen von den Steuerämtern beibringen, noch offene Steuerschuld inklusive der Reichsfluchtsteuer begleichen. Dieser Weg erweist sich bald aber als unsicher, so dass sie sich auch um eine Reise über England bemüht; neue Nachweise sind notwendig, wieder stundenlanges Warten. Inzwischen sind über zwei Monate vergangen. «Immer neue Zwischenfälle statt Hilfe in unserer Not»,[71] kommentiert sie bitter den Spießrutenlauf durch die Auswanderungsbürokratie. Wochen später hält sie endlich die Aufenthaltsgenehmigung für England in den Händen, die Ausreise ist in greifbarer Nähe. Ihr Sohn, den sie Anfang März vorschickt, lädt noch einmal Freunde zum Abschied ein. «Wie ernst die Gesichter geworden sind, und was sie reden!», beschreibt Hertha Nathorff die kleine Runde. «Wo sie hingehen? Nach Amerika, nach Chile, nach Bolivien, nach Shanghai, jeder woanders hin. Aber alle haben ein Ziel: Vati und Mutti helfen so schnell wie möglich. 14- und 15jährige Jungens, sie überlegen sich jetzt schon, wie sie am schnellsten ihre Eltern ernähren können.»[72]

Wenige Wochen später steht auch ihre Ausreise bevor. Die detaillierte Liste dessen, was sie mitnehmen möchte, ist akribisch geprüft und genehmigt, das Finanzamt hat die Bescheinigung über die geleisteten Steuerzahlungen ausgestellt, und doch bangt sie bis zur letzten Minute, ob nicht doch noch etwas dazwischenkommt. Am 28. April geht sie schließlich in Bremerhaven an Bord: «Kein Blick geht mehr zurück nach diesem Lande, das mir immer mehr entschwindet, arm, bettelarm, zerrissen an Leib und Seele, so gehe ich in die unbekannte Ferne, voller Sorge um die, die zurückgeblieben, voller Sorge um das eigene Geschick, aber ich bin frei, ich darf schlafen ohne Angst, gehen ohne Gefahr, und ich darf hoffen auf Arbeit und Aufbau für mich und mein Kind, in einem freien Lande, dem ich dienen will, wie ich einst der Heimat diente. Ich will mir eine neue Heimat verdienen!»[73]

Viele hatten dieses Glück nicht, so sehr sie sich auch um eine Ausreise bemühten. Im Sommer 1939 verschärfte sich die Situation. «In den letzten Tagen hat sich die politische Lage ja sehr gefährlich zugespitzt», schreibt Klaus Jakob Langer in Essen Ende August 1939 in sein Tagebuch. «Es sieht stark nach Krieg aus. Wie sehr uns Juden das betrifft, liegt auf der Hand.»[74] Auch Walter Tausk in Breslau erkannte, was das bedeutete: «An Auswanderung ist natürlich nicht zu denken.»[75]

Am Vorabend des Krieges

Die Juden, die vor Kriegsbeginn nicht hatten ausreisen können, saßen nun in der Falle. Die jüdische Gesellschaft, die auch unter dem Verfolgungsdruck keinesfalls homogener geworden war, wurde zusehends kleiner und älter. Innerhalb weniger Monate sank die Zahl der Juden in Österreich von 185 000 im März 1938 auf 106 000 zum Ende des Jahres, im alten Reichsgebiet deutlich langsamer von 370 000 zu Beginn auf 320 000 Ende des Jahres. Hier war Ende 1938 fast die Hälfte der Juden älter als 50 Jahre.[76] Diese Tendenz verstärkte sich in den folgenden Monaten noch.

1939 nahm die jüdische Bevölkerung noch einmal erheblich ab, zu Kriegsbeginn lebten im Altreich nur noch circa 185 000 Juden. Nur noch 25 000 von ihnen sollte es bis zum endgültigen Auswanderungsstopp gelingen, sich aus Deutschland zu retten. Nur rund 15 Prozent aller Juden war überhaupt noch berufstätig, die Nationalsozialisten hatten also mit ihrer Politik der Ausschaltung der Juden aus dem Wirtschaftsleben ganze Arbeit geleistet.[77] Das bedeutete, dass diese Menschen ihre Ersparnisse für das tägliche Überleben aufbrauchten und von der jüdischen Fürsorge abhängig waren. Die Ämter verwiesen hilfsbedürftige Juden dorthin; erst wenn die jüdische Wohlfahrtspflege nicht mehr helfen konnte, wurden unter Umständen die staatlichen Einrichtungen aktiv. Dabei waltete die Willkür, jedes Amt verfuhr nach eigenem Gusto mit den Antragstellern. Die jüdischen Gemeinden und die Reichsvertretung der Deutschen Juden beziehungsweise ab Juli 1939 Reichsvereinigung der Juden in Deutschland wandten mehr als die Hälfte ihrer Mittel für die Wohlfahrt auf. Dies und die Beratung in Auswanderungsfragen nahmen sie fast vollständig in Anspruch.

Die Flucht war nun noch schwieriger, die Zahl möglicher Aufnahmeländer noch geringer geworden. Die Moral der jüdischen Bevölkerung in Deutschland war am Boden. Nachdem die Serie antijüdischer Verordnungen und Maßnahmen ein wenig abgeebbt war, sah sich Victor Klemperer in einer ausweglosen und trostlosen Lage: «Die Zeit steht still», schrieb er Ende Juli 1939, «es ändert sich nichts; immer die gleiche tödliche, stumpfe Ungewißheit und Gefangenschaft.»[78] Viele litten unter einer nervenzehrenden Anspannung, da sie neue Ausbrüche der Gewalt befürchteten, weil ihre Auswanderungsbemühungen auf der Stelle traten, da ihnen mit dem Verlust des Geschäfts jede Existenzgrundlage genommen war, weil sie vor Sorge um den im Konzentrationslager leidenden Mann fast verrückt wurden, und aus vielen anderen Gründen mehr. Walter Tausk berichtete Ende Januar 1939 von mehreren Nervenzusammenbrüchen: «zwei auf der Auswandererstelle, einem im Treppenhaus des Finanzamtes Breslau-Süd, einen am Sonnabend am Postscheckamt. Dort wollte mir ein SA-Mann ein Abzeichen verkaufen zur Winterhilfe: ich kam sehr niedergeschlagen meines Weges, und als mich der Mann anredete, fing ich an zu weinen und bat, ‹mich niederzustechen oder abzuführen, weil ich aus diesem und jenem Grunde am Ende wär›. Darauf sagte der Mann: ‹Ja, es ist bitter›, und ließ mich stehen.»[79]

Da immer mehr auswanderten, schränkten sich die Kontakte der Bleibenden zusehends ein, zumal auch nichtjüdische Bekannte sich zunehmend zurückzogen. Das Leben der Juden in Deutschland fand immer stärker in gesellschaftlicher Isolation statt. Im Januar klagte Luise Solmitz, deren Mann als Jude galt, in ihrem Tagebuch: «Überall unerwünscht, ... gesellschaftlicher Tod.»[80] Anfeindungen auf der Straße gehörten so sehr zum Alltag, dass Willy Cohn in Breslau nach einem Sonntagsausflug in seinem Tagebuch eigens betonte, «daß wir keinerlei Unannehmlichkeiten hatten und nicht belästigt wurden.»[81] Nur zwei Wochen später boxte ein Hitler-Junge seiner Tochter auf dem Schulweg unvermittelt in den Bauch. Immer wieder tobte sich HJ auf jüdischen Friedhöfen aus.

Zugleich lief die antijüdische Propaganda auf Hochtouren, bis hin zu solchen Erscheinungen, dass im Rundfunk in Programmpausen Sprüche wie «Der Bauer pflügt, der Jude lügt» oder «Der Maurer baut, der Jude klaut» zum Besten gegeben wurden.[82] Das waren allerdings harmlose Mätzchen im Vergleich zu den eliminatorischen Drohungen Hitlers und seiner Gefolgsleute.

Zwei Wochen nach den Novemberpogromen hatte das SS-Hetzblatt *Das Schwarze Korps* getitelt: «Juden, was nun?» Der Artikel entwickelte ein Szenario, dessen Fluchtpunkt ein Völkermord an den Juden war. Man werde, hieß es dort, «die Judenfrage nunmehr ihrer totalen Lösung zuführen».[83] Was das heißen sollte, erklärte die Zeitung freimütig: Die Juden sollten in bestimmten Gegenden isoliert und gekennzeichnet werden und dort verarmen. Das habe unweigerlich zur Folge, dass sie «in die Kriminalität absinken». Dieser Situation werde man dann nicht tatenlos zusehen. «Im Stadium einer solchen Entwicklung», stellte das SS-Blatt den selbst geschaffenen Handlungsdruck dar, «ständen wir vor der harten Notwendigkeit, die jüdische Unterwelt genau so auszurotten, wie wir in unserem Ordnungsstaat Verbrecher eben auszurotten pflegen: mit Feuer und Schwert. Das Ergebnis wäre das tatsächliche und endgültige Ende des Judentums in Deutschland, seine restlose Vernichtung.»

Dieser Artikel ließ aufhorchen. Exilzeitungen wurden darauf aufmerksam, auch Willy Brandt im norwegischen Exil zitierte ihn. Hellhörig wurde auch der ins Exil geflohene Journalist Konrad Heiden, der über die Nationalsozialisten schon seit den frühen zwanziger Jahren berichtet hatte. Er setzte den Artikel in Beziehung zu dem, was sich wenige Tage zuvor in Deutschland ereignet hatte, und kam zu weitreichenden Erkenntnissen: «Man erinnere sich gewisser Taten, die in der Nacht vom 9. auf den 10. November geschahen. Man setze voraus, dass es keine Verworfenheit gibt, die grundsätzlich unmöglich wäre. Sechshunderttausend Menschen durch Raub in den Hunger, durch den Hunger in Verzweiflung, durch Verzweiflung zu unberechenbaren Ausbrüchen und durch diese Ausbrüche unter das wartende Schlachtmesser zu treiben – das ist der kalt ausgedachte Plan», fasst er zusammen und bringt das Ziel dahinter auf den Punkt: «Ein Massenmord wird gewünscht; ein Massaker, wie es die Geschichte [...] vermutlich noch nie sah.»[84] Der intime Kenner des Nationalsozialismus stellte sogar Überlegungen darüber an, wie dieser Massenmord technisch vollzogen werde. Und wieder kam Heiden zu einer nachträglich fast schon gespenstisch anmutenden Schlussfolgerung: Er verwies auf die bekannte Passage aus Hitlers «Mein Kampf», in der es hieß, die Opfer an der Front wären nicht umsonst gewesen, wenn man rechtzeitig 12 000 oder 15 000 Juden «unter Giftgas gehalten»[85] hätte. Darin sah Heiden die Methode für den seiner Ansicht nach angekündigten Massenmord, zumal hohe NS-Funktionäre gerne davon sprächen, «alle Juden werde man in einem grossen Raum versammeln und dann durch Knopfdruck das Gas auslösen».[86]

Szenarien wie das im *Schwarzen Korps* beschränkten sich nicht auf wenige SS-Journalisten, deren krude und absurd erscheinenden Gedanken nicht viele lasen und nur wenige ernst nahmen; sie reichten vielmehr bis in die oberste Staats- und Parteiführung. Bei mehreren Gelegenheiten drohte Hitler selbst mit mörderischen Folgen für die Juden, sollte es zu einem Krieg kommen. Unmissverständlich sprach er dies in seiner bekannten Reichstagsrede am 30. Januar 1939 an: «Ich bin in meinem Leben sehr oft Prophet gewesen und wurde meistens ausgelacht. In der Zeit meines Kampfes um die Macht war es in erster Linie das jüdische Volk, das nur mit Gelächter meine Prophezeiungen hinnahm, ich würde einmal in Deutschland die Führung des Staates und damit der ganzen Nation übernehmen und dann, unter vielen anderen auch das jüdische Problem zur Lösung bringen. Ich glaube, dass dieses damalige schallende Gelächter dem Judentum in Deutschland unterdessen wohl schon in der Kehle erstickt ist», höhnte er unter dem Beifall seiner Gefolgsleute und fuhr fort: «Ich will heute wieder ein Prophet sein: Wenn es dem internationalen Finanzjudentum in und außerhalb Europas gelingen sollte, die Völker noch einmal in einen Weltkrieg zu stürzen, dann wird das Ergebnis nicht die Bolschewisierung der Erde und damit der Sieg des Judentums sein, sondern die Vernichtung der jüdischen Rasse in Europa.»[87] Dies war im Rundfunk zu hören und in praktisch allen Zeitungen zu lesen.

Die Novemberpogrome, die gesteigerte antisemitische Propaganda im *Schwarzen Korps* und schließlich Hitlers Ankündigung Ende Januar 1939 im Reichstag zeigten mit aller Deutlichkeit – und wurden von einigen auch so verstanden: Die Juden sollten verschwinden, so oder so. Darauf lief alles hinaus. Massenmord war offenbar schon als vage Option, als utopische Möglichkeit präsent. «Auslöschen», «Ausrottung», «vernichten» – was bisher aggressive Rhetorik war, wurde nun zu einem realen, wenngleich noch nebulösen Gedanken, der den Weg zum späteren Massenmord ebnete, ohne bereits ein festes und klar umrissenes Programm zu sein. Die Rhetorik war im November 1938 von der Wirklichkeit eingeholt worden und hatte seitdem eine andere, immer auch konkrete eliminatorische Bedeutung. Freilich heißt dies nicht, die systematische Ermordung der europäischen Juden sei hier als Idee geboren worden und die Entwicklung dorthin sei einem Masterplan gefolgt. Diesen gab es nicht.

Doch nicht nur die NS-Judenpolitik, sondern die Rassenpolitik insgesamt zielte auf die völkische Utopie von einer «rassereinen» Gesellschaft frei von abweichendem Verhalten. Diesem Ziel näherten sich die Nationalsozialisten vor dem Krieg nicht mit einem stringenten, systematisch vollzogenen Programm, sondern auf verschlungenen, sich mitunter widersprechenden Wegen einer schubweisen Radikalisierung und Eskalation. Begleitet wurde dieser Prozess von einer zunehmend genozidalen Rhetorik, aus der im Krieg bald schon mörderische Praxis wurde, die sich gegen einen zusehends größer werdenden Kreis von Gegnern richtete – gegen Juden als dem Feind per se, aber auch gegen «Minderwertige», in denen die Nationalsozialisten eine Gefahr für den Bestand der «arischen Volksgemeinschaft» sahen: Behinderte, Sinti und Roma, Homosexuelle, Erbkranke, «Berufsverbrecher» und viele mehr. Wichtige Grundlagen dafür hatte die Vorkriegspolitik gelegt. Die Tötung Behinderter war damals bereits diskutiert worden, eine biologische «Lösung der Judenfrage» in manchen Köpfen schon als nebulöser Gedanke vorhanden. Der Krieg schuf schließlich die Voraussetzungen, vom Gedanken zur Tat zu schreiten. Konrad Heiden bezeichnete den Massenmord in seinem 1939 publizierten Buch als reale Gefahr für den Fall eines Krieges: Dann könne sich das Regime der Juden entledigen. So hellsichtig diese Prognose Heidens war, so sehr ging er jedoch in seiner Einschätzung fehl, wie die Mehrheit der «Volksgenossen» sich dazu verhielte. Mit dem Novemberprogrom sei eine

Grenze überschritten worden, über die die Deutschen nicht bereit seien zu gehen. «Ihr aber werdet sie überschreiten», wandte sich Heiden an die Nationalsozialisten, «denn ‹es muss sein›, ihr könnt nicht anders. Dann wird das deutsche Volk sich von euch trennen.»[88]

Heiden überschätzte offenbar die Zeichen von Ablehnung im November 1938 und unterschätzte den Verbreitungsgrad antisemitischer Grundeinstellungen in der Volksgemeinschaft. Dass der Krieg bis fast zuletzt Führung und Volk enger aneinander binden sollte, sah auch er nicht kommen.

SCHOTTE

V.

«Beweist durch die Tat, dass Ihr anders denkt»

Lange Zeit schien Bremen ziemlich weit entfernt von den Terrorstätten des NS-Regimes. Die großen Konzentrationslager, die bis Ende der dreißiger Jahre errichtet worden waren, lagen weit entfernt – Neuengamme in Hamburg, Esterwegen im Emsland viele Kilometer südwestlich der Hansestadt. Das frühe Lager Bremen-Mißler, in das die lokalen politischen Gegner des Nationalsozialismus gesperrt worden waren, war im September 1933 aufgelöst worden, unter anderem weil Anwohner sich über den Anblick des Terrors der Wachleute dort beschwert hatten.

In der zweiten Kriegshälfte jedoch kehrten die Lager nach Bremen zurück, wie in viele andere Städte auch. Nach den Bombenangriffen vom Juni 1942 drängten die Stadtverwaltung und die Gauleitung darauf, dass KZ-Häftlinge zur Trümmerbeseitigung kommen sollten. Bei Himmler, der im September die Zerstörungen mit eigenen Augen gesehen hatte, fanden sie ein offenes Ohr. 750 Männer einer sogenannten SS-Baubrigade aus Neuengamme wurden im Oktober geschickt und in einem Lager in alten Stallgebäuden untergebracht. Die Bremer Stadtverwaltung schickte sie im Laufe der Zeit an insgesamt über 100 Stellen über die Stadt verteilt. Die Häftlinge – überwiegend Kriegsgefangene und Zwangsarbeiter, aber auch politische Gefangene – gehörten bald schon zum alltäglichen Anblick in der Stadt, wenn sie morgens zur Arbeit ausrückten und abends ins Lager zurückkehrten. Sie beseitigten die Spuren der Luftangriffe und bargen Leichen, in der Regel zwölf Stunden am Tag.

Die Häftlinge waren nicht zu übersehen, wie das Foto zeigt, das auf der Contrescarpe zwischen Bremer Hauptbahnhof und Altstadt gemacht wurde. Hier kamen zahlreiche Passanten auf dem Weg zur Arbeit oder zum Einkauf vorbei. Die Schwerstarbeit der schlecht gekleideten und ausgehungerten Häftlinge und die Misshandlungen durch prügelnde Wachleute – auch eine Erschießung soll es gegeben haben –, fanden nun in aller Öffentlichkeit statt. Die Verwaltung koordinierte den Einsatz und zeigte sich sehr zufrieden; wohlwissend, welchen Strapazen, Misshandlungen und Lebensbedingungen die Häftlinge ausgesetzt waren. Hans-Joachim Fischer, Bremer Innen- und Arbeitssenator, lobte im Januar 1944 gegenüber dem Wirtschaftsverwaltungshauptamt der SS den Arbeitseinsatz der Häftlinge. Doch er vergaß dabei nicht zu unterstreichen, worauf dies zurückzuführen sei: «Besonders hervorheben möchte ich hierbei den zweckmäßigen Einsatz, den ich in erster Linie auf die straffe Aufsicht der SS-Führer und Männer zurückführe.»[1]

Verfolgung von Kriminellen und «Zigeunern»

Mit Kriegsbeginn trat die nationalsozialistische Verfolgungspolitik in eine neue Phase und schlug einen zunehmend mörderischen Kurs ein, an dessen Ende der Massenmord stand. Es war aber nicht von einem Tag auf den nächsten alles anders: Weiterhin verfolgten die gleichen Akteure die gleichen Opfer und griffen auf Instrumente zurück, die sich in den Friedensjahren bewährt hatten und die an die neue Situation angepasst wurden. Die schon vor dem Krieg betriebene Radikalisierung wurde forciert, Propaganda und Praxis mörderischer, so dass den vielen

Entscheidern im Kleinen und Großen der Schritt vom Gedanken zur Tat, von der Tötung im Einzelfall zum Massenmord als Regelfall, schließlich als logische Konsequenz erschien, als harter, aber dennoch notwendiger Eingriff am «Volkskörper», um diesen im Krieg zu stärken.

Als Hitler am 1. September vor den Reichstag trat und seine Gefolgsleute auf den Krieg und die unbedingte Sicherung einer guten Stimmung im Volk einschwor, verband er dies mit Drohungen gegen Feinde im Innern. «Ein November 1918 wird sich niemals mehr in der deutschen Geschichte wiederholen», unterstrich der Diktator.[2] Damals, so die Vorstellung vieler in Deutschland, sei der Krieg durch Reichsfeinde im Lande, durch die «Novemberverbrecher» verlorengegangen. Kriminelle und linke Aufwiegler seien der ungeschlagenen deutschen Armee in den Rücken gefallen. Von dieser Lesart der deutschen Niederlage 1918 waren viele in rechten Kreisen geradezu besessen, sie nahm Formen eines Traumas an. Jeder, so Hitler, müsse so wie er bereit sein, das eigene Leben jederzeit für das Volk einzusetzen. Was Abweichlern blühte, ließ der «Führer» die Nation kaum verklausuliert wissen: «Wer aber glaubt, sich diesem nationalen Gebot, sei es direkt oder indirekt, widersetzen zu können, der fällt! Verräter haben nichts mit uns zu tun!»[3] Intern kam Hitler mehrfach darauf zurück und erwies sich dabei immer wieder als treibende Kraft einer mörderischen Radikalisierung der Politik gegen politische Gegner, «Asoziale», Kriminelle und andere. Justiz und Sicherheitsapparat folgten bereitwillig, zeigten bisweilen gar Initiative, die keines direkten Anstoßes von ganz oben bedurfte.

Wie so oft blieb es nicht bei einer rhetorischen Aufrüstung an der «Heimatfront». Aus martialischer Rhetorik wurde radikale Praxis. Die Entscheidungsträger in den Ministerien, in der Justiz und im Sicherheitsapparat hatten die Botschaft verstanden und in ihren Bereichen unmissverständlich weitergetragen. Roland Freisler, Staatssekretär im Reichsjustizministerium, schwor am 24. Oktober 1939 die versammelten Vorsitzenden der Sondergerichte und Vertreter der Generalstaatsanwaltschaften auf einen harten Kurs ein. Er machte ihnen deutlich, dass sie auf ihrer Position als «Panzertruppe der Rechtspflege» Krieg führten, der keine Gnade gegen Volksverräter kenne. Diese seien, so Freisler, «mit Stumpf und Stiel auszurotten».[4] Die Botschaft, das sollte die Praxis der folgenden Jahre zeigen, kam an.

Die zwanghafte Furcht vor einem Scheitern an der «Heimatfront», vor einer Wiederholung des vermeintlichen «Dolchstoßes» von 1918, schlug sich bereits in den ersten Kriegstagen in einer Reihe von drakonischen Maßnahmen nieder: Das Hören ausländischer Rundfunksender wurde mit Gefängnis oder Zuchthaus, die Verbreitung solcher Nachrichten in schweren Fällen mit dem Tod bestraft; mit der «Verordnung gegen Volksschädlinge» verschärfte man die Strafen für Brandstiftung «oder ein sonstiges gemeingefährliches Verbrechen»[5], auch hier sollte fortan die Todesstrafe verhängt werden. Vergehen, die im Schutze der Verdunkelung begangen wurden, sollten mit hohen Zuchthausstrafen belegt werden. Wenn es allerdings, so heißt es in der Verordnung, «das gesunde Volksempfinden wegen der besonderen Verwerflichkeit der Straftat erfordert», sollten Richter bei «sonstigen Straftaten» die Todesstrafe verhängen.[6] Der Justizwillkür waren damit Tür und Tor weit geöffnet worden.

Die Kriminalpolizei hatte sich bereits seit Monaten auf den Kriegsfall vorbereitet und in Listen «wehrunwürdige Personen» erfasst, also erheblich vorbestrafte Männer, die nicht in die Wehrmacht aufgenommen werden sollten. Das Reichskriminalpolizeiamt in Berlin ordnete am ersten Kriegstag ihre Verhaftung und Überstellung in ein Konzentrationslager an. In bewährter Form gab es nur Höchstzahlen durch und überließ die Auswahl der Männer den regionalen Kripostellen. Wenige Wochen später schob Himmler eine Verordnung nach, die sich gegen «Asoziale» beziehungsweise «Arbeitsscheue» richtete: Wurden solche bei Razzien aufgegriffen, sollten sie fortan in ein Konzentrationslager kommen, vorausgesetzt allerdings, dass sie grundsätzlich arbeitsfähig waren. Hier vermischten sich wieder mehrere Interessen: der Wille nach Bekämpfung und Beseitigung von Abweichlern und die Absicht, den expandierenden Lagern und den ihnen angegliederten SS-Betrieben neue Arbeitskräfte zuzuführen.

Ohne auf gesetzliche Grundlagen zu warten, erweiterte Heydrich die Befugnisse der Gestapo erheblich, indem er ihr in «Grundsätzen der inneren Staatssicherung während des Krieges» Anfang September nahezu unumschränkte Vollmachten für Exekutionen erteilte. «Jeder Versuch, die Geschlossenheit und den Kampfeswillen des deutschen Volkes zu zersetzen», schrieb Heydrich, «ist rücksichtslos zu unterdrücken. Insbesondere ist gegen jede Person sofort durch Festnahme einzuschreiten, die in ihren Äußerungen am Sieg des deutschen Volkes zweifelt oder das Recht des Krieges in Frage stellt. [...] Alsdann ist unverzüglich dem Chef der Sicherheitspolizei Bericht zu erstatten und um Entscheidung über die weitere Behandlung des Falles zu bitten, da gegebenenfalls auf höhere Weisung brutale Liquidierung solcher Elemente erfolgen wird.»[7] Wer Antikriegsparolen an Wände schrieb, in Gesprächen ernste Zweifel am siegreichen Ausgang des Krieges äußerte oder sich kritisch zur Versorgungslage und zur Propaganda äußerte, ging in Zukunft ein hohes Risiko ein. In erster Linie aber richteten sich die neuen Grundsätze weniger gegen das eigene Volk als vielmehr gegen die bald schon zu Hunderttausenden ins Reich verschleppten ausländischen Arbeitskräfte. Diese, weniger die «Volksgenossen», stellten aus Sicht Himmlers und seines Apparats ein hohes Sicherheitsrisiko dar.

Es waren aber nicht nur gesetzgeberische Schritte und Verordnungen, mit denen sich das Regime für den Kampf gegen Gegner im Innern rüstete. Auch der Polizeiapparat, neben und zum Teil noch vor der Justiz die zentrale Instanz der Verfolgungspolitik, wurde für die vielfältigen neuen Aufgaben im Innern und in den besetzten Gebieten umgebaut. Heydrich fasste unter seiner Führung zum 27. September Gestapo, Sicherheitsdienst, Kriminalpolizei und den Auslandsnachrichtendienst im Reichssicherheitshauptamt (RSHA) zusammen, das die Terrorzentrale des deutschen Herrschaftsgebiets werden sollte. Von hier aus wurde der Terror im Innern gegen politische Gegner, «Asoziale», Sinti und Roma, Juden, Homosexuelle sowie andere Abweichler und «Minderwertige» geplant und koordiniert – und die Verfolgung und Ermordung der Juden entscheidend vorangetrieben und gelenkt.

Die Gründung des RSHA ging mit einer schärferen Abgrenzung der Kompetenzen einher. Die Gestapo konzentrierte sich nun stärker auf ihr eigentliches Kerngebiet, auf die Verfolgung politischer Gegner. Als neue Aufgabe kam die Überwachung der ausländischen Zwangsarbeiter hinzu, was bald schon die geringer gewordenen Kapazitäten überwiegend in Anspruch nahm. Überdies war sie in die praktische Umsetzung der Deportation der Juden aus deren Heimatgemeinden maßgeblich eingebunden. Die Kriminalpolizei befasste sich mit der Verfolgung der Homosexuellen und «Asozialen» sowie in noch radikalerer Form als zuvor mit der Bekämpfung Krimineller.

Getragen wurde das neue Amt in der Mehrheit von jungen, akademisch gebildeten Weltanschauungstätern, hauptsächlich Juristen, die sich selbst zu sachlichen Vordenkern und Praktikern der Rassenpolitik stilisierten. Diese Männer trieben die Vernichtungspolitik brutal und initiativfreudig voran, nicht allein vom Schreibtisch aus, sondern auch in zahlreichen blutigen Massakern. Himmler und Heydrich achteten darauf, dass die meisten auch persönlich zu Mördern wurden. Die Erfahrungen dieser Einsätze hatten erhebliche Rückwirkungen auf die Praxis im Reich und führte auch hier zu einer spürbaren Radikalisierung.

Die allgemeine Verschärfung der Verfolgungspolitik und die Ausweitung des Gegnerbegriffs machten sich von Beginn des Kriegs an deutlich bemerkbar. Viele Richter, von oben zu hartem Durchgreifen ermuntert, nutzten die ihnen gegebenen Handlungsspielräume weidlich zu Lasten der Angeklagten aus. Die Zahl der Verurteilungen zu langjährigen Zuchthausstrafen und vor allem die Todesurteile schnellten während des Kriegs in die Höhe. Wurden schon in Friedenszeiten rund 14-mal so viele Todesurteile verhängt wie zu Zeiten der Weimarer Republik, erreichten sie im Krieg ungeahnte Dimensionen: Nach 85 Verurteilungen 1938 stieg die Zahl 1939 schon auf 329, im Jahr darauf erreichte sie 926 Urteile und 1943 mit 5336 Todesurteilen den Höhepunkt. Insgesamt fällten deutsche Richter außerhalb der Militärjustiz im Reichsgebiet während des Kriegs annähernd 17 000 Todesurteile, in den Friedensjahren des Regimes waren es 500 bis 600.[8] In der Hauptsache traf es ausländische Zwangsarbeiter, vor allem Polen; die zweite große Gruppe waren solche, die als «Volksschädlinge» wegen zum Teil äußerst geringfügiger Delikte zum Tode verurteilt wurden, und schließlich politische Gegner. «Fremdvölkische» wurden sehr viel strenger bestraft als Deutsche. Kamen «Volksgenossen» bei geringfügigen Delikten meist mit einer niedrigen Strafe davon, konnte das gleiche Delikt bei Ausländern langjährige Zuchthausstrafen oder gar die Todesstrafe nach sich ziehen.

Zur Abschreckung und Disziplinierung wurde die Vollstreckung von Todesurteilen häufig in der Presse verkündet. Eines der ersten Opfer dieses neuen verschärften Kurses war August Dickmann, ein Zeuge Jehovas, der den Eid und damit den Kriegsdienst aus Glaubensgründen verweigert hatte und Mitte September 1939 in Sachsenhausen hingerichtet wurde. Die Veröffentlichungen solcher und ähnlich drakonischer Urteile rissen in den folgenden Jahren nicht ab. Erschienen Urteile zu milde, intervenierte mitunter Oberreichsanwalt Emil Brettle persönlich. Als beispielsweise das Sondergericht Wien im Frühjahr 1943 einen Mann wegen des Hörens ausländischer Sender zu zehn Jahren Zuchthaus verurteilt hatte, erhob er Einspruch und erwirkte die Todesstrafe.

Wer regelmäßig Zeitung las, dem konnte die unaufhörliche Serie von Todesurteilen kaum entgehen. Der Regimekritiker Friedrich Kellner klebte immer wieder solche Zeitungsmeldungen in sein Tagebuch – manchmal unkommentiert, manchmal mit sarkastischen Kommentaren wie «Heinrich Himmler bei der Arbeit»[9] versehen oder als Ausgangspunkt für weitere Schlussfolgerungen: Einmal stellte sich ihm die Frage, wie erst in den besetzten Gebieten gewütet werden müsse, wenn schon in Deutschland solche Urteile wegen Nichtigkeiten verhängt würden.[10] Ein anderes Mal fragte er sich, wie viele Menschen schon aufgrund von Denunziationen zum Tode verurteilt worden seien.[11]

Diese Presseberichte verfehlten ihre Wirkung offenkundig nicht. Während hartes Durchgreifen, vor allem gegen Kriminelle und in besonders schweren Fällen von Hamsterei, von einer Mehrheit durchaus begrüßt wurden, schreckten Meldungen von Hinrichtungen wegen abfälliger Äußerungen und Ähnlichem tatsächlich ab. Friedrich Kellner zum Beispiel konnte sich selbst angesprochen fühlen, da er bisweilen aus seiner ablehnenden Haltung keinen Hehl machte und manches Mal im Gespräch mindestens Skepsis über einen für Deutschland siegreichen Krieg äußerte. Am 26. Mai 1944 klebte er eine Notiz aus dem *Hamburger Fremdenblatt* von Anfang des Monats in sein Tagebuch. Dort wurde von der Hinrichtung Wilhelm Zwillings berichtet, der «durch niederträchtige Hetz- und Schimpfreden» versucht habe, die «aufrechte Haltung» anderer zu untergraben. Kellner kommentierte: «Wer also vermeiden will, daß er auf diese Art beseitigt wird, muß warten, bis seine Stunde kommt. Auch wenn das Ausland das nicht verstehen will oder kann.»[12] In einem anderen Bereich verpufften Zeitungsmeldungen über harte Urteile nahezu wirkungslos: Weder von der harten Strafandrohung noch von den immer wieder öffentlich gemachten Verurteilungen ließen sich Millionen davon abhalten, ausländische Rundfunksender zu hören. Nach Erhebungen der BBC hörten weit über zehn Millionen Menschen in Deutschland regelmäßig ihr deutschsprachiges Programm.

Längst nicht alle Urteile, so scharf sie auch sein mochten, fanden den Beifall Hitlers und anderer führender Nationalsozialisten. Nicht selten intervenierte der «Führer» persönlich, wenn er aus der Presse oder auf anderen Wegen von Prozessausgängen erfuhr, die seiner Meinung nach zu milde ausgefallen waren. Das Justizministerium gab den Unmut Hitlers regelmäßig an die Staatsanwaltschaften und Richter weiter, indem es diese zu härterem Vorgehen aufrief; die Oberlandesgerichtspräsidenten mahnte es im Dezember 1941: «Ein wesentlicher Faktor, um die innere Front des deutschen Volkes ungeschwächt in ihrer Widerstandskraft zu erhalten, ist das schnelle und zielsichere Arbeiten der deutschen Strafrechtspflege.»[13] Was «zielsicheres Arbeiten» bedeutete, stand außer Frage und dürfte jedem Richter sofort verständlich gewesen sein.

Im Frühjahr 1942 eskalierte Hitlers Unzufriedenheit. Der Diktator hatte Mitte März von einem Urteil des Landgerichts Oldenburg erfahren, in dem Ewald Schlitt, der seine Frau getötet hatte, nur zu fünf Jahren Zuchthaus verurteilt worden war, weil er während der Tat nicht ganz bei sich gewesen sei. Hitler intervenierte beim Reichsjustizminister, der den Druck an die Gerichte weitergab. Ende des Monats verurteilte das Reichsgericht Schlitt zum Tode. Das konnte den aufgebrachten «Führer» kaum besänftigen. Kurze Zeit später holte er zum Rundumschlag gegen die Justiz aus. Zum 26. April ließ er den Reichstag einberufen, vor dem er eine kurze Rede hielt, in der er die Justiz anhand des Falls Schlitt vor der Weltöffentlichkeit beschimpfte und letztlich die ohnehin kaum noch vorhandene Unabhängigkeit der Gerichte begrub. Er drohte offen, er werde «von jetzt ab in diesen Fällen eingreifen und Richter, die ersichtlich das Gebot der Stunde nicht erkennen, ihres Amtes entheben»[14]. Anschließend stellten seine Satrapen im Reichstag Hitler über das Gesetz. «Der Führer», hieß es in dem Beschluss, «muß daher – ohne an bestehende Rechtsvorschriften gebunden zu sein – [...] jederzeit in der Lage sein, nötigenfalls jeden Deutschen [...] mit allen ihm geeignet erscheinenden Mitteln zur Erfüllung seiner Pflichten anzuhalten und bei Verletzung dieser Pflichten nach gewissenhafter Prüfung ohne Rücksicht auf sogenannte wohlerworbene Rechte mit der ihm gebührenden Sühne zu belegen, ihn im Besonderen ohne Einleitung vorgeschriebener Verfahren aus seinem Amte, aus seinem Rang und seiner Stellung zu entfernen.»[15] Damit waren die letzten Reste der Unabhängigkeit der Justiz mit einem Federstrich beseitigt. «Eine neue Epoche», kommentiert Friedrich Kellner den Schritt am Tag darauf. «Die Partei hat restlos die Gewalt. Gewalt vor Recht in höchster Potenz.»[16]

Nun sah sich die Justiz unter Zugzwang, um den offenkundig nachhaltig aufgebrachten Hitler zu besänftigen. Zuvor jedoch räumte dieser weiter auf. Am 20. August 1942 entließ er Justizminister Schlegelberger und ernannte Otto-Georg Thierack zu dessen Nachfolger. Thierack war bis dahin Präsident des Volksgerichtshofs gewesen und der NSDAP schon 1932 beigetreten. Mit seiner Ernennung war ein harter Kurs zu erwarten. Dass er dafür der richtige Mann war, hatte er mit der hohen Zahl von Todesurteilen, die er am Volksgerichtshof verhängt hatte, bereits unter Beweis gestellt. Unmittelbar nach seiner Installierung machte Hitler ihm eindringlich klar, welche Gefahr seiner Meinung nach ein zu lasches Zupacken der Justiz nach sich ziehe. Wieder malte der «Führer» das Schreckgespenst des November 1918 an die Wand.

Thierack verstand die Botschaft und stellte bereits einen Monat später ein neues Verfahren vor: Zum einen wollte er künftig ausländische Arbeiter durch die Polizei richten lassen. Zum anderen sollten in den Strafanstalten bestimmte Häftlingsgruppen ausgesondert und der SS zur «Vernichtung durch Arbeit» in den Konzentrationslagern überlassen werden. Intern berieten die Beamten des Ministeriums, welche Gruppen und Verfahren dafür in Frage kämen, während Staatssekretär Curt Rothenberger mit der SS über das Procedere verhandelte.

Eine Einigung war schnell erzielt: Alle Juden, Sinti und Roma, Russen und Ukrainer, zudem Polen, die zu mehr als drei Jahren Haft verurteilt worden waren, und Häftlinge in Sicherheitsverwahrung sollten ausnahmslos der Polizei überantwortet werden. Überdies installierte Thierack eine Kommission, die bei deutschen und tschechischen Gefangenen, die zu mehr als acht Jahren Zuchthaus verurteilt worden waren, im Einzelfall prüfen sollte, ob der jeweilige Häftling «asozial» sei und ebenfalls in ein KZ kommen sollte. Dabei, so schrieb Thierack in einem Vermerk über die entscheidende Besprechung mit Himmler, «sollen die übelsten asozialen Elemente»[17] zuerst abgegeben werden. So erhielt die «rassische» Einordnung auch Einzug in die Strafanstalten. Vor den Justizbeamten nahm Thierack Ende September 1942, als er ihnen das neue Verfahren erläuterte und über die auszusondernden Häftlinge sprach, kein Blatt vor den Mund: «Sie werden alle dort eingesetzt, wo sie zugrunde gehen. Dabei werden sie noch Werte für unser Volk leisten.»[18]

Einer dieser Gefangenen war der Korbflechter Matthias Weise, ein «Zigeuner» aus der Magdeburger Region. Er war im Juli 1939 wegen mehrerer Diebstahlsdelikte und Landstreicherei zu fünf Jahren und einen Monat Haft verurteilt worden. Am 10. Juni 1943 wurde Weise nach Neuengamme verlegt, wo sich seine Spur verliert.[19] Ein anderer war Richard Franke, der sich mit Gelegenheitsarbeiten durchschlug, lange arbeitslos war und mehrfach wegen kleinerer Diebstähle verhaftet wurde. In den ersten Kriegsmonaten stahl er mehrere Kaninchen und Hühner, wurde erwischt und entging nur knapp der Todesstrafe. Das Sondergericht in Jena verurteilte ihn zu 15 Jahren Zuchthaus und anschließender Sicherheitsverwahrung. Hätte ihm das Urteil unter normalen Umständen wenigstens das Leben gerettet, besiegelte das Abkommen Thieracks mit Himmler schließlich sein Schicksal. Die Justiz lieferte Franke am 29. November 1942 an die Polizei aus, und er kam in das berüchtigte Konzentrationslager Mauthausen. Nach nicht einmal zwei Monaten starb er dort.

Franke gehörte zu den ersten abgegebenen Gefangenen. Ihre Ermordung lief im November an und nahm schnell eine erhebliche Dimension an. Innerhalb eines halben Jahres, bis Ende April

1943, hatte die Justiz 16 830 Häftlinge zur Verschleppung in Konzentrationslager gemeldet, darunter rund 1600 Frauen. Gut die Hälfte machten mit 8813 Personen die Sicherheitsverwahrten aus, 6242 waren polnische Häftlinge, 451 russische Gefangene, 1078 Juden sowie 246 Sinti und Roma. Viele wurden unmittelbar nach ihrer Einlieferung im Lager ermordet, die meisten Übrigen starben innerhalb der nächsten Monate an den Folgen der harten Arbeit und der schlechten Bedingungen im KZ. Rund 6000 der an die Lager überwiesenen Gefangenen lebten Anfang April 1943 schon nicht mehr. Insgesamt sind mindestens 20 000 Gefangene von der Justiz an die Konzentrationslager übergeben worden, von denen wahrscheinlich mehr als 14 000 umkamen.[20]

Unterdessen schwor Thierack die Richter auf einen erbarmungslosen Kurs gegen «Asoziale» ein. Ein «Richterbrief» von Anfang Januar 1943 offenbart, wie weit rassistisches Denken bereits in der Justiz verankert und zur Grundlage ihrer Arbeit geworden war. Das war nicht ganz neu, denn bereits vor 1939 war dieser Prozess weit fortgeschritten. Der Krieg aber bot schließlich die scheinbar moralische Rechtfertigung für den entscheidenden Schritt zum Massenmord.

Der Gewohnheitsverbrecher, schrieb Thierack, «war schon im Frieden ein Parasit am Volkskörper; im Krieg ist er ein Schädling und Saboteur der inneren Front erster Ordnung».[21] Was mit «Schädlingen» zu geschehen hatte, stand außer Frage: Sie mussten vernichtet werden. Dafür habe die Justiz die rechtlichen Grundlagen erhalten. Sie solle, zum Schutz der Volksgemeinschaft, «den asozialen Verbrecher rücksichtslos durch die Verhängung der Todesstrafe aus der Gemeinschaft ausschließen».[22] Die Justiz, allen voran die Richter, hätten folglich, formulierte Thierack ganz auf der Linie der biologistisch-rassistischen Leitidee Himmlers und seines Apparats, «die Aufgabe einer Reinigung des Volkskörpers übernommen»,[23] die sie dem Volk und insbesondere den kämpfenden Soldaten schuldig sei. Alles zielte auf eine «rassereine» Volksgemeinschaft, in der für «Asoziale» und «Minderwertige» kein Platz mehr war: «Wir wollen nach der siegreichen Beendigung des Kriegs ein gesundes und starkes Führungsvolk sein, das seine geschichtliche Mission erfüllen kann, ohne dabei durch asoziale Verbrecher gestört zu werden.»[24] Diese völkische Utopie bestimmte die gesamte Verfolgungspolitik des NS-Regimes. Die Mittel, dieses Ziel zu erreichen, hatten sich im Krieg entscheidend geändert, von der sozialen Exklusion zur biologischen Vernichtung. Tempo und Methoden aber unterschieden sich bei den jeweiligen Opfergruppen.

Sinti und Roma, denen zumeist der Stempel «asozial» aufgedrückt wurde, erlebten im Krieg eine deutliche Verschärfung der Verfolgung. Da auch sie spätestens seit Ende 1938 als ein rassisches Problem angesehen wurden, bewegten sich die Akteure der verschiedenen Ebenen und Institutionen immer stärker in Richtung einer «biologischen Lösung der Zigeunerfrage». Das war freilich keine widerspruchslose und einheitliche, von allen gleichermaßen betriebene Politik. Doch auch hier setzten sich im polykratischen Herrschaftsgeflecht in der Regel die radikalen Denkansätze durch.

In den ersten Kriegswochen sah man im Reichssicherheitshauptamt mit den Eroberungen in Polen die Möglichkeit, sich unliebsamer Gruppen im Reich zu entledigen. Am 21. September 1939 skizzierte Heydrich die Ziele: Juden und «die restlichen 30 000 Zigeuner» sollten nach Polen deportiert und so eine territoriale Lösung der selbst definierten Probleme gefunden werden. Eine erste Chance sah der Leiter des Reichskriminalamtes Arthur Nebe, in dessen Ressort die Verfolgung von Sinti und Roma wesentlich fiel, im Oktober 1939, als er von Deportationen der jüdischen Bevölkerung in das polnische Nisko erfuhr. Adolf Eichmann, der die Deportation organisierte, zeigte sich aufgeschlossen und bot an, Transporten auch Waggons mit Sinti und Roma anzuhängen. Etwa zur gleichen Zeit, am 17. Oktober, verfügte das Reichssicherheitshauptamt, dass «Zigeuner und Zigeunermischlinge» «bis zu ihrem endgültigen Abtransport in besonderen Sammellagern»[25] unterzubringen seien. Damit wollte es einen schnellen Zugriff sicherstellen, um die Deportationen zügig und reibungslos durchführen zu können. Fortan durften Sinti und Roma ihren Aufenthaltsort nicht mehr verlassen, Lager jedoch wurden nur mancherorts eingerichtet. Wer gegen die Aufenthaltsbeschränkungen verstieß, hatte härteste Strafen zu fürchten, nicht selten die Einweisung in ein Konzentrationslager. Dennoch widersetzten sich einige, manchen gelang gar die Flucht ins Ausland.

Erst gut ein halbes Jahr später, im Mai 1940, sollte sich eine weitere Möglichkeit zur Deportation ergeben. Wegen der bevorstehenden Westoffensive drängte die Wehrmacht, alten Klischees vom spionierenden «Zigeuner» folgend, auf die Entfernung der Sinti und Roma aus den westlichen Grenzregionen. Himmler ordnete daher an, insgesamt 2500 Personen in diesen Gebieten in Sammellagern zu konzentrieren und dann in das Generalgouvernement zu deportieren. Mitte Mai rückten Beamte der Kriminalpolizei aus, verhafteten die Menschen und brachten sie in provisorische Lager, in Hamburg zum Beispiel in einen Frachtschuppen im Hafen, in Köln in die Deutzer Messehallen. Dort wurden sie registriert, fotografiert, sie erhielten eine Nummer auf den linken Arm geschrieben, und ihnen wurden die Fingerabdrücke genommen. Wenige Tage danach führten die Polizisten sie zum Zug, der sie schließlich nach Polen brachte. Zuvor mussten sie meist noch eine Erklärung unterschreiben, in der es hieß: «Mir ist heute eröffnet worden, daß ich im Falle verbotener Rückkehr nach Deutschland unfruchtbar gemacht und in polizeiliche Vorbeugungshaft (Konzentrationslager) genommen werde.»[26] Am Zielort kamen sie in Lager oder, wie in Siedlce, in einen abgetrennten Bereich des dortigen Gettos und mussten Zwangsarbeit leisten.

Die in Deutschland Zurückgebliebenen unterlagen weiterhin dem sogenannten Festsetzungserlass vom Oktober 1939, auch wenn sich sein unmittelbarer Anlass, die avisierte Deportation aller Sinti und Roma, inzwischen als unmöglich erwiesen hatte, vor allem weil sich die Behörden in den besetzten Gebieten erfolgreich dagegen gewehrt hatten. Die Menschen waren der Behördenwillkür schutzlos ausgeliefert. Wer zuvor einem Wandergewerbe nachgegangen war, konnte dies nicht mehr ausüben, da er festsaß. Überdies verweigerte die Kriminalpolizei auf Anweisung Himmlers aus den ersten Kriegstagen, grundsätzlich die Genehmigung eines entsprechenden Gewerbescheins, auch wenn Verwaltungsgerichte mitunter anders entschieden hatten. In den folgenden Monaten und Jahren verhängten die verschiedenen Ministerien und Behörden zudem eine Reihe weiterer antiziganistischer Maßnahmen und stellten sie in manchen Bereichen auf eine Stufe mit den Juden.

Der Reichserziehungsminister ermöglichte es den lokalen Behörden im März 1941 durch einen Erlass, «Zigeunerkinder» vom Schulunterricht auszuschließen, wenn diese «in sittlicher und sonstiger Beziehung für ihre deutschblütigen Mitschüler»[27] eine Gefahr darstellten. Das öffnete der Behördenwillkür Tür und Tor. Vielerorts entschlossen sich die Verwaltungen, diese Gelegenheit zu nutzen und die Kinder der Schule zu verweisen. Der Reichsarbeitsminister setzte für Sinti und Roma die gleichen Sonderbestimmungen wie für Juden in Kraft: Sie bekamen von ihrem Arbeitgeber ab März 1942 keine Kinderzulagen, keine Sonntags- oder Nachtarbeitszuschläge, ihnen wurden keine Überstunden bezahlt, und auch die Lohnfortzahlung im Krankheitsfall entfiel.

Das war, wie die Erinnerungen Otto Rosenbergs zeigen, ein tiefer Einschnitt im Arbeitsalltag und psychisch enorm belastend. Rosenberg war mit dreizehn Jahren aus der Schule entlassen worden und musste fortan in einem Rüstungsbetrieb arbeiten. Die Neuregelung im März 1942 hatte zur Folge, dass ihm die Schwerarbeiterzulagen gestrichen wurden und er keine Milch mehr zugeteilt bekam. Weitaus mehr machte ihm zu schaffen, dass er nicht mehr mit den anderen Arbeitern gemeinsam die Mittagspause verbrachte, sondern draußen alleine auf einem Holzstapel essen musste: «Jetzt fühlte ich mich wirklich in die Enge getrieben und zurückgesetzt. Vielen Leuten tat das leid. Sie steckten mir etwas zu und machten mir Mut. Aber es gab auch viele andere, die das alles nicht störte. [...] Viele Leute haben dann nicht mehr mit mir gesprochen und mich nicht mehr gegrüßt».[28]

Den Landräten und Bürgermeistern im Reich waren die «Zigeuner», die nun in ihren Bereichen festsaßen, ein Dorn im Auge, sei es aus ideologischen Beweggründen oder aus utilitaristischen Erwägungen wie der zusätzlichen Belastung der Fürsorgeämter. Vielerorts schikanierten sie die Sinti und Roma, wo sie nur konnten, verboten ihnen den Besuch von Gaststätten, legten bestimmte Einkaufszeiten für sie fest oder versuchten gar, sich komplett über den Festsetzungserlass hinwegzusetzen und «ihre» Sinti und Roma abzuschieben. Der Landrat im badischen Mosbach zum Beispiel wurde von den Bürgermeistern mit Klagen überschüttet. Aus Heinsheim hieß es im November 1939: «Wenn Arbeit da ist, drücken sie sich. Ist keine Arbeit vorhanden, dann kommen sie aufs Rathaus und wollen solche oder Unterstützung. Im Dorf wird gebettelt. Baumstutzen werden gestohlen und verbrannt usw.»[29] Aus anderen Orten wurde ihre Unterbringung in einem Lager gefordert. Das Reichskriminalpolizeiamt verweigerte sich dennoch dem Drängen des Landrats nach einer «endgültige[n] Lösung der Zigeunerfrage».[30] Dem Wunsch, die Sinti und Roma aus seinem Kreis abschieben zu dürfen, könne nicht entsprochen werden, da ähnliche Forderungen aus vielen Regionen einträfen und Deportationen unmöglich seien. Die Karlsruher Kripo empfahl, sie zu Zwangsarbeiten heranzuziehen. Wer sich in irgendeiner Form «asozial» verhalte oder nicht zur Arbeit erscheine, könne dann ja in ein Konzentrationslager eingewiesen werden.

Außer der Möglichkeit, Sinti und Roma in Konzentrationslager einweisen zu lassen, wurden neben den bereits bestehenden kommunalen «Zigeunerlagern» wie Berlin-Marzahn vor allem in Österreich neue Lager errichtet. Das Lager Lackenbach im Burgenland, das die Wiener Kriminalpolizei auf dem Gelände eines ehemaligen Hofes im November 1940 errichtete, diente als Muster. Die dorthin gebrachten burgenländischen Roma kamen zunächst in baufälligen Ställen unter und mussten das Lager selbst aufbauen, zum Teil mit Steinen der zerstörten Lackenbacher Synagoge. Die Häftlinge mussten Zwangsarbeit leisten, litten unter den unzureichenden hygienischen Verhältnissen, wurden mangelhaft versorgt und immer wieder Opfer der brutalen Willkür der Wachleute. Mehrere hundert Insassen fielen einer Typhusepidemie zum Opfer oder starben an den Folgen von Hunger und Entkräftung. Im November 1941 deportierte man von hier 2000 Menschen in das Getto Litzmannstadt, wo ein abgetrennter Bereich als «Zigeunerlager» diente. Im Januar 1942 wurden sie im nahegelegenen Vernichtungslager Kulmhof ermordet.

Diese Deportation nach Litzmannstadt stellte eine Ausnahme dar. Zu weiteren Deportationen aus dem Reich kam es erst 1943. Zuvor jedoch veranlasste Himmler eine verblüffende Kehrtwende in der «Zigeunerpolitik», die die Berliner Kripo-Zentrale Mitte Oktober 1942 den Außenstellen mitteilte: «Der Reichsführer-SS beabsichtigt, den reinrassigen Sinte-Zigeunern [...] für die Zukunft eine gewisse Bewegungsfreiheit zu gestatten, so daß sie in einem bestimmten Gebiet wandern, nach ihren Sitten und Gebräuchen leben und einer arteigenen Beschäftigung nachgehen können. Der Reichsführer-SS setzt dabei voraus, daß sich die in Frage kommenden Zigeuner in jeder Beziehung einwandfrei verhalten und zu keinerlei Beanstandungen Anlaß geben.»[31] Damit war die bisherige Politik auf den Kopf gestellt, und «Zigeunermischlinge» waren plötzlich erheblich schlechter gestellt. Bei der Kriminalpolizei und bis hinauf zu Martin Bormann, dem Chef der Parteikanzlei, stieß der Schritt auf Unverständnis. Doch Himmler blieb bei seiner Linie.

Am 16. Dezember 1942 ordnete der Reichsführer-SS die Vorbereitung der Deportation der «Zigeunermischlinge» und Roma an. Die Kriminalpolizei arbeitete die Einzelheiten auss und gab diese

Ende Januar 1943 weiter. Die örtlichen Kripo-Stellen machten sich an die praktische Vorbereitung: Sie erstellten Listen der in Frage kommenden Personen, verhafteten sie, geleiteten sie zu den Zügen und stellten für den Transport Wachpersonal zur Verfügung. Insgesamt wurden so mindestens 13 000 Menschen nach Auschwitz-Birkenau verschleppt, wo sie in einem eigenen Lagerabschnitt, dem sogenannten Zigeunerlager, untergebracht wurden. Mehrere tausend Personen fielen unter die von Himmler definierten Ausnahmeregeln und blieben im Reichsgebiet.

Die Ermordung Behinderter

Die Opfergruppe, die der mörderischen Utopie einer «rassereinen» Volksgemeinschaft als Erste zum Opfer fiel, waren unheilbar Kranke in den Heil- und Pflegeanstalten. Der Massenmord an einer klar umrissenen Gruppe von rassisch «Minderwertigen» nahm mithin seinen Anfang in Deutschland selbst, wurde von Deutschen an Deutschen inmitten der Volksgemeinschaft verübt und bald schon unter breiter Mitwisserschaft. Bei der Frage nach den Folgen für die Gesellschaft und ihrer Rolle, kommt der «Euthanasie» daher eine zentrale Bedeutung zu, zumal ihre Durchführung und die Reaktionen darauf großen Einfluss auf die Ermordung der Juden hatten.

Die Entscheidung zum Mord an Kranken und Behinderten fiel zu Beginn des Krieges und lässt sich direkt auf Hitler zurückführen. Die Idee einer «Vernichtung lebensunwerten Lebens» war älter als das NS-Regime und wurde in den zwanziger Jahren nicht nur in Deutschland bereits breiter diskutiert. Hitler war, das hat er mehrfach deutlich gemacht, ein Anhänger dieser Idee, wollte eine umfassende Durchführung aber allem Anschein nach erst im Schatten des Krieges wagen. Tatsächlich jedoch begann die Tötung Behinderter bereits früher. Im Frühjahr 1938 wurde der

«Reichsausschuss zur wissenschaftlichen Erfassung erb- und anlagebedingter schwerer Leiden» ins Leben gerufen, dem Geburten schwerbehinderter Kinder angezeigt werden sollten, angeblich nur für eine Datensammlung. Allerdings kam es immer wieder zur Tötung solcher Kinder, deren Eltern sich auch hilfesuchend an die Reichskanzlei und Hitler persönlich gewandt hatten.

Die sogenannte Kindereuthanasie begann vor der systematischen Tötung erwachsener Patienten in Heil- und Pflegeanstalten. Ab August 1939 waren Ärzte und Hebammen verpflichtet, solche Kinder nach Berlin zu melden. Dort entschieden drei Gutachter im Schnellverfahren über ihr Schicksal. Die Ärzte und Hebammen bekamen als Belohnung für jede Meldung zwei Reichsmark, die Gutachter 240 Mark monatlich. Letztere waren Verfechter der «Euthanasie» und sahen ihre Arbeit als Dienst am Volke. Der Kinderarzt Ernst Wentzler sagte in den sechziger Jahren aus: «Ich hatte das Gefühl, daß ich etwas Positives tat und daß ich einen kleinen Beitrag zum Fortschritt der Menschheit leistete.»[32]

In den ausgewählten Anstalten, in denen die Kinder getötet wurden, fanden sich meist problemlos Ärzte, die bereit waren mitzutun. Manche, wie Dr. Friedrich Hölzel in Schwarzsee, verweigerten sich, ohne allerdings grundsätzlich gegen den Mord an den Kindern zu sein. «Die neuen Maßnahmen sind so überzeugend», schrieb Hölzel seinem Vorgesetzten im August 1940, «daß ich glaubte, persönliche Überlegungen beiseite lassen zu können. Aber es ist eine Sache, die staatlichen Maßnahmen aus voller Überzeugung zu begrüßen, und eine andere, sie in letzter Konsequenz selbst auszuführen.»[33] An seine Stelle trat ein Kollege. Hölzel aber hatte noch das Klinikpersonal in die Aufgaben eingewiesen. Auch das in den Anstalten beteiligte Pflegepersonal wurde belohnt, es bekam einen Gehaltsaufschlag von 25 Reichsmark. Bis Kriegsende wurden über 10 000 Kinder ermordet.

Nach längeren internen Diskussionen, Gesetzesentwürfen und Memoranden fiel im Oktober 1939 in einem kleinen Kreis in der

Kanzlei des Führers die Entscheidung für den Mord an erwachsenen Anstaltspatienten. Hitler stellte eine auf den 1. September 1939 rückdatierte Ermächtigung aus: «Reichsleiter Bouhler und Dr. med. Brandt sind unter Verantwortung beauftragt, die Befugnisse namentlich zu bestimmender Ärzte so zu erweitern, daß nach menschlichem Ermessen unheilbar Kranken bei kritischster Beurteilung ihres Krankheitszustandes der Gnadentod gewährt werden kann.»[34] Das unscheinbare Schreiben war nichts anderes als der Befehl beziehungsweise die Ermächtigung zum Massenmord. Dessen Umfang und das Procedere hatten nichts mit einer «kritischsten Beurteilung» gemein.

Am 9. Oktober 1939 tagten in der Kanzlei des Führers Viktor Brack, Werner Blankenburg und andere Vertreter der Kanzlei, Gerhard Bohne und Herbert Linden vom Reichsinnenministerium, Paul Werner vom Reichskriminalpolizeiamt sowie die Professoren für Psychiatrie und Nervenheilkunde Werner Heyde und Paul Nitsche. Zunächst ging es um die Tötungstechnik, die Werner erläuterte, da das Kriminaltechnische Institut entsprechende Versuche durchgeführt und die Vergasung empfohlen hatte. Die Frage, wer in das Mordprogramm einbezogen werden solle, wurde mit einer kühlen Rechnung beantwortet: «Die Zahl ergibt sich aus einer Berechnung, der das Verhältnis 1000:10:5:1 zugrunde liegt. Das bedeutet: Von 1000 Menschen bedürfen 10 psychiatrischer Betreuung, von diesen 5 in stationärer Form. Davon aber fällt ein Kranker unter die Aktion.»[35] Das waren die nicht arbeitsfähigen Patienten, die aufwendiger Pflege bedurften. Hochgerechnet auf die Bevölkerung des Deutschen Reichs kamen die Experten auf die Zahl von 65 000 bis 70 000 Menschen. Die Dimension beziehungsweise eine Zielmarke war also festgelegt, noch ehe das Mordprogramm angelaufen war.

Die Lenkung und Verwaltung wurde in der Kanzlei des Führers angesiedelt, wofür man eine Reihe von Tarngesellschaften ins Leben rief, die sich um die Verlegung und den Transport der Opfer, um die finanzielle Seite des Mords und andere Fragen kümmerten. Am gleichen Tag, als das Spitzengremium in Berlin tagte, begann auch die Erfassung der Opfer. Die Ärzte in den Anstalten füllten Meldebögen aus und lieferten Informationen über Diagnosen, den Grad der Pflegebedürftigkeit, die Dauer des Anstaltsaufenthalts, die Religionszugehörigkeit und schließlich auch über die Häufigkeit von Besuchen Angehöriger. Diese Bögen schickten sie nach Berlin, wo drei Gutachter im Schnelldurchgang über die Tötung oder Verschonung der Patienten entschieden. Die ausgewählten Opfer erfasste man in Listen und stellte die Transporte zusammen. Die Patienten wurden mit Bussen an der Anstalt abgeholt und aus Tarnungsgründen zunächst in Zwischenanstalten gebracht, von wo aus sie kurze Zeit später in eines der sechs Mordzentren verschleppt und dort vergast wurden: Grafeneck, Brandenburg an der Havel, Hartheim bei Linz, Sonnenstein bei Pirna, Brandenburg an der Saale und Hadamar in Hessen. Diese Anstalten informierten schließlich die Angehörigen in standardisierten Schreiben, in denen sie fingierte Todesursachen nannten. Bis zum vorläufigen Stopp der Euthanasiemorde im August 1941 töteten Ärzte und Pflegekräfte auf diese Weise knapp über 70 000 Patienten.

Das ausgeklügelte System der Geheimhaltung erwies sich bald schon als brüchig. In den Anstalten, in denen die Meldebögen ausgefüllt und aus denen Patienten geholt werden sollten, war der wahre Zweck des Ganzen nach einiger Zeit beim Personal und den Patienten bekannt. Dennoch funktionierte das System in der Regel reibungslos fort. Die wenigsten Anstaltsleiter verweigerten sich, nur manche lehnten es ab, die Fragebögen auszufüllen und so die Grundlagen für den Mord zu schaffen; in solchen Fällen schickte Berlin ein mobiles Gutachterteam in die Klinik.

Einige Ärzte bemühten sich, die Krankenakten zu manipulieren und so Patienten vor der Verlegung und damit dem sicheren Tod zu bewahren. In Göppingen gelang es einem Arzt, viele Patienten als Arbeiter in örtlichen Betrieben unterzubringen und auf diese Weise zu retten. Andere, wie der Schweizer Heinrich

Hermann, der die Taubstummenanstalt Wilhelmsdorf bei Ravensburg leitete, protestierten direkt beim Reichsinnenministerium: «Ich habe einfach die Überzeugung, dass die Obrigkeit mit der Tötung gewisser Kranker Unrecht begeht. [...] Es tut mir leid, aber man muss Gott mehr gehorchen als den Menschen. Ich bin bereit, Folgen dieses meines Ungehorsams auf mich zu nehmen.»[36] Er weigerte sich, die Meldebögen auszufüllen, und nahm auch weiterhin in der Anstalt kein Blatt vor den Mund, ohne dass man gegen ihn vorging.

Auch den Kranken selbst blieb die Mordabsicht nicht verborgen. Einige flohen am Tage des Abtransports, andere protestierten lautstark und wehrten sich mit Händen und Füßen dagegen, in den Bus einzusteigen. Verzweifelt flehten einige ihre Angehörigen an, sie aus den Anstalten zu holen. Aus Stetten schrieb ein Patient im November 1940 an die Schwester nach Hause: «Liebe Schwester! Da ja bei uns die Angst und Not immer größer wird, so will ich Dir auch mein Anliegen mitteilen. Gestern sind wieder die Autos da gewesen und vor acht Tagen auch, sie haben wieder viele geholt, wo man nicht gedacht hätte. Es wurde uns so schwer, dass wir alle weinten, und vollends war es mir schwer, als ich M. S. nicht mehr sah ... Nun möchte ich Dich bitten, dass Du für mich einstehen würdest, dass ich zu Dir kommen dürfte, denn wir wissen nicht, ob sie die nächste Woche nicht wieder kommen. – Wenn wir je einander nicht wieder sehen würden, so will ich meinen herzlichen Dank aussprechen für alles, was Du an mir getan hast.»[37] Wenn solche Briefe die Angehörigen überhaupt erreichten und diese bereit waren, sich zu kümmern, war es meist schon zu spät. Da aber die Häufigkeit von Besuchen abgefragt worden war, wurden in erster Linie solche Patienten ausgesucht, die kaum noch Kontakte zu Verwandten hatten. Je enger aber solche Kontakte waren, desto höher war die Überlebenschance.

Das Wissen vom Massenmord an den Anstaltsinsassen verbreitete sich nach und nach im Umland der Mordzentren, wo man dem Verbrennungsgeruch der Krematorien nicht entgehen konnte, bei den Angehörigen, in den Kirchen, die mehr als die Hälfte der Anstalten betrieben, und schließlich in der gesamten Bevölkerung. Spätestens 1941 konnte von Geheimhaltung keine Rede mehr sein. Dazu trugen auch zahlreiche Pannen bei: Eltern bekamen zwei Urnen zugeschickt; als Todesursache wurde eine Blinddarmentzündung angeführt, obwohl der betreffenden Person schon Jahre vorher der Blinddarm entfernt worden war; Familien, die ihre Verwandten längst aus der Anstalt nach Hause geholt hatten, erhielten eine Nachricht von deren Tod und vieles mehr. Solche Vorfälle sprachen sich rasch herum. Ulrich von Hassell hörte im Januar 1941 von solch einem Fall: «Tolles Beispiel für die verbrecherische Leichtfertigkeit beim Umbringen der Geisteskranken», schrieb er in sein Tagebuch. «Ein Ehepaar holt sich eine geistesschwache Tochter, deren Verbringen in eine ‹andere Anstalt› angekündigt wird, schleunig nach Hause. Kurz darauf amtliche Nachricht: Zu großem Bedauern müsse man ihr Hinscheiden melden! – in Wahrheit war sie heil zu Hause.»[38] Einige Monate später wurde auch Friedrich Kellner hellhörig. Er hörte von vielen Todesfällen, die aus der Anstalt in Hadamar gemeldet wurden, und erfuhr: «Auch soll eine Anlage zur Einäscherung eingebaut worden sein.»[39] Ende Juli hatte er schließlich Gewissheit: «Die ‹Heil- und Pflegeanstalten› sind zu Mordzentralen geworden.»[40]

Abseits der Öffentlichkeit gab es einige Proteste gegen den Massenmord an den Kranken, mitunter auch von deren Verwandten. In einem unbeholfenen Brief an die Zwischenanstalt Neuruppin beklagte sich zum Beispiel eine Mutter über das Schicksal ihres Sohnes: «Wir richten an Sie die Anklage: warum sind wir nicht im voraus benachrichtigt worden, das unser Sohn Helmut Riedel aus Ihrer Anstalt verschickt werden sollte? Das hatten wir als Eltern zu verlangen. Dann wäre dieses furchtbare nicht passiert. Wir hätten ihn sofort zu uns geholt. Da wir in allem informiert waren. Haben alles versucht ihn noch zu retten eh es zu spät war, aber wir erfuhren keine Adresse. Wenn man dann die

Todesurkunde zugeschickt bekommt, wirkt es grotesk. Da ich gleich nach empfang Ihres Briefes sagte, um gottes Willen, dann bekommen wir in nächster Woche zugeschickt, an Angina verstorben. es traf genau ein. Diesen Schlag können wir nicht verwinden. Gott wird uns rächen. Mein Mann hate die ganzen Jahre für die Partei gearbeitet und das ist der dank.»[41]

Auch Kirchenvertreter, die aus erster Hand informiert waren, protestierten intern in Schreiben an die Behörden oder an Hitler selbst, bewirkten aber nichts. Der Landesbischof der Evangelischen Landeskirche in Württemberg, Theophil Wurm, wandte sich im Juli 1940 an Innenminister Frick. Er legte ausführlich die Unruhe, die das Töten hervorgerufen hatte, dar und sprach sich gegen die Ermordung der wehrlosen Kranken aus. Wurm warnte auch vor den ethischen Problemen eines solchen Verbrechens: «Der etwaige Nutzen dieser Maßregeln wird je länger je mehr aufgewogen werden durch den Schaden, den sie stiften werden. Wenn die Jugend sieht, daß das Leben dem Staat nicht mehr heilig ist, welche Folgerungen wird sie daraus für das Privatleben ziehen? Kann nicht jedes Roheitsverbrechen damit begründet werden, daß für den Betreffenden die Beseitigung eines andern von Nutzen war? Auf dieser schiefen Ebene gibt es kein Halten mehr. [...] Entweder erkennt auch der nationalsozialistische Staat die Grenzen an, die ihm von Gott gesetzt sind, oder er begünstigt einen Sittenverfall, der auch den Verfall des Staates nach sich ziehen würde.»[42] Auch in der Justiz gab es Unruhe, vor allem aber wegen der fehlenden rechtlichen Grundlage des Mordens. All diese Proteste, das Gerede und der Unmut manifestierten sich jedoch im Privaten, in schriftlichen Eingaben oder in behördeninternen Besprechungen. Die überwiegende Mehrheit der Deutschen konnte den Massenmord deshalb weiterhin verdrängen.

Das änderte sich erst im Sommer 1941 grundlegend, als der Bischof von Münster in einer Predigt die Morde an den Anstaltspatienten in allen ihren Details öffentlich machte: «Seit einigen Monaten hören wir Berichte», erklärte Clemens August Graf von

Galen am 3. August, «daß aus Heil-Pflegeanstalten für Geisteskranke auf Anordnung von Berlin, Pfleglinge, die schon länger krank sind und vielleicht unheilbar erscheinen, zwangsweise abgeführt werden. Regelmäßig erhalten dann die Angehörigen nach kurzer Zeit die Mitteilung, die Leiche sei verbrannt, die Asche könne abgeliefert werden. Allgemein herrscht der an Sicherheit grenzende Verdacht, daß diese zahlreichen unerwarteten Todesfälle von Geisteskranken nicht von selbst eintreten, sondern absichtlich herbeigeführt werden, daß man dabei jener Lehre folgt, die behauptet, man dürfe sogenanntes ‹lebensunwertes Leben› vernichten, also unschuldige Menschen töten, wenn man meint, ihr Leben sei für Volk und Staat nichts mehr wert.»[43] Der Bischof belegte dies mit Beispielen aus Westfalen, legte anschaulich die hinter den Morden stehende Ideologie offen und malte mögliche Konsequenzen wie eine spätere Tötung auch von Invaliden und anderen an die Wand. Damit hatte von Galen die Verbrechen klar beim Namen genannt, gegen die sich die katholische Kirche Anfang Juli in einem von allen Kanzeln verlesenen Hirtenbrief noch in sehr allgemeiner Form gewandt hatte. «Nie, unter keinen Umständen», hieß es dort, «darf der Mensch außerhalb des Krieges und der gerechten Notwehr einen Unschuldigen töten.»[44] Ausflüchte waren nach von Galens klaren Worten keine mehr möglich.

Der Protest des Münsteraner Bischofs verbreitete sich rasend schnell über seine Gemeinde hinaus im ganzen Land und bot noch wochenlang Gesprächsstoff. Der Predigttext gelangte auch ins Ausland und wurde von den Alliierten auf Flugblätter gedruckt und über Deutschland abgeworfen. Die NS-Führung tobte, ging aber zum Erstaunen vieler nicht gegen den populären Bischof vor. Stattdessen ließ Hitler die Ermordung der Anstaltsinsassen in den Gaskammern am 23. August 1941 stoppen, um wieder Ruhe an der «Heimatfront» herzustellen. Das geschah genau in dem Moment, als der Massenmord das von den Experten im Oktober 1939 vorausberechnete Soll erreicht hatte.

Allerdings hörte das Morden auch jetzt nicht völlig auf. Statt Patienten zu vergasen, tötete man sie fortan mit Injektionen oder ließ sie verhungern. In erster Linie ging es jetzt darum, je nach Bedarf, etwa nach Luftangriffen, Betten freizumachen.

Die Experten aus den «Enthanastie-Anstalten» aber setzten ihre Arbeit woanders fort. Viele von ihnen wurden ins besetzte Polen geschickt, wo sie in den Vernichtungslagern der «Aktion Reinhardt» an der Ermordung der Juden teilnahmen. Hierfür hatte die «Euthanasie» wertvolle Erfahrungen geliefert. Diese bestanden nicht nur aus einer für einen Massenmord erprobten Tötungstechnik und dem darin versierten Personal. Vor allem konnte die NS-Führung aus dem Krankenmord die Lehre ziehen, dass Massenmord grundsätzlich möglich ist, ohne auf nennenswerten Widerstand der «Volksgenossen» zu stoßen, selbst wenn es eigene Angehörige betraf und er sich als offenes Geheimnis inmitten der Gesellschaft abspielte. Um wie viel leichter und reibungsloser, so konnte man denken, würde es erst gehen, wenn mit den Juden Menschen betroffen sein würden, die über Jahre hinweg aus der Gesellschaft ausgegrenzt und isoliert worden waren, ohne dass sich auch hier, selbst in der Pogromnacht, viel Widerspruch geregt hätte – und wenn dies fernab der deutschen Volksgemeinschaft im besetzten Polen geschähe.

Näher an die Gesellschaft rückten während des Kriegs aber die Konzentrationslager, die weiterhin ein zentrales Verfolgungsinstrument blieben. Ihre Expansion hatte bereits 1937/38 begonnen, nahm aber nun ungeahnte Dimensionen an. In der zweiten Kriegshälfte gab es in Deutschland kaum noch einen größeren Ort, in dem nicht ein KZ-Außenlager, ein Kriegsgefangenenlager oder ein Lager für ausländische Zwangsarbeiter angesiedelt war. Während die Lager aus den Medien nahezu verschwanden, drangen sie nun stärker in jeden Winkel des Landes und ließen sich nicht ignorieren. Auch die Häftlinge wurden mehr und mehr im Alltag sichtbar: ausrückende Arbeitskommandos, Lagerhäftlinge in den Betrieben, Gefangene, die nach den Bombenangriffen

Leichen bargen und Trümmer beseitigten, und schließlich die vielen Todesmärsche in den letzten Kriegswochen.

Himmler ließ in der ersten Kriegshälfte eine Reihe neuer Konzentrationslager einrichten, um die Schübe weiterer Häftlinge zu bewältigen und um seine wirtschaftlichen Ambitionen stärker verfolgen zu können. Das Konzentrationslager Neuengamme in der Nähe von Hamburg, bislang Außenlager Sachsenhausens, wurde zum Beispiel im Januar 1940 eigenständig und deckte in den folgenden Jahren mit seinen Außenlagern den nordwestdeutschen Raum ab. Die Häftlingszahl stieg rasant an, damit einher ging eine deutliche Verschlechterung der Lebensbedingungen, so dass die Sterbequote in die Höhe schoss.

Anfang 1941 führte Heydrich schließlich ein Stufensystem für die KZ ein: Für alle «wenig belasteten und unbedingt besserungsfähigen Schutzhäftlinge, außerdem für Sonderfälle und Einzelhaft» sollten fortan die Lager Dachau, Sachsenhausen und das Stammlager Auschwitz zuständig sein; unter Stufe II fielen Buchenwald, Flossenbürg und Neuengamme für «schwer belastete, jedoch noch erziehungs- und besserungsfähige Schutzhäftlinge»; in Stufe III fiel zunächst nur das Lager Mauthausen in Österreich, das «schwer belastete, insbesondere auch gleichzeitig kriminell vorbestrafte und asoziale, d.h. kaum noch erziehbare Schutzhäftlinge» aufnehmen sollte.[45] Die Einstufung schlug sich in der Sterblichkeitsrate, in die Schwere der Arbeit und in den Haftbedingungen nieder.

Walter Adam zum Beispiel, ein politischer Häftling aus Österreich, wurde mit rund 1000 anderen Häftlingen im September 1939 von Dachau ins Lager Flossenbürg verlegt. Sie mussten dort im Steinbruch Schwerstarbeit verrichten, wurden nur mangelhaft versorgt und von den SS-Wachen terrorisiert. Nach einigen Wochen schon brach eine Seuche aus, viele Häftlinge erkrankten und wurden weitgehend sich selbst überlassen, viele starben. Anfang März 1940 schließlich war die Arbeit der «Dachauer» in Flossenbürg beendet, man brachte sie wieder zurück. An die Erleichterung dieser Häftlinge erinnert sich Adam unmittelbar nach dem Krieg: «Mit dem Gefühle, einer Hölle entronnen zu sein, waren wir in all den Jahren deutscher Schmach wohl die ersten, die sich freuten, die Maschinengewehrtürme des KZ Dachau wiederzusehen.»[46] Solche Eindrücke hatten allerdings nicht allein mit der Stufe des Lagers, sondern auch mit dem Verhalten der Kommandanten und Wachleute sowie der Position innerhalb der Häftlingshierarchie zu tun. Adam schilderte die Flossenbürger Zeit auch als ein Leiden politischer Gefangener unter Kapos aus den Reihen der «Berufsverbrecher», während die Politischen die Lagerverwaltung in Dachau dominierten.

An den Hierarchien innerhalb der Lager änderte sich im Krieg wenig. Weiterhin zog die SS vor allem reichsdeutsche Häftlinge für die Posten innerhalb der Verwaltung heran. Neu hinzu kamen allerdings eine ganze Reihe von Häftlingsgruppen: politische Gegner und Widerstandskämpfer aus den besetzten Ländern Europas, russische Kriegsgefangene, ausländische (vor allem polnische) Zwangsarbeiter sowie polnische Priester. Diese bekleideten in der Regel keine Position im Lager. Das hatte eine Differenzierung der Häftlingskategorisierung zur Folge: Die SS unterschied und kennzeichnete die Häftlinge nun zunächst nach Nationalitäten; lediglich bei Deutschen unterschied sie weiterhin zwischen politischen, homosexuellen, «asozialen» und «kriminellen» Gefangenen sowie Zeugen Jehovas; Juden wiederum erhielten eine eigene Kennzeichnung. Für die Überlebenschancen war die Einordnung in die Hierarchie zentral, denn mit besseren Positionen erhöhte sich die Wahrscheinlichkeit zu überleben, überdies waren die Gruppen am unteren Ende besonders schweren Haft- und Arbeitsbedingungen ausgesetzt.

Mit der deutschen Expansion und dem Ausbau des Lagersystems änderte sich die Zusammensetzung innerhalb der KZ von Grund auf. Anfangs stellten Deutsche noch die Mehrheit, ihr Anteil ging aber stetig zurück. In Buchenwald zum Beispiel verringerte sich ihr Anteil von rund 75 Prozent bis zum Herbst 1941 auf ein Drittel im Sommer 1942, 13 Prozent Ende 1943, nur noch acht Prozent im Oktober 1944 und schließlich sieben Prozent wenige Tage vor der Befreiung im April 1945.[47] Die Zahl der Häftlinge insgesamt nahm rasant zu: Unmittelbar vor Kriegsbeginn saßen 21 000 Personen in Lagern ein, im Frühjahr 1942 waren es bis zu 80 000. Innerhalb weniger Monate, von September 1942 bis April 1943, verdoppelte sie sich fast von 110 000 auf 203 000, im Sommer 1944 waren es bereits rund 525 000, Mitte Januar 1945 waren annähernd 715 000 Menschen in Konzentrationslagern eingesperrt.[48]

Die wachsende Belegung der Lager führte mit zunehmender Kriegsdauer zu einer erheblichen Verschlechterung der Lebensbedingungen der Häftlinge. Zudem ging mit der Wendung des Kriegsgeschehens zuungunsten Deutschlands eine Radikalisierung vieler Aufseher einher, die in der Endphase in mörderische Gewaltexzesse mündete. Die ohnehin schon schlechten sanitären Verhältnisse und die kaum vorhandene medizinische Versorgung kollabierten angesichts der Häftlingsmassen und Epidemien; zahlreiche Tote waren die Folge. Verzeichnete man in Dachau 1938 noch eine Todesrate von vier Prozent, erreichte diese 1942 schon 36 Prozent, in anderen Lagern war die Entwicklung ähnlich. Vor allem waren es jüdische Gefangene und Häftlinge aus Osteuropa, die dem Massensterben zum Opfer fielen.

Zu dieser Entwicklung trug auch die Funktionserweiterung bei, der die Lager im Krieg unterlagen. Waren sie vor dem Krieg vor allem ein Instrument politischer Verfolgung und der Herrschaftssicherung gewesen, wandelten sie sich nun zu Hinrichtungsstätten der SS und Gestapo, zu Orten der nationalsozialistischen Massenverbrechen an russischen Kriegsgefangenen und Juden. Nach dem Überfall auf die Sowjetunion am 22. Juni 1941 kamen Hunderttausende sowjetische Kriegsgefangene auch nach Deutschland in Lager und wurden zu Zwangsarbeiten eingesetzt. Dort wurden, dem sogenannten Kommissarbefehl Hitlers vom 6. Juni 1941 folgend, alle Juden, politischen Kommissare und andere Funktionäre der Roten Armee ausgesondert und erschossen. In den Konzentrationslagern bereitete man sich im Sommer 1941 eilig auf die angekündigten Kriegsgefangenen und ihre Ermordung vor.

In Sachsenhausen und Buchenwald richtete man für diesen Massenmord spezielle Erschießungsanlagen in einer Baracke ein. «Für den grausigen Akt», beschrieb Emil Büde die Anlage in Sachsenhausen, «ist ein gewöhnlicher Größenmessungsapparat aufgestellt worden, bei dem das Holz, welches dem Opfer von oben auf den Kopf gesetzt wird und die Körpergröße anzeigt, auch genau die richtige Stelle im Genick für den Einschlag der Kugel abgibt, die von einem SS-Mann von hinten durch einen Mauerspalt abgefeuert wird. Vorher müssen die Kriegsgefangenen ihre Kleider abgeben und dann einzeln den ‹Schlachtraum› betreten, wo sie innerhalb weniger Sekunden ins Jenseits befördert werden.»[49] In Sachsenhausen, das errechnete Büde, der als Häftling in der Politischen Abteilung arbeitete und Zugang zu den Akten hatte, waren von über 14000 eingelieferten sowjetischen Kriegsgefangenen Anfang 1943 mehr als 13000 bereits tot.[50] In Buchenwald ermordete die SS mehr als 8000 sowjetische Gefangene. In den anderen Lagern wurden sie auf speziellen Plätzen oder in den Krematorien ermordet. Insgesamt fielen den Hinrichtungen mindestens 40000 Menschen zum Opfer.

Auch die «Euthanasie» machte vor den Toren der Lager nicht Halt, sie erreichte hier ihren Höhepunkt nach dem vorübergehenden Stopp im August 1941. Seit April 1941 bereiste eine Ärztekommission die Lager und begutachtete im Schnellverfahren kranke und als «arbeitsunfähig» eingestufte Häftlinge. Ausgesucht wurden, wie Emil Büde in Sachsenhausen feststellte, Gefangene, «die kaum noch zur Arbeit gehen, ja, arbeitsunfähig sind, als ‹Muselmänner› – Körperschwache, aber auch ‹asoziale Elemente› wie Handwerksburschen, Trinker, Zuhälter etc., sowie Amputierte usw., eben Leute, denen man jedes Recht zum Weiterleben abspricht»[51]. Die von den Ärzten ausgesonderten Häftlinge brachte man kurze Zeit später in die Mordanstalten Sonnenstein, Bernburg oder Hartheim. Wenige Tage später kam ihre Habe zurück ins Lager, daher vermuteten die Häftlinge dort bald, dass die Selektierten ermordet wurden. Insgesamt wurden so über 10 000 Menschen aus den Lagern getötet. Da die Häftlinge das wahre Ziel der Begutachtung zunächst nicht durchschauten, kam es vor, dass manche simulierten, in der Hoffnung, die ausgesonderten Kranken kämen in Krankenhäuser außerhalb der Lager. Unter den Opfern waren auch viele Juden, die nicht eigens untersucht wurden.

Einer der Gutachter, Dr. Friedrich Mennecke, hielt seine Frau in zahlreichen Briefen über seine Arbeit in den Lagern auf dem Laufenden. Aus Buchenwald schrieb er ihr am 26. November 1941: «Als 2. Portion folgten nun insgesamt 1200 Juden, die sämtlich nicht erst ‹untersucht› werden, sondern bei denen es genügt, die Verhaftungsgründe (oft sehr umfangreich!) aus der Akte zu entnehmen u. auf die Bögen zu übertragen. Es ist also eine rein theoretische Arbeit [...]. Punkt 17.00 h ‹warfen wir die Kelle weg› und gingen zum Abendessen: kalte Platte Cervelatwurst (9 große Scheiben) Butter, Brot, Portion Kaffee! Kostenpunkt 0,80 Mark ohne Marken!!»[52] Für Mennecke war der Massenmord zu einer routinierten Büroarbeit inmitten des Lagers geworden, gekrönt mit gutem und günstigem Essen.

Bei der «Euthanasie» der Häftlinge bemühte man sich, wie bei anderen Todesfällen im Lager auch, um Geheimhaltung. Fragten Angehörigen einmal nach, wurden sie mit fingierten, angesichts der Realität zynisch anmutenden Geschichten abgespeist. Dem Bruder des im Juli 1941 getöteten politischen Gefangenen Martin Gauger schilderte der Buchenwalder Lagerarzt Waldemar Hoven ausführlich, dass bei einer Routineuntersuchung ein Herzleiden festgestellt worden sei. Gauger sei von der Arbeit freigestellt und ärztlich behandelt worden. Am 23. Juli sei er von Kameraden bewusstlos aufgefunden und sofort in den Krankenbau gebracht worden, doch alle Bemühungen hätten nichts mehr geholfen.

«Ich bedauere», schrieb der Lagerarzt am Schluss, «den plötzlichen Tod Ihres Bruders fern von seinen Angehörigen, umso mehr, da ärztlicherseits alles getan worden ist, um seine Gesundheit zu erhalten.»[53]

Ende April 1943 verfügte Himmler, dass nur noch tatsächlich geisteskranke Häftlinge unter das Mordprogramm fallen sollten. «Alle übrigen arbeitsunfähigen Häftlinge [...] sind grundsätzlich von dieser Aktion auszunehmen», schrieb er weiter. «Bettlägerige Häftlinge sollen zu einer entsprechenden Arbeit, die sie auch im Bett verrichten können, herangezogen werden.»[54] Bald darauf verlagerte sich dieser Massenmord in die Lager selbst. Es kam nun keine Ärztekommission von außen mehr, sondern die SS-Lagerärzte selbst selektierten, und die Opfer wurden innerhalb des Lagers ermordet.

Die große Mehrheit der Häftlinge aber starb an den Folgen von Hunger und Entkräftung durch die Arbeit. Diese nahm im Laufe des Krieges eine immer größere Rolle ein, sowohl im wirtschaftlichen Machtstreben Himmlers als auch im Sinne einer «Vernichtung durch Arbeit». Seit dem Winter 1941/42 drängte Himmler stärker darauf, mit seinem Lagersystem auch in der Rüstungsproduktion eine größere Rolle zu spielen, konnte aber wegen Widerständen auf Seiten Speers und anderer und wegen der geringen Produktivität der Häftlingsarbeit nie die erwünschten Dimensionen erreichen. Treibende Kraft war Oswald Pohl, der das seit Februar 1942 bestehende Wirtschafts- und Verwaltungshauptamt der SS leitete und versuchte, die Lager entsprechend vorzubereiten. Allerdings lenkte eine Grundsatzentscheidung von Ende September 1942 die Entwicklung in eine andere Richtung. Künftig sollte die SS Häftlinge im großen Stil an die Rüstungsindustrie vermieten; sechs Mark täglich sollte sie für männliche Facharbeiter, vier Mark für ungelernte Kräfte und Frauen erhalten.

Mit dieser Entscheidung kam gewissermaßen die Rüstungsproduktion nicht in die Lager, die Lager kamen zur Rüstungsindustrie. Die Ausdehnung des Lagersystems auf zahlreiche Außenlager und Kommandos gewann damit erheblich an Dynamik und Umfang. Überdies dehnte die Gestapo ihr Netz sogenannter Arbeitserziehungslager aus, in denen deutsche und vor allem ausländische Arbeiter wegen kleinerer Vergehen zu «erzieherischen» Zwecken für einige Wochen inhaftiert wurden. Mit polnischen und sowjetischen Zwangsarbeitern waren bald auch Opfergruppen gefunden, die für einen Anstieg der Häftlingszahlen sorgen sollten. Ab Oktober 1942 war die Gestapo für die Verfolgung von Straftaten dieser Arbeitskräfte in Deutschland zuständig. Dies machte sich Himmler zunutze, große Verhaftungsaktionen anzuordnen, um arbeitsfähige Häftlinge für seine Lager zu erhalten.

Auf dem Papier verbesserte man die Haftbedingungen, um die Produktivität der Häftlingsarbeit zu steigern, de facto änderte sich jedoch wenig. Mit dem gleichen Personal und dem gleichen System war daran auch kaum zu denken, zumal das Arbeitskräftereservoir unerschöpflich schien. Die KZ-Gefangenen arbeiteten in den Außenlagern für die Rüstungsindustrie, für SS-Betriebe, Verwaltungen, Privatfirmen und andere mehr. In manchen Betrieben stellten sie einen erheblichen Teil der Belegschaft, mitunter bis zu einem Drittel. Sogenannte Baubrigaden wurden in den Städten eingesetzt, um nach den Bombenangriffen Trümmer zu beseitigen, Leichen zu bergen und nach Blindgängern zu suchen.

Durch diese Expansion kamen die Lager und die Häftlinge zurück in die Mitte der Gesellschaft, sie waren gleichwohl zuvor nie ganz aus der Öffentlichkeit verschwunden. Vor allem in den größeren Städten, die Ziele der alliierten Bombenangriffe waren, gehörten die Arbeitskolonnen in den gestreiften Anzügen in der zweiten Kriegshälfte zum Straßenbild. In Hamburg beobachtete Luise Solmitz arbeitende Häftlinge, verriet aber keine Gefühlsregung: «Heute arbeiteten Sträflinge auf den Trümmern. Auf dem Rückweg, als die Sonne durchgebrochen war, hatten sie die blauweiß gestreiften Jacken auf Trümmer und Pfähle gehängt, um besser arbeiten zu können.»[55] In Köln waren es zeitweise über 80 Arbeitskolonnen, in Bremen arbeiteten die Häftlinge an 100 Orten an der Beseitigung von Schäden. Auch die Lager selbst rückten in die Innenstädte und Wohngebiete. Sie waren mitunter aus den umliegenden Wohnungen oder von der Straße aus einsehbar, so dass Anwohner bald ein recht genaues Bild von den Zuständen dort bekamen. Viele betrachteten sie mit kaum verhohlener Neugier, mit einer Mischung aus Faszination und Angst. Auf dem Weg zur Arbeit oder von dort zurück beschimpften Passanten häufig die Elendsgestalten, beobachteten die Misshandlungen durch die Wachen, und Hitler-Jungen warfen ihnen Steine hinterher.

In weiten Teilen der Gesellschaft hatte die jahrelange Propaganda Wirkung gezeigt, wonach vor allem Kriminelle und «Asoziale» in den Lagern eingesperrt seien. Nun wurde die Gesellschaft auch erstmals direkt mit dem Tod von Häftlingen konfrontiert. «Ich sah die Häftlinge häufig nachmittags gegen 16 Uhr aus der Stadt zurückkommen», erinnerte sich Joseph Kempen aus Düsseldorf. «Fast täglich schleppten einige Häftlinge die unterwegs verstorbenen Mithäftlinge in das Lager zurück.»[56] Erschießungen oder harte Prügel am Arbeitsplatz fanden ebenfalls vor den Augen der Anwohner und Passanten statt. Gegenwehr gegen diese rohe Gewalt, das offensichtlich verbrecherische Morden in der Öffentlichkeit und die harte Zwangsarbeit formierte sich kaum. Menschliche Gesten wie ein aufmunterndes Wort im Betrieb, das heimliche Zustecken von Brot oder die Weitergabe von Post blieben Ausnahmen. Nur ganz selten erhoben einzelne Mutige offen das Wort, meist geschützt aus einer Menge Neugieriger heraus. In einigen Fällen ließen die Bewacher dann von ihren Opfern ab. Die Regel war eine andere: Geflohene Häftlinge zum Beispiel hatten kaum Chancen, längere Zeit im Schutz der Volksgemeinschaft zu überdauern. Sie wurden häufig denunziert oder gefasst und der Polizei ausgehändigt, Anzeichen, ein entflohener Häftling könne sich in der Nähe aufhalten, meldete man umgehend. Mitunter formierten Anwohner auch eigene Patrouillen, um Flüchtige zu ergreifen.

Zu Kontakten kam es nicht nur zufällig auf der Straße: Örtliche Handwerker kamen in die Lager, Bäcker und Händler lieferten Lebensmittel, zahlreiche Betriebe beschäftigten Häftlinge, in den kommunalen Verwaltungen waren etliche Beamte mit den Lagern befasst und forderten Häftlinge zur Arbeit an. Die intimere Kenntnis dieses breiteren Personenkreises führte nicht unbedingt zu mehr Mitgefühl wegen des täglich zu sehenden Leids. Es wurden im Gegenteil immer wieder Stimmen laut, die sich über eine schlechte Arbeitsmoral und zu geringes Arbeitstempo der Häftlinge beschwerten. Der Inhaber einer Straßenbaufirma zum Beispiel beschwerte sich bei der Wirtschaftsgruppe Bauindustrie in deutlichen Worten über die Sklavenarbeiter: «Warum ist es nicht möglich, daß die mangelhafte Aufsicht durch strenge Arreste bei Wasser und Brot bestraft wird, warum ist es unmöglich, daß Leute, die nicht arbeiten, dann auch nichts zu essen bekommen? Hören Sie mal die Kameraden von der Fronttruppe», bemühte er ein beliebtes Legitimationsargument, «ob Offizier oder Mann. Sie sagen, wir müssen den Krieg russisch führen. Unseren Leuten gegenüber machen wir das vielleicht schon, aber den bei uns eingesetzten Kriegsgefangenen und anderen Arbeitsabteilungen auf der Straße gegenüber handeln wir immer noch zu gefühlsduselig.» Die mörderischen Folgen seiner Forderung war er bereit in Kauf zu nehmen, denn: «Ich glaube, daß es besser ist, eher einen Mann über Bord zu werfen, als daß wir alle über Bord gehen.»[57]

Nach zehn Jahren NS-Herrschaft war die deutsche Gesellschaft nicht nur vielen Phänomenen der Verfolgung und Gewalt gegenüber abgestumpft. Sie trug den Terror mit und hatte rassistische Anschauungen etwa über die vermeintlich minderwertigen russischen Kriegsgefangenen, über «Asoziale» und andere Verfolgtengruppen verinnerlicht. Wenn es noch einer Rechtfertigung des Terrors bedurfte, konnte man sich diesen als hartes Durchgreifen gegen «Kriminelle» schönreden und mit den eigenen Opfern an der Front und im Bombenkrieg aufrechnen und legitimieren. Der Krieg bot genug eigene Sorgen, mit denen man das Unrecht an den anderen beiseitewischen konnte, wenn man es denn überhaupt als solches einschätzte.

Mehr noch als die Lagerhäftlinge waren im Krieg die Zwangsarbeiter in der Gesellschaft präsent. Seit dem Überfall auf Polen verschleppten die deutschen Besatzer von dort, später auch aus den anderen besetzten Ländern, Millionen von Arbeitskräften, die im gesamten Reich nicht nur in der Industrie, sondern vor allem auch in zahllosen kleinen Privatbetrieben, auf Bauernhöfen und in Familien eingesetzt wurden. Es dürfte in der zweiten Kriegshälfte keinen Ort in Deutschland gegeben haben, in dem nicht wenigstens ein Zwangsarbeiter oder eine Zwangsarbeiterin beschäftigt war.

Diese Allgegenwart war vor allem für die Gestapo ein erhebliches Problem, da die «Fremdvölkischen», vor allem die aus Osteuropa, als ein gravierendes Sicherheitsrisiko angesehen wurden, das es – auch in Abwehr einer möglichen Wiederholung des November 1918 und in Furcht vor einem Aufstand der Zwangsarbeiter – unter Kontrolle zu halten galt. Große Sorge bereitete radikalen Vertretern der unteren Parteiorganisationen und den Mitarbeitern des Sicherheitsdiensts von Anfang an die Durchdringung der Kriegsgesellschaft mit den «rassisch Minderwertigen». Enge Kontakte zu Deutschen ließen sich angesichts der Tiefe des Einsatzes ausländischer Arbeiter gar nicht vermeiden. Hier gegenzusteuern und immer wieder auf eine rassistische Trennungspolitik, mehr und mehr mit Mitteln der Abschreckung und des Terrors, zu drängen wurde auf allen Ebenen mit viel Energie betrieben.

Nach anfänglichem Zögern reagierte Berlin im März 1940 auf das Drängen vieler unterer Chargen und beschloss die sogenannten Polenerlasse. Polnische Arbeiterinnen und Arbeiter sollten fortan mit einem besonderen Abzeichen, einem «P», gekennzeichnet und vom Alltagsleben der Deutschen, vor allem von deutschen Frauen sowie von Kultur- und Vergnügungsveranstaltungen ferngehalten werden. Unmissverständlich drohte ein zweisprachiges Merkblatt den Zwangsarbeitern: «Wer lässig arbeitet, die Arbeit niederlegt, andere Arbeiter aufhetzt, die Arbeitsstätte eigenmächtig verläßt usw., erhält Zwangsarbeit im Konzentrationslager. [...] Wer mit einer deutschen Frau oder einem deutschen Mann geschlechtlich verkehrt, oder sich ihnen sonst unsittlich nähert, wird mit dem Tode bestraft.»[58]

In der Praxis verbrachte die Gestapo diejenigen, die gegen die Arbeitsvorschriften verstießen, in Arbeitserziehungslager. Erst in schwereren Fällen drohte das Konzentrationslager. In den Haftbedingungen unterschieden sich diese mitunter nur graduell, allerdings war die Haft im Arbeitserziehungslager von vornherein zeitlich auf einige Wochen befristet und sollte eine «erzieherische» Maßnahme sein. Das Procedere der Einlieferung in ein Arbeitserziehungslager zeigt, wie weit die Beteiligung an Repressionen über den Apparat der Gestapo hinausging: Zunächst musste ein Vorarbeiter einen solchen Fall melden, in der Regel dem Meister, der gemeinsam mit dem Abwehrbeauftragten des Betriebs darüber beriet und eventuell eine Verwarnung aussprach. Schließlich erhielt die Gestapo über das Arbeitsamt eine Meldung.

Ein dauerhaftes und aus Sicht der NS-Rassefanatiker gravierendes Problem waren die Fälle von sexuellen Kontakten zwischen «Fremdvölkischen» und Deutschen. Auch hier funktionierte die Verfolgung nur unter tätiger Mithilfe aus dem unmittelbaren Umfeld des Paares und der Behörden, die in vielen Fällen die Wahl hatten, die Augen zu verschließen und nichts zu unternehmen oder beflissen Anzeige zu erstatten. Bereits im Februar 1940 hatte Himmler in einer Rede drakonische Strafen angekündigt: «Wenn ein Pole mit einer Deutschen verkehrt, ich meine jetzt also, sich geschlechtlich abgibt, dann wird der Mann gehängt, und zwar vor seinem Lager. Dann tun's nämlich die anderen nicht. [...] Die Frauen werden unnachsichtig den Gerichten vorgeführt und wo der Tatbestand nicht ausreicht – solche Grenzfälle gibt es ja immer – in Konzentrationslager überführt».[59]

Erst ab Sommer 1940 jedoch entsprach die Praxis der von Himmler ausgegebenen und in den «Polenerlassen» fixierten Linie. Wurde ein solcher Fall von Nachbarn, Bekannten, Vorgesetzten oder anderen aufgedeckt und angezeigt, schickte die örtliche Gestapo einen Bericht an das Reichssicherheitshauptamt in Berlin, dessen Mitarbeiter nach Prüfung des Falls gegebenenfalls eine Exekution und ab 1941 auch eine Abtreibung anordneten. Die Hinrichtungen fanden häufig, wie von Himmler angesprochen, vor den Augen anderer Zwangsarbeiter statt, mitunter aber auch in Gegenwart zahlreicher deutscher Schaulustiger. Dass nun die Gestapo mit ihrem Terror gezielt die Öffentlichkeit suchte, um einen Abschreckungseffekt zu erzielen, verursachte allerdings mitunter Beunruhigung und stieß auch auf Ablehnung. Handelte hier bereits die Gestapo ohne Einschaltung der Justiz, konnte Himmler dies in den folgenden Jahren ausweiten und ab Herbst 1942 die Verfolgung von Straftaten ausländischer Arbeiter ganz an sich ziehen. Die Folge war eine zunehmende Radikalisierung der Praxis, die sich aus rassistischen Überzeugungen und mit schwindenden Kriegserfolgen auch aus der Angst vor Widerstand und Aufständen der «Fremdarbeitern» speiste. Die Zahl der vollstreckten Todesurteile wegen sexueller Kontakte ging in die Hunderte.

Ein früher Fall aus Bayern vom August 1941 zeigt einen weiteren Weg, wie die Gestapo von verbotenen Kontakten erfahren konnte. Der Chefarzt eines Schweinfurter Krankenhauses stellte bei einem fünfzehnjährigen Mädchen eine Schwangerschaft fest und erfuhr, dass der Vater ein polnischer Zwangsarbeiter war. Die ohnehin schon ausgehöhlte ärztliche Schweigepflicht kümmerte ihn nicht, und so meldete er dem Landrat: «Ich fühle mich verpflichtet, diese Mitteilung zu machen zum Schutze der übrigen Jugend des Dorfes.»[60] Das Mädchen kam wegen ihres Alters ohne

Strafe davon, der polnische Arbeiter aber wurde verhaftet und der Gestapo in Würzburg überstellt, die seine Hinrichtung, allerdings in einem Konzentrationslager, veranlasste, «da diese», so die Gestapo, «in der Nähe des Tatortes zweifellos eine starke Erregung bei der katholischen Bevölkerung Mainfrankens hervorrufen würde».[61] Vielerorts kamen vor allem die deutschen Frauen nicht so glimpflich davon. Es gab Haft- und KZ-Strafen, häufig schnitt man ihnen die Haare ab, hängte ihnen diffamierende Schilder um und führte sie durch den Ort.

Doch längst nicht alle Fälle von Geschlechtsverkehr zwischen Arbeitskräften aus «dem Osten» und Deutschen wurden entdeckt oder angezeigt. Für Bronisław Szewc aus dem südostpolnischen Biłgoraj, der in Hornoldendorf bei Detmold auf dem Hof von Familie Herling arbeitete, hatte es zum Beispiel keine Folgen, dass eine Tochter des Hauses im Frühjahr 1944 von ihm schwanger wurde und das Kind im Dezember zur Welt brachte, zu einer Zeit, als schon bei sehr viel kleineren «Vergehen» massenhaft kurzer Prozess mit den Delinquenten gemacht wurde. Ob die Familie nur Glück hatte, eine glaubhafte Legende für die Schwangerschaft verbreiten konnte oder aber Nachbarn und örtliche Funktionäre schwiegen und die Hand über sie hielten, ist unklar.

Die erhebliche Ausweitung des Tätigkeitsfelds der Gestapo ging einher mit einer gegenläufigen Entwicklung. Sie verlor durch die deutsche Expansion viele Beamte, die in den mobilen Einsatzgruppen und in den Besatzungsverwaltungen eingesetzt wurden. Vielerorts verfügten die Gestapo-Stellen nur noch über zwei Drittel ihrer vor dem Krieg üblichen Belegschaft. Dieses Missverhältnis führte in einer auf Terror und Verfolgung ausgelegten Organisation fast zwangsläufig zu einer Verschärfung des Kurses, um die eigene Schwächung und gefühlte Überforderung zu kompensieren. Überdies hatten viele Gestapo-Beamte einen Radikalisierungs- und Brutalisierungsprozess durchlaufen, weil sie zeitweise in den mobilen Erschießungskommandos in den sowjetisch besetzten Gebieten an der Ermordung der dortigen

Juden sowie am Krieg gegen die Zivilbevölkerung beteiligt waren. Die Folge war in vielen Fällen, dass kaum noch Hemmschwellen einer Ausweitung des Terrors entgegenstanden. Das hatte, wie für alle Verfolgtengruppen, auch Folgen für die Juden im Deutschen Reich.

Judenverfolgung im Schatten der Deportationen

Bei den Juden weckte der Kriegsbeginn mitunter die schlimmsten Befürchtungen. Victor Klemperer fragte sich am dritten Kriegstag abends bange: «Ob sie mich diese Nacht holen? Werde ich erschossen, komme ich ins Konzentrationslager?»[62] Auch unter nichtjüdischen «Volksgenossen» kursierten Gerüchte von einschneidenden Maßnahmen gegen Juden. Aus Münster berichtete ein V-Mann des Sicherheitsdiensts, es heiße, dass alle Juden konzentriert würden, einer spreche gar von «Erschießung aller jüdischen Männer»[63].

Manche deutsche Juden erlebten den Kriegsbeginn aber auch mit gemischten Gefühlen, hatten sie sich doch trotz aller staatlich betriebenen Ausgrenzungspolitik einen gewissen Patriotismus bewahrt. Jochen Klepper, selbst zwar kein Jude, aber mit einer jüdischen Frau verheiratet, sah sich auch angesichts der vielen Erschwernisse und Demütigungen, die das Regime ihm und seiner Frau zugefügt hatte, außer Stande, auf eine deutsche Niederlage zu hoffen. «Wir können», schriebt er am 3. September, «nicht aus Bitterkeit gegen das Dritte Reich Deutschland den Untergang wünschen, wie es viele tun. Das ist ganz unmöglich. Wir können auch in dieser von außen so bedrohten Stunde nicht hoffen auf Rebellion und Putsch.»[64]

Die Angst Klemperers und vieler anderer war nicht ohne Berechtigung. Sie konnten Anzeichen einer aufgeheizten antisemitischen Stimmung erkennen. Willy Cohn und seine Frau erlebten

Beschimpfungen auf offener Straße, und er befürchtete: «Ich rechne sehr mit einem weiteren Ansteigen der antisemitischen Stimmung in dem Maße, wie die Kriegsnot das Volk treffen wird und die Verluste zunehmen.»[65]

Manche durch den Krieg erhitzten Gemüter witterten in den ersten Kriegstagen wieder Morgenluft, sie griffen Juden und ihr Eigentum an. Polizei, SD, Bürgermeister und Landräte aus mehreren Regionen berichteten von Tätlichkeiten gegen Juden, von Friedhofsschändungen und eingeworfenen Fensterscheiben. Der Regierungspräsident in Augsburg sah darin eine «Rückwirkung auf die in Polen an Deutschen verübten Greuel»[66], die die deutsche Propaganda aufgebauscht und wochenlang ausgebreitet hatte. Auch im fränkischen Kitzingen und anderen Orten der Region kam es zu solchen Übergriffen. Ein Jude wurde verprügelt, und eine große aufgebrachte Menge zog vor das Haus eines anderen Juden, warf Fenster ein und holte dessen deutsche Haushälterin heraus. Zudem meinte man, «eine starke Spionagetätigkeit» von Juden festzustellen, da sich auffallend viele am Bahnhof und an Durchgangsstraßen aufhielten, wo die Truppen durchkämen. Der NSDAP-Kreisleiter sah darin ein «freches Benehmen» der Juden, die wohl auch ausländische Rundfunksender hörten, und regte in der ersten Septemberhälfte mehrfach an: «Es ist nach meinem Dafürhalten an der Zeit, endlich sämtliche Juden in einem Konzentrationslager zusammenzufassen, um aber auch wirklich nicht mehr mit deutschen Volksgenossen in Berührung treten zu können.»[67] Überdies forderte der Kreisleiter, Juden ihre Radios zu entziehen.

Gut zwei Wochen später war Juden der Besitz von Rundfunkgeräten tatsächlich verboten. Dies war eine von vielen antijüdischen Verordnungen, die nun in Kraft traten: Vielerorts verhängten Verwaltungen und Polizei lokale Ausgangssperren für Juden. Schrittweise wurden ihnen die Rationen empfindlich gekürzt, nach und nach strich man ihnen Fleisch, Weißbrot, Vollmilch, Eier, Obst, Kaffee und vieles mehr, auch Kleiderkarten bekamen sie keine mehr. Auf den Ämtern nahmen die Schikanen und Beschimpfungen zu. Eine Bekannte Willy Cohns erzählte ihm, wie sie stundenlang bei der Abgabe des Radios warten musste. Als sie einen Beamten ansprach und sagte, ihr sei schlecht, habe dieser sie angeschnauzt: «Sie wissen ja gar nicht, wie schlecht mir ist, wenn ich Sie sehe.»[68]

Regelungswut und Erfindungsreichtum kannten kaum Grenzen. Den Frankfurter Oberbürgermeister Friedrich Krebs trieb Anfang Oktober 1939 die Frage um, wie denn nun mit verstorbenen getauften Juden zu verfahren sei. «Dürfen getaufte Juden in Reihengräbern zwischen Volksgenossen bestattet werden?», fragte er besorgt um eine «Rassentrennung» über den Tod hinaus beim Deutschen Gemeindetag in Berlin an.[69] Von dort kam prompt eine Woche später die Antwort, dass die Beerdigung auf allgemeinen Friedhöfen nicht vermeidbar sei, «da Leichen nun einmal bestattet werden müssen».[70]

Für Hitler und die NS-Führung ebenso wie für viele Akteure der mittleren und unteren Ebenen war der Kriegsbeginn auch in der Judenpolitik eine Wendemarke zu einer entscheidenden Radikalisierung und Beschleunigung, die am Ende in den umfassenden Massenmord an den europäischen Juden mündete. Zahlreiche antijüdische Maßnahmen der Vorkriegszeit wurden fortgeschrieben und verschärft, neue kamen hinzu: Die Zwangsarbeit von Juden, der sogenannte geschlossene Arbeitseinsatz, wurde erheblich erweitert, ihre Isolation und schließlich Konzentration vorangetrieben. Zugleich wurde die Auswanderung durch den Krieg deutlich erschwert; fast alle europäischen Länder fielen nun aus, da sie sich entweder mit Deutschland im Krieg befanden oder die Einreisebestimmungen sehr viel restriktiver gestalteten. Auch nach Übersee schwanden die Ausreisemöglichkeiten zusehends. Das Gefühl, jetzt in der Falle zu sitzen, zu lange mit einer Auswanderung gewartet zu haben, war verbreitet. Die Institutionen der jüdischen Selbstverwaltung unternahmen zwar ihr Möglichstes, doch die veränderte politische Großwetterlage ließ ihre Bemühungen für die Ausreisewilligen allzu oft ins Leere laufen.

Im Innern engten Verwaltung, Polizei und Partei die Bewegungsfreiheit der Juden weiter ein. Man drängte sie immer mehr in die Isolation. Der Mieterschutz für Juden war bereits vor dem Krieg faktisch abgeschafft, stattdessen war die Möglichkeit eingeführt worden, sie in sogenannten Judenhäusern oder gemeinsamen Wohnungen zu konzentrieren. Davon war, von örtlichen Ausnahmen abgesehen, allerdings kaum Gebrauch gemacht worden. Nach Kriegsbeginn änderte sich dies: Mehr und mehr Kommunen nutzten nun ihre Spielräume und drängten die Juden zusammen, um Platz für «Volksgenossen», bevorzugt kinderreiche Familien, zu schaffen. Dabei wiesen die Behörden den Juden freilich die schlechteren Wohnungen zu. Der Einschnitt war für die Menschen tief, denn sie wurden aus ihrer gewohnten Umgebung, aus ihrem Zuhause gerissen und mussten fortan auf engem Raum mit fremden Menschen zusammenleben. «Das Haus ist wirklich eine Schicksalsgemeinschaft»,[71] schrieb Victor Klemperer am 26. Mai 1940, dem Tag des Umzugs in ein «Judenhaus», das er wenige Tage später als «Gehobenes KZ.»[72] charakterisierte. Die Enge, der Verlust eines Teils der Privatsphäre und die Bedrängnisse von außen ließen immer wieder Risse in der «Schicksalsgemeinschaft» aufkommen; oft entzündeten sich, durch Kleinigkeiten ausgelöst, Konflikte und Streitereien zwischen den Bewohnern.

Überdies suchten Gestapo-Beamte diese Häuser häufig heim: Sie kontrollierten die Einhaltung von Vorschriften, befragten Bewohner oder durchsuchten die Räume. Für die Menschen in den «Judenhäusern» bedeutete dies ein ums andere Mal große Angst und häufig auch den Verlust von Wertsachen; an den wenigen Lebensmitteln, die sie überhaupt hatten, vergriffen sich nicht selten die Beamten oder machten sie unbrauchbar. Ängste, irgendein Verbot zu übersehen oder die Aufmerksamkeit auf sich zu ziehen, begleiteten die Juden auf Schritt und Tritt. Victor

Klemperer schilderte sie eindringlich im August 1942: «Irgendein Auto rollt alle paar Minuten vorbei. Sind ‹sie› es? Jedesmal ans Fenster, das Küchenfenster liegt vorn, das Arbeitszimmer hinten. Irgendwer klingelt bestimmt, mindestens einer am Vormittag, einer am Nachmittag. Sind ‹sie› es? Dann der Einkauf. In jedem Auto, auf jedem Rad, in jedem Fußgänger vermutet man ‹sie›. (Ich bin oft genug beschimpft worden.) Mir fällt ein, ich habe die Mappe eben unter dem linken Arm getragen – vielleicht war der Stern verdeckt, vielleicht hat mich einer denunziert. [...] Danach ist ein Besuch zu machen. Frage beim Hinweg: Werde ich dort in eine Haussuchung geraten? Frage beim Rückweg: Sind ‹sie› inzwischen bei uns gewesen, oder sind ‹sie› gerade da? Qual, wenn ein Auto in der Nähe hält. Sind ‹sie› das? [...] Gegen neun Uhr abends ruhiger. Jetzt steht höchstens noch der Kontrollpolizist aus. Der ist höflich, der ist nicht Gestapo. Beim Schlafengehen letzter Gedanke: Ich schlafe meist traumlos, nun ist wohl Ruhe bis morgen früh. Aber neulich träumte ich doch, ich sollte in einer Gefängniszelle erhängt werden. Hinrichtungsträume habe ich als ganz junger Mensch gehabt. Seitdem nicht mehr. Damals war es wohl die Pubertät; jetzt ist es die Gestapo.»[73]

Das Leben der überwiegend alten Juden wurde immer mehr eingeengt und schwieriger. Die örtlichen Polizeien und Verwaltungen wiesen eigene Einkaufszeiten für sie aus, mitunter erst am späten Nachmittag, wenn vieles ausverkauft oder nur noch in schlechter Qualität erhältlich war. Manche Einzelhändler verweigerten den Juden überhaupt den Einkauf, «arische» Kundinnen und Kunden pöbelten sie an, Parteidienststellen beschwerten sich laufend darüber, dass «Volksgenossen» gleichzeitig mit Juden einkaufen mussten. Eine nicht abreißende Reihe antijüdischer Verordnungen schränkte sie zunehmend ein: Telefonanschlüsse wurden untersagt, Fahrräder, Schreibmaschinen und Ferngläser mussten abgeliefert werden, verboten wurde die Benutzung von Leihbüchereien, von öffentlichen Telefonen, der Besitz von Autos, von Haustieren, das Betreten vieler Parks oder die Benutzung der Parkbänke, ausgewählter Straßenzüge, die Benutzung öffentlicher Verkehrsmittel und vieles mehr. Anfang Juni 1942 listete Victor Klemperer 31 neue Verordnungen auf und schrieb bitter: «Der Würger wird immer enger angezogen, die Zermürbung mit immer neuen Schikanen betrieben. Was ist in diesen letzten Jahren alles an Grobem und Kleinem zusammengekommen! Und der kleine Nadelstich ist manchmal quälender als der Keulenschlag.»[74] Letzeres war für jemanden wie Klemperer das Bibliotheksverbot, für andere der Verlust des Fahrrads und für Dritte vielleicht der Kaffe-Entzug.

Für alle Betroffenen war die zu leistende Zwangsarbeit eine große Belastung. Sie hatte bereits vor Kriegsbeginn eingesetzt, wurde aber erst jetzt angesichts des einsetzenden Arbeitskräftemangels ausgedehnt. Juden wurden mehr und mehr in der Industrie, vor allem in den Rüstungsfabriken, eingesetzt, aber auch zu Straßenreinigungsarbeiten, Schneeräumen oder landwirtschaftlichen Arbeiten. Offiziell konnten alle Männer zwischen 18 und 55 Jahren sowie alle Frauen bis 50 Jahre herangezogen werden soweit sie Fürsorge erhielten, ab März 1941 wurden alle Juden einbezogen. Sie erhielten in der Regel nur einen Bruchteil des Lohns, den nichtjüdische Kräfte bekamen. Ihre Bezahlung reichte zum Leben nicht aus, so dass sie auf zusätzliche Unterstützung angewiesen waren. Überdies bekamen sie keine Familien- oder Kinderzulagen, kein Weihnachts- oder Urlaubsgeld, und auch die Lohnfortzahlung im Krankheitsfall galt für sie nicht. Ab Ende 1940 wurde ihnen zusätzlich eine 15-prozentige Abgabe vom Lohn abgezogen, die das karge Einkommen empfindlich schmälerte. Mit 54 000 jüdischen Arbeiterinnen und Arbeitern verrichteten im Februar 1941 90 Prozent der als arbeitsfähig eingestuften Juden in Deutschland Zwangsarbeit. Nach der ersten Deportationswelle 1941 leisteten bis auf die Kranken und Invaliden sowie Kinder nahezu alle Juden irgendeine Zwangsarbeit. Lediglich diejenigen, die in privilegierten Mischehen lebten, waren noch ausgenommen.

In den Betrieben erfuhren sie vielfache Schikanen. Sie sollten dort nur geschlossen eingesetzt und von den anderen Arbeitskräften nach Möglichkeit getrennt werden. Oft bekamen sie schwere und schmutzige Arbeiten zugewiesen, wurden rüde herumkommandiert und mitunter auch geschlagen. Allerdings berichteten überlebende Juden auch häufig von kleinen Gesten der Solidarität, von aufmunternden Worten, von Lebensmitteln, die ihnen heimlich zugesteckt wurden, und ähnlichen einzelnen Hilfen. Die Erschwernisse aber begannen schon mit dem Weg zur Arbeit, der mitunter Stunden in Anspruch nehmen konnte. Es kam immer wieder vor, dass die jüdischen Arbeiterinnen und Arbeiter auf dem Weg die ersten Demütigungen erfuhren, die sich im Betrieb fortsetzten und auch nach Arbeitsschluss auf dem Heimweg und bei den eilig zu erledigenden Besorgungen nicht aufhörten. Dabei taten sich immer wieder Kinder und Jugendliche besonders hervor. «Auf dem Heimweg kränkten mich Beschimpfungen eines gutgekleideten, intelligent aussehenden Jungen von etwa elf, zwölf Jahren», berichtete Victor Klemperer von einem Vorfall. «‹Totmachen! – Alter Jude, alter Jude!› Der Junge muß doch Eltern haben, die das unterstützen, was ihm in der Schule und bei den Pimpfen beigebracht wird.»[75] Solche und andere Vorfälle wurden, so weit es ging, während der Arbeit ausgetauscht, und gemeinsam rätselten und diskutierten Klemperer und seine Leidensgenossen darüber, wie antisemitisch denn nun das Volk und wie typisch ein solcher Fall sei. Oder ob die Mehrheit nicht eher so denke wie diejenigen Nichtjuden, die ihnen heimlich Mut zusprachen. Ein ähnliches Bild ergab sich auch, als der sogenannte Judenstern eingeführt wurde.

Der gelbe Stern hatte für alle Juden in Deutschland einschneidende Wirkung, psychisch ebenso wie in seinen praktischen Folgen. Anfang September 1941 veröffentlichte Reichsinnenminister Frick die «Polizeiverordnung über die Kennzeichnung der Juden», die zum 15. September in Kraft trat: Künftig mussten Juden ab zehn Jahren einen Davidstern mit der Aufschrift «Jude» gut sichtbar vorne auf ihrer Kleidung tragen und durften ihren Wohnort nicht mehr ohne Genehmigung verlassen. Darauf war von verschiedenen Seiten seit Längerem gedrängt worden; am 18. August 1941 hatte Hitler dem schließlich zugestimmt. Die meisten betroffenen Juden empfanden dies als einen tiefen Einschnitt in ihrem ohnehin schon schweren Alltag. «Das bedeutet für uns Umwälzung und Katastrophe»,[76] notierte Victor Klemperer. «Nun, wir werden uns auch dadurch gewiß nicht kleinkriegen lassen, wenn auch das Leben immer schwieriger wird»,[77] sprach sich Willy Cohn in Breslau am gleichen Tag Mut zu. In den ersten Tagen, nachdem er mit Stern ausgegangen war, fühlte er sich bestätigt und meinte zu bemerken, «daß es im Grunde den Volksgenossen peinlicher ist als uns».[78] Ganz anders erging es Victor Klemperer, der am Boden zerstört war und dessen nichtjüdische Frau erst einmal die Besorgungen übernahm, während er höchstens in der Dunkelheit kurz vor die Tür wollte. Einen Tag vor der Einführung des Kennzeichens war er noch einmal unterwegs. «Es war wie ein letzter Ausgang», schrieb Klemperer, «ein letztes bißchen Freiheit vor langer (wie langer?) Gefangenschaft.»[79] Die Verzweiflung war im gesamten Dresdner Judenhaus groß, gegenseitig versuchten sich die Bewohner aufzubauen und zu trösten. Aber nicht alle reagierten so entsetzt wie Klemperers Umfeld. Der siebzehnjährige Kurt Mezei in Wien konstatierte in seinem Tagebuch, wie er es genoss, von Leuten wegen des Sterns angestarrt zu werden, und schrieb selbstbewusst: «Der Judenstern stört mich gar nicht, im Gegenteil: Ich trage ihn mit Stolz!»[80]

Wie die Masse der «Volksgenossen» auf diese neue, für jeden sichtbare Demütigung reagierte, lässt sich nur schwer sagen. Die Betroffenen selbst berichteten über recht unterschiedliche Erfahrungen. In den ersten Tagen erlebte Victor Klemperer unerwartet Zuspruch, einige Wochen später aber auch Beschimpfungen und Anpöbelungen. Ratlos fragte er sich daher Anfang November 1941: «Welches aber ist nun die wahre Vox populi?»[81] In Dresden und andernorts gab es Nichtjuden, die nun ostentativ

Juden grüßten und damit ein Zeichen setzen wollten. Davon war jedoch nach kurzer Zeit nichts mehr in den Tagebüchern zu lesen, stattdessen nahmen Schilderungen von Beschimpfungen zu, vor allem durch Hitler-Jungen.

Der Journalist Paulheinz Wantzen in Münster bemerkte ein paar Tage nach der Einführung den ersten jüdischen Mann mit Stern, der «sich sehr scheu damit an den Häusern entlang»[82] schlich. Viele versuchten, das Kennzeichen mit Taschen zu verdecken. «Man merkt nun plötzlich», zeigte sich Wantzen überrascht, «daß es in Münster noch sehr viel mehr Juden gibt, als man eigentlich angenommen hatte und kann daraus ersehen, daß dieser Judenstern sogar eine praktische Bedeutung hat, weil er jeden Versuch einer Tarnung unmöglich macht.»[83] Allgemein werde die Maßnahme begrüßt, unter anderem weil die Juden weithin der Spionage verdächtigt würden. Bei Älteren stellte Wantzen eine «deswegen zwar resignierte, aber doch vorhandene Empörung»[84] und Mitleid mit den Juden fest. «Das werden die sich auch so ganz schnell nicht abgewöhnen können», urteilte er abfällig, «da sie das wirkliche Problem nie begreifen und es auch nicht begreifen wollen.»[85]

Die Parteieinrichtungen, der Sicherheitsdienst und die Verwaltung berichteten aus den meisten Regionen überwiegend Zustimmung zur Kennzeichnung der Juden, über die in den ersten Tagen nach der Einführung lebhaft gesprochen worden war. Der Bielefelder Sicherheitsdienst bestätigte Wantzens Eindruck aus Münster und meldete, es sei immer wieder zu hören, «daß nun endlich den Juden innerhalb Deutschlands jede Möglichkeit, sich zu tarnen, genommen wird».[86] Allerdings war, vor allem in stark kirchlich geprägten Kreisen, auch Unmut über die Maßnahme zu hören. Nach kurzer Zeit jedoch wurde es wieder still um dieses Thema, zumal es, für Juden wie für Nichtjuden, von einer radikaleren Maßnahme überdeckt wurde.

Die unteren und mittleren Parteiinstanzen drängten auf die Entfernung der Juden. Im September 1941 genehmigte Hitler den

Beginn umfassender Deportationen. Anläufe zur Entfernung der Juden aus Deutschland hatte es früher schon gegeben, angefangen mit den Verschleppungen ausländischer Juden über die Grenzen ab 1938 und der Ausweisung Tausender polnischer Juden im Oktober 1938. Überdies spukten in den Köpfen vieler Funktionäre bis in den Krieg hinein Pläne von einer Ansiedlung der Juden in Übersee, etwa auf Madagaskar, oder in einem «Judenreservat» in der Region Lublin. Dies waren mehr als grotesk erscheinende Denkspiele; seit September 1939 war eine territoriale «Lösung der Judenfrage» das erklärte Ziel.

Einen ersten Anlauf unternahm Adolf Eichmann auf höheren Befehl schon im Oktober 1939. Er sollte ein praktikables Verfahren erproben, mit dem Schritt für Schritt alle Juden aus dem Großdeutschen Reich deportiert werden könnten. Juden aus Kattowitz, Mährisch-Ostrau und Wien sollten in die Region von Nisko im besetzten Polen gebracht werden und dort selbst ihre Aufnahmelager errichten. Mitte des Monats liefen die Transporte an; insgesamt wurden circa 5000 Menschen dorthin gebracht, bis diese «Aktion» Anfang November aus nicht ganz geklärten Gründen abgebrochen wurde. Damit war der erste Anlauf zwar gescheitert, doch hatte Eichmann zumindest ein Procedere der Deportationsvorbereitung und -abwicklung durch die Gestapo entwickelt, das in sehr ähnlicher Form im Herbst 1941 zum Tragen kam.

Eine Deportation von Juden aus Stettin und Pommern im Februar 1940 loste international ein besorgtes Echo aus, so dass weitere Transporte untersagt wurden. Zunächst sollten nun Juden aus den eingegliederten Gebieten deportiert werden. Überdies sperrten sich die Behörden im Generalgouvernement erfolgreich gegen die Aufnahme von immer mehr Deportierten. Mit dem Sieg über Frankreich im Juni 1940 schien dann die Madagaskar-Perspektive kurzzeitig Gestalt anzunehmen. Mit Genehmigung Hitlers schoben die Gauleiter von Baden und Saarpfalz im Oktober mehr als 6000 Juden nach Frankreich ab. Nach Protesten der

Vichy-Regierung sah man jedoch von bereits vorgesehenen weiteren Deportationen aus Hessen ab.

Erst nach dem Überfall auf die Sowjetunion und der Ermordung der dortigen Juden durch die Einsatzgruppen und Polizeibataillone änderte sich die Lage in Erwartung eines schnellen Siegs. Nach zwischenzeitlich verworfenen Überlegungen sollten nun rund 60 000 Juden aus den großen Städten des Reichs in das Getto Litzmannstadt deportiert und von dort später weiter nach Osten deportiert werden. Diese «Zwischenlösung» sollte auch dem Drängen der Gauleiter nach Entfernung der Juden entgegenkommen. Bei den nun beginnenden Deportationen machte sich das Reichssicherheitshauptamt, das sie organisierte und koordinierte, die Erfahrungen Eichmanns vom Herbst 1939 zunutze.

Vom 15. Oktober mit dem ersten Deportationszug aus Wien bis zum 5. November 1941 ließ Heydrichs Apparat fast 20 000 Juden in das Getto Litzmannstadt deportieren, vor allem aus Berlin, Prag, Wien und dem Rheinland. Da das Getto weniger Menschen als ursprünglich gedacht aufnehmen konnte, lenkte man die Transporte der zweiten Deportationswelle nach Riga, Kaunas und Minsk. Dorthin verschleppte die Gestapo vom 8. November 1941 bis zum 6. Februar 1942 circa 30 000 Menschen; ausgenommen waren zunächst noch die Rüstungsarbeiter und ihre Familien, Ausländer, Personen über 60 Jahre und die in «Mischehen» lebenden Juden. Unter diesen Transporten befand sich auch einer mit einigen hundert Breslauer Juden, darunter Walter Tausk und fast seine gesamte Familie. Sie wurden im November 1941 nach ihrer Ankunft in der Nähe der Stadt erschossen.

Während dieser Deportationsphase bis in den Frühsommer 1942 hinein fiel schrittweise die Entscheidung zur Ausweitung des Mordes auf alle europäischen Juden. Im Dezember 1941 begann man im Warthegau mit der Tötung der örtlichen Juden im Vernichtungslager Kulmhof, wo ab März 1942 auch deutsche Juden aus dem Getto Litzmannstadt ermordet wurden. Zur gleichen Zeit, im März 1942, startete die Ermordung der polnischen Juden in den Vernichtungslagern der «Aktion Reinhardt». Für die Vernichtungslogistiker im Reichssicherheitshauptamt bedeutete dies, dass nun im Generalgouvernement Raum für Juden aus Deutschland frei wurde. Zwischen März und Juni 1942 veranlassten sie die Deportation deutscher Juden in sogenannte Durchgangsgettos im Distrikt Lublin sowie nach Warschau. Von diesen Orten wurden sie dann geraume Zeit später weiter in die Vernichtungszentren gebracht und dort getötet. Dieses ausgeklügelte System sollte auch der Tarnung der Mordabsichten vor den Opfern dienen.

Nach dieser Phase lebten Anfang September 1942 nur noch rund 76 000 Juden in Deutschland, zwei Drittel von ihnen in der Reichshauptstadt. Bis Anfang 1943 reduzierte sich ihre Zahl durch Transporte nach Theresienstadt und Auschwitz weiter auf 51 000. Einen Schlusspunkt wollte Himmler im Februar 1943 setzen. Er befahl eine Großrazzia und die Deportation der übrigen Juden. In der sogenannten Fabrikaktion 1943 wurden Tausende Juden in Berlin verhaftet und insgesamt 11 000 nach Auschwitz deportiert. Nunmehr existierten nur noch 32 000 Juden in Deutschland, fast ausschließlich solche, die in «Mischehen» lebten und daher noch einen privilegierten Status innehatten. In der Folgezeit brachte die Gestapo immer wieder Einzelne nach Theresienstadt oder Auschwitz, vor allem untergetauchte Juden, die aufgegriffen wurden.

Die Vorbereitung und Durchführung der Deportationen in den deutschen Städten folgte einem festgelegten Procedere, an dem zahlreiche Behörden und Akteure beteiligt waren. Von ihnen und ihrer Einstellung, von ihrem Verhältnis untereinander und ihren mitunter divergierenden Interessenlagen hing die Art und Weise sowie die Reichweite der Deportationen entscheidend ab. Einzelne Scharfmacher an entscheidender Stelle konnten den gesamten Prozess erheblich verschärfen, die Leiden und Demütigungen der Opfer potenzieren und die Handlungsspielräume jüdischer Repräsentanten erheblich mindern. Auf der anderen Seite eröffneten sich diesen mitunter Möglichkeiten, manches abzumildern, wenn sie auf zugängliche Personen trafen oder Interessenkonflikte zwischen den beteiligten Behörden ausspielen konnten. Ungeachtet solcher Besonderheiten lässt sich der grobe Ablauf am Beispiel einer Deportation von Düsseldorf ins Getto Litzmannstadt veranschaulichen.

Am 1. Oktober 1941 informierte Eichmanns Abteilung die Düsseldorfer Gestapo-Leitstelle von der bevorstehenden Deportation von 1000 Juden aus dem nördlichen Rheinland. Die Düsseldorfer riefen am 6. Oktober Vertreter aus sechs Außenstellen in der Region zu einer Besprechung und informierten diese über den für den 27. Oktober geplanten Sonderzug. Nun legten sie die Zahl der zu Deportierenden für jeden Bezirk fest und wiesen auf die bekannten Ausnahmen hin, erwähnten dabei aber nicht das Mindestalter von zehn Jahren. Da die Beamten eine «gleichmäßige Altersverteilung»[87] anstreben sollten, waren Ende Oktober auch kleine Kinder unter den Deportierten. Was Juden mitnehmen durften, wann sie nach Düsseldorf gebracht werden sollten, und weitere Details wurden besprochen, Formulare zur «Vermögenserklärung» verteilt. Innerhalb einer Woche mussten die Außenstellenmitarbeiter eine Namensliste der ausgewählten Personen nach Düsseldorf schicken. Zunächst griffen die Düsseldorfer Beamten auf ihre eigenen Akten zurück und listeten all diejenigen auf, die dort bereits wegen irgendwelcher «Vergehen» aktenkundig geworden waren: So zum Beispiel Hermann Heymann, der schon einmal in «Schutzhaft» gesessen hatte, weil er nur für einen Teil einer Bahnstrecke einen Fahrschein gehabt hatte.

Die jüdische Gemeinde in Düsseldorf musste, nachdem die dortige Gestapo ihre Namensliste komplett hatte, die Betroffenen benachrichtigen und genau über die Anordnungen informieren. Ihrem Schreiben fügte die Gemeinde noch ein Merkblatt mit Ratschlägen bei. Die drei Vorstandsmitglieder der Jüdischen Kultusvereinigung Siegfried Falk, Joseph Cohen und Käte Marcus waren sehr darum bemüht, den Betroffenen zu helfen und ihnen Trost zuzusprechen. «Wir benutzen diesen Anlass, Ihnen allen zu versichern», schrieben sie, «dass uns die gegenwärtige Maßnahme zutiefst berührt und Sie alle unserer regen Teilnahme gewiss sein dürfen, und zwar nicht nur im Augenblick, sondern auch für alle Zukunft in jeglichem Ausmass, in welchem es uns gestattet sein wird, die Verbindung aufrecht zu erhalten und Ihnen sorgsamst weiter zur Verfügung zu stehen. Sie bleiben die Unsrigen, wo immer es auch sei!»[88]

Gleichwohl war, die Nachricht für die meinsten ein Schock. Die drei Geschwister Siegfried, Hedwig und Laura Michelsohn aus Wuppertal füllten zwar noch sorgsam ihre Vermögenserklärungen aus, listeten ihr Vermögen auf, trugen das Wohnungsinventar in das Formular ein und erklärten sich zu eventuellen Steuerschulden. Kurze Zeit später aber, am 17. Oktober, nahmen sie sich das Leben. In den Gestapo-Dokumenten erscheint ihr Tod nur als lästiger bürokratischer Akt: «Die von der Außendienststelle vorliegende Liste ist zu berichtigen, die ausgefüllten Vermögenserklärungen sind hinfällig geworden»,[89] notierte ein Gestapo-Beamter bei der Meldung des Todes der drei.

Andere, die wie Max und Beatrice Inow bis zur Deportation ihre Auswanderung betrieben hatten, hofften – oder taten zumindest so gegenüber ihren Kindern im Ausland –, diese von Litzmannstadt weiterverfolgen zu können. Am 19. Oktober schrieben sie ihren Verwandten: «Nächsten Sonntag ziehen wir nach Litzmannstadt (Lodz) um, mit vielen Bekannten. Uns ist gesagt worden, dass wir die Auswanderung dort weiter bearbeiten können. [...] Wir sind beide sehr optimistisch und wissen, dass Ihr unsere Auswanderung von dort betreibt. Wir haben natürlich jetzt viel Betrieb. Andauernd kommen Bekannte, um sich zu verabschieden. [...] Eine große Beruhigung für uns ist es, dass wir sofort wieder arbeiten können und soviel verdienen werden, wie wir brauchen.»[90] Nur Einzelne wagten schon im Herbst 1941 die Flucht und den Weg in den Untergrund.

Das Ehepaar Inow und die anderen Wuppertaler Juden wurden unter Polizeibegleitung am 26. Oktober mit dem Zug nach Düsseldorf gebracht, desgleichen die Juden aus den anderen Orten. In einer Halle des Schlachthofs, der über eine eigene Verladerampe verfügte, kamen sie zusammen. Dort durchsuchten Kriminalpolizisten die Menschen und kontrollierten das Gepäck. Am nächsten Morgen schließlich verließen sie Düsseldorf mit dem Zug. Mancherorts feierte die Gestapo hinterher, gemeinsam mit den Putzfrauen und den Beamtinnen, die für die Durchsuchung weiblicher Opfer zuständig gewesen waren, ein rauschendes Fest.

Auch an den zahlreichen noch folgenden Deportationen war eine Vielzahl von Behörden und Personen beteiligt: Eichmann und seine Männer in Berlin, die Beamten der Reichsbahn in der Zentrale und in den regionalen Stellen, die örtlichen Gestapo-Mitarbeiter, Landräte und Bürgermeister; Gerichtsvollzieher der Amtsgerichte, die die Einziehungsverfügungen des Vermögens zustellten; Finanzbeamte und Bankmitarbeiter, die das Vermögen beziehungsweise die Konten abwickelten; Mitarbeiter der Volksdeutschen Mittelstelle, die die zurückgelassene Kleidung und Gebrauchsgegenstände übernahmen und an deutsche Siedler aus Osteuropa weitergaben; schließlich die Beamten der Meldebehörden, die den «Wegzug» in den Melderegistern eintrugen.

Von den Deportationen wusste die Bevölkerung trotz mancher Bemühung um Geheimhaltung häufig schon im Voraus. Da der Abtransport im öffentlichen Raum stattfand, die Juden mitunter an zentralen Plätzen – so in Lemgo – oder in Schulen – so in Gießen – gesammelt wurden, waren Schaulustige keine Seltenheit. Mancherorts begleiteten Kinder und Jugendliche die Juden johlend und schimpfend bis zum Bahnhof, worüber wiederum manche Erwachsene empört waren; beim Abtransport wurde Beifall geklatscht. Luise Solmitz hörte in Hamburg von einer Bekannten, «daß am Kl. Schäferkamp die Kinder den Auszug johlend begleitet hätten».[91] Die große Mehrheit schaute, wie schon in den Jahren zuvor, stumm zu, vielleicht mit innerlicher Abscheu, gelegentlich aber auch mit halblaut geäußerter Ablehnung. Unmut regte sich den Berichten der Partei- und SD-Dienststellen zufolge vor allem in stark kirchlich gebundenen Kreisen und bei Älteren. Offenen Protest oder gar aktiven Widerstand, auch nachdem das Schicksal der Deportierten in weiten Teilen des Reichs durchgesickert war, gab es nicht.

Das System der Deportationen war angelegt auf die Täuschung der Opfer bis zuletzt. Die Absonderungspolitik seit 1933 und ihre Verschärfung im Krieg ließen den Schritt einer räumlichen Trennung durch eine «Abschiebung» der Juden in die besetzten Ostgebiete für manche Betroffenen durchaus als logische Fortführung dieser Linie erscheinen. Auch im Reich hatten Ältere Zwangsarbeit leisten müssen, so dass das Gerede vom «Arbeitseinsatz im Osten» nicht unbedingt misstrauisch machen musste. Zudem schufen die Nationalsozialisten mit dem Getto Theresienstadt als «Altersgetto» eine Fiktion, die dieser Lesart entsprach. Manch dunkle Ahnung mag mit solchen Erwägungen beruhigt worden sein. Zwar hörten Juden wie Nichtjuden in Deutschland bald schon von den Massenmorden, denen im Sommer und Herbst 1941 die sowjetischen Juden zum Opfer fielen, aber das ließ sich anfangs vielleicht noch als übertriebenes Gerücht abtun oder als eine ganz andere Geschichte, die mit dem eigenen Schicksal nichts zu tun habe. Ins Bild passte da auch, dass die ersten Deportationsopfer aus Deutschland nicht sofort ermordet wurden, sondern zunächst in die Gettos von Litzmannstadt, Minsk und anderen Städten kamen.

Doch alle Verschleierungstaktik konnte schließlich nicht verhindern, dass sehr schnell schon erste Gerüchte von der Ermordung der Juden umliefen, die sich im Laufe der Zeit zu Gewissheiten verdichteten. Dass die Vernichtungsdrohung Hitlers vom 30. Januar 1939, die in ähnlicher Form von ihm und anderen im Laufe des Kriegs mehrfach wiederholt wurde, Realität wurde, konnte erkennen, wer die Gerüchte, Zeitungsmeldungen, Reden und die Ereignisse vor seiner Haustür in einen Zusammenhang zueinander stellte.

Victor Klemperer erfuhr schon im Januar 1942, wenige Wochen nach dem Geschehen, von der Ermordung deutscher Juden in Riga. Des Weiteren erzählte ein Bekannter seiner Frau detailliert vom Massenmord an der jüdischen Bevölkerung in Kiew im Sommer 1941: «Kleine Kinder mit dem Kopf an die Wand gehauen, Männer, Frauen, Halbwüchsige zu Tausenden auf einem Haufen zusammengeschossen, ein Hügel gesprengt und die Leichenmasse unter der explodierenden Erde begraben.»[92] Jochen Klepper notierte im Dezember 1941 fast schon wie selbstverständlich: «Wieder hören wir von den Massenerschießungen von Juden im Osten.»[93] Auch Informationen über die Vergasungen in den Vernichtungslagern drangen mehr und mehr durch und erreichten das Reich.

Es waren keine exklusiven Informationskanäle, über die nur einige wenige oder nur potentiell selbst Betroffene wie Klemperer erfuhren, was mit den Juden in den besetzten Ländern und den Deportierten geschah. Über Feldpostbriefe oder Erzählungen verbreiteten Tausende Soldaten und Mitarbeiter der Besatzungsverwaltungen Details des Massenmords, der viel gehörte deutsche Dienst der BBC und andere ausländische Sender informierten ihre Hörer in NS-Deutschland, Flugblätter der Alliierten oder des Widerstands klärten auf – und schließlich war auch in den deutschen Zeitungen Aufschlussreiches zu lesen. Von Soldaten hörte Friedrich Kellner in Laubach zum Beispiel im Oktober 1941 von Massakern an Juden. Als gut ein Jahr später dann die Juden aus Laubach deportiert wurden, war ihm ihr Schicksal klar, denn: «Von gut unterrichteter Seite hörte ich, daß sämtliche Juden nach Polen gebracht u. dort von SS-Formationen ermordet würden.»[94] Dass der Mord an den Juden eine europäische Dimension hatte, konnte er wenige Tage später aus der Zeitung schließen, in der von Deportationen aus Südosteuropa berichtet wurde. «Die sogenannte ‹Bereinigung› Europas von Juden», schrieb er dazu, «wird ein dunkles Kapitel in der Menschheitsgeschichte bleiben.»[95]

Dieses Wissen von der Ermordung war im Februar 1943, als das Reichssicherheitshauptamt auf den vorläufigen Abschluss der Deportationen zielte, relativ verbreitet. In einer Großrazzia sollten nun noch die letzten Juden – bis auf die in «Mischehe» lebenden – aus Deutschland herausgeschafft werden. Am 27. Februar wurden überall im Reich die jüdischen Arbeiter morgens in den Betrieben sowie alle übrigen, die nicht unter die Ausnahmekategorie fielen, verhaftet und in Lagern, Hallen und anderen geeigneten Orten gesammelt. Erste Transporte nach Auschwitz und Theresienstadt fuhren bereits am 1. März ab, insgesamt wurden fast 11 000 Menschen deportiert.

In diesen Tagen verhafteten die Polizisten auch die mit Nichtjuden Verheirateten. Sie sollten allerdings nicht verschleppt werden, da die Frage, wie mit ihnen zu verfahren sei, in der Führung trotz jahrelanger Diskussionen immer noch nicht geklärt war und befürchtet wurde, durch die «nichtarische» Verwandtschaft zu viel Unruhe in die Bevölkerung zu tragen. Dennoch verbreiteten sich Gerüchte, auch diese Juden seien von der Deportation betroffen. In Berlin brachten die Polizisten bis zu 2000 der insgesamt circa 8000 in «Mischehe» lebenden oder getauften Menschen in ein Lager in der Rosenstraße. Hier überprüften Gestapo-Beamte penibel ihren Status und rekrutierten überdies Ersatz für deportierte Mitarbeiter der jüdischen Verwaltung. Nach einigen Tagen entließ man sie dann nach Hause.

Die Ehepartner jedoch waren über die Absichten der Gestapo im Ungewissen und mussten das Schlimmste befürchten. Einige hundert von ihnen kamen in den nächsten Tagen vor dem Gebäude in der Rosenstraße zusammen, wo sie ihre Ehepartner wussten. Sie versuchten, Informationen zu bekommen, manche wollten Lebensmittel für die Festgehaltenen abgeben. Die Polizisten, die das Gebäude bewachten, zerstreuten ein ums andere Mal die Menge, doch etliche wichen nur in Hauseingänge, Höfe oder anliegende Straßen aus. Lautstarken Protest, eine regelrechte Demonstration gar hat es allerdings nicht gegeben. Dennoch zeugte das Verhalten der Angehörigen von Mut: Sie demonstrierten durch ihre bloße Anwesenheit Verbundenheit mit den Eingeschlossenen. Dass diese gar nicht, wie befürchtet, deportiert werden sollten, ahnte draußen niemand. Hatte bisher nur jeder Einzelne abseits der Öffentlichkeit trotz aller Bedrängnis seine Treue zum jüdischen Eheteil bewiesen, wurde diese nun sichtbar in die Öffentlichkeit getragen – womit sich die Befürchtungen der NS-Führung letztlich bestätigten.

Mit zunehmender Dauer der Deportationen und wachsender Gewissheit über das Schicksal der Verschleppten entschlossen sich mehr und mehr Menschen, den Schritt in die Illegalität zu wagen, versteckt oder mit falschen Papieren bis zum Ende des Regimes zu überdauern. Dieser Schritt war jedoch mit erheblichen Risiken verbunden und kam nur für eine Minderheit der überwiegend älteren Juden in Deutschland überhaupt noch in Frage. Dennoch wagten es insgesamt circa 10 000 Menschen, von denen nur geschätzte 1400 tatsächlich das Kriegsende erlebten.

Anders als in den besetzten Ländern bewegten sich untergetauchte Juden in Deutschland inmitten einer hochgradig nazifizierten Gesellschaft mit einem dichten Überwachungssystem. Ohne mutige Helferinnen und Helfer, die aus allen Gesellschaftsschichten stammten, war ein Überdauern im Untergrund von vornherein nahezu aussichtslos. Sichere Unterkünfte mussten beschafft, die Versorgung mit Lebensmitteln sowie Tarnidentitäten organisiert werden. Eine Unterkunft alleine reichte in der Regel nicht aus. Ruth Andreas-Friedrich, die mit einem Kreis von Freunden und Gleichgesinnten Juden half, schrieb: «In Scharen tauchen die Juden unter. Furchtbare Gerüchte gehen um über das Schicksal der Evakuierten. Von Massenerschießungen und Hungertod, von Folterung und Vergasung. Niemand kann sich freiwillig solchem Risiko aussetzen. Jeder Unterschlupf wird zum Himmelsgeschenk. Zur Rettung aus höchster Lebensgefahr. Der Ringverein schiebt sich die Einquartierungen gegenseitig zu. Ihr eine Nacht – wir eine Nacht! Dauergäste sind verdächtig. Ohnehin macht das ständige Kommen und Gehen die Nachbarn schon mißtrauisch.»[96] In Württemberg war es ein «Bruderring» von Theologen, die Verfolgte von Pfarrhaus zu Pfarrhaus reichten und manchem, so Max Krakauer, über zwei Jahre erfolgreich halfen. Auch die Protestantin Elisabeth Schmitz, die versucht hatte, ihre Kirche zu einer klaren Haltung zur Verfolgung der Juden zu bewegen und Solidarität zu zeigen, half Untergetauchten und verbarg sie zeitweise in einem Gartenhäuschen.

Die Illegalen waren permanent der Angst vor Entdeckung und Denunziation, der Sorge um Angehörige und vielen kleineren und größeren Gefahren ausgesetzt, so dass sie unter ständiger psychischer und emotionaler Anspannung standen. Diesen Druck hielten etliche irgendwann nicht mehr aus. Sie nahmen sich das Leben oder stellten sich am Ende doch den Behörden. Mitunter waren es auch die Helfer, die Druck ausübten und die Versteckten ausnutzten, immer mehr aus ihnen herauspressten und sie schließlich ihrem Schicksal überließen. Viele gerieten auf der Straße in Kontrollen oder wurden von Nachbarn und anderen misstrauischen «Volksgenossen» denunziert.

Je später man in die Illegalität abtauchte und je besser man diese vorbereitete, desto größer waren in der Regel die Überlebenschancen. Die vierköpfige Familie von Franz Michalski in Breslau hatte sich länger schon für diesen Schritt gewappnet. Als sich im Oktober 1944 das Netz immer dichter um sie zog und sie gewarnt wurde, dass die Gestapo gegen sie vorgehen werde, entschloss sie sich, ihre Pläne in die Tat umzusetzen. In letzter Minute konnte sie ihren Häschern Richtung Österreich entkommen. Nahe der ungarischen Grenze kamen die Michalskis bei einem Adeligen unter, der von seinem Schloss aus jugoslawische Partisanen lenkte. Nach einiger Zeit aber wurde es dort zu unsicher, und die Familie musste erneut aufbrechen. Die Eltern brachten ihre Kinder zu einer Bekannten nach Sachsen. Nach einigen

Wochen begannen jedoch die Nachbarn argwöhnische Fragen zu stellen, so dass die Eltern die Kinder wieder abholen mussten. Dank weiterer Helfer konnte sich die Familie im Sudetenland bis zum Kriegsende verstecken.

Zwischen Resistenz und Widerstand

Für die oppositionellen Kreise in Deutschland, die den Verhaftungsaktionen der zurückliegenen Jahre entgangen waren, war der Kriegsbeginn fatal, da sich neben dem allgemeinen Verfolgungsdruck das Augenmerk der Sicherheitskräfte auch speziell auf sie richtete. Das bekamen in den ersten Kriegstagen vor allem die Linken zu spüren. Die Gestapo hatte sich schon seit Jahren für diesen Fall gewappnet und schlug nun gut vorbereitet zu.

Bereits im Februar 1936 hatte Reinhard Heydrich die Staatspolizeistellen angewiesen, eine Kartei über Regimegegner anzulegen. «Die Aufgabe der politischen Polizei besteht im Schutz des Staates», belehrte er die Gestapo-Leiter im Reich und wies sie an: «Diese Aufgabe bedingt, dass die Politische Polizei nicht nur über das Wirken der Staatsfeinde, sondern auch über deren Aufenthalt genauestens unterrichtet ist, so dass jederzeit die Möglichkeit besteht, im Falle außergewöhnlicher Ereignisse (Kriegsfall) alle Staatsfeinde oder gegebenenfalls die Staatsfeinde bestimmter politischer Richtungen im gesamten Reichsgebiet schlagartig in Schutzhaft zu nehmen.»[97] Ausdrücklich führte Heydrich die Zeugen Jehovas, Anhänger der KPD, der SPD und der SAP an, stellte aber klar, dass darüber hinaus alle Staatsfeinde seien, von denen zu vermuten sei, «dass sie sich ihrer früheren politischen Einstellung und Tätigkeit oder aufgrund ihrer jetzigen Einstellung als Hetzer oder Aufwiegler, als Saboteure oder Nachrichtenagenten oder in ähnlicher, die öffentliche Sicherheit und Ordnung gefährdender Weise betätigen».[98] Damit war der Kreis erheblich erweitert, denn es spielte keine Rolle mehr, ob die Betreffenden noch aktive Regimegegner waren oder nicht. Die Besessenheit Hitlers und anderer führender Nationalsozialisten, die immer wieder die Furcht vor einer Wiederholung des November 1918 heraufbeschworen und in schärfsten Tönen radikale Abwehrmaßnahmen androhten, schlug sich hier in praktischer Politik nieder.

Noch vierzehn Tage vor Kriegsbeginn hatten die Beamten der Gestapo eiligst ihre Karteien der Regimegegner aktualisiert, am frühen Morgen des 1. September waren sie dann bereit, zur Tat zu schreiten. Im gesamten Reich verhafteten sie in den ersten Kriegstagen vor allem Kommunisten, aber auch Sozialdemokraten und andere Linke. Häufig waren diese mehrfach schon in die Fänge des Verfolgungsapparats geraten wie der ehemalige KPD-Stadtverordnete Hans Reinhardt aus Düsseldorf. Er wurde am 1. September zum dritten Mal verhaftet, nachdem er bereits im März 1933 und im April 1937 zeitweise in Haft gewesen war. Wenige Tage nach seiner Inhaftierung ließ die Gestapo Düsseldorf ihn ins Konzentrationslager Sachsenhausen bringen. Kurz darauf setzte sich – sei es aus eigener Initiative oder auf Drängen seiner Frau – sein Arbeitgeber für ihn ein und beantragte seine Entlassung.

Solche Gesuche wurden nicht etwa direkt abgeschmettert, sondern in einem wohlgeordneten bürokratischen Prozess zwischen Düsseldorf und der Berliner Zentrale über Wochen hinweg geprüft und dann entschieden. In einer Stellungnahme zu dem Gesuch unterstrich Max Brosig, der bearbeitende Gestapo-Beamte in Düsseldorf, die Gefahr, die Reinhardt seiner Meinung nach darstellte, und griff dabei weit in die Vergangenheit zurück. Reinhardt sei als ein «ganz aggressiver Kommunist» bekannt. Weiter schrieb Brosig: «Als nach dem schmachvollen Ende des Weltkrieges die linksgerichteten Elemente die Ohnmacht des deutschen Volkes ausnützten, war [Reinhardt] einer derjenigen radikalen und volksverräterischen Elemente, die sich an die Spitze des sogenannten ‹Volksausschusses› setzten.»[99] Überdies sei er führend in der Münchner Räterepublik gewesen. Kurzum: Hans Reinhardt stellte für die Verfolgungsbehörde den Typ des «Novemberverbrechers» par excellence dar. Brosig war gewillt, alles, was er finden konnte, gegen Reinhardt auszulegen. Dessen familiäres Umfeld bewertete er als ungünstig, da Reinhardt mit einer «verstockten kommunistischen Funktionärin»[100] verheiratet sei. Dass er sich im Betrieb tadellos geführt habe, sei nur dem Umstand geschuldet, dass Reinhardt sich der Beobachtung durch die Gestapo bewusst gewesen sei. Es bestand für ihn also gar keine Chance, jemals anders denn als gefährlicher Feind eingestuft zu werden. Er werde, resümierte Brosig dementsprechend, «nie den Weg zur Volksgemeinschaft suchen. Im Gegenteil, [Reinhardt] wird immer einen fanatischen Hass gegen den Nationalsozialismus in sich tragen.»[101]

Reinhardts Frau bemühte sich 1940 noch dreimal um die Freilassung ihres Ehemanns, doch ihre Gesuche wurden jedes Mal abgelehnt. Dass ihre Versuche fruchtlos bleiben mussten, zeigt ein interner Vermerk der Gestapo Düsseldorf, in dem eine Entlassung während des Krieges kategorisch ausgeschlossen wurde: «Erst recht zur Kriegszeit müssen derartige Elemente wie Hans Reinhardt [...] in Polizeigewahrsam bleiben. Sie bilden immer eine Gefahr des Staates.»[102] Die Behörden beschäftigten sich noch bis ins Jahr 1944 hinein mit dem Fall, an ihrer Haltung änderte sich jedoch nichts.

Wie Hans Reinhardt erging es Tausenden ehemaligen oder noch aktiven Kommunisten und Sozialdemokraten nach Beginn des Krieges. Die Zahl der Häftlinge in den Konzentrationslagern schnellte innerhalb weniger Wochen von rund 21 000 im August auf 32 000 im Oktober 1939 in die Höhe. Zumal die Verfolgungsbehörden durch neu definierte Delikte in den ersten Kriegswochen den Widerstands- und Gegnerbegriff erheblich ausgeweitet hatten, konnten klassische Regimegegner wie Reinhardt nicht auf Milde hoffen. Hier zeigt sich, was der Journalist Konrad Heiden schon 1937 in seiner Hitler-Biographie über den Widerstand in der Diktatur in Friedenszeiten geschrieben hatte, für den Krieg in verschärfter Form: «Innere Spannungen, die eine Demokratie in ihrer Elastizität ohne Schaden erträgt, würden das starre System der Diktatur sofort sprengen. Dem Begriff des totalen Staates entspricht die totale Zustimmung; auch ein schmaler Sektor des Widerspruchs ist bereits eine Bresche im System. Was das Individuum denkt, läßt sich nicht kontrollieren, am wenigsten am Manometer erzwungener Abstimmungen; aber die Aeußerung der Gedanken und die Vereinigung der oppositionellen Meinungen mehrerer, somit den Schritt vom individuellen Gedanken zur politischen Wirklichkeit, kann ein unendlich gewaltiger und unendlich feiner Polizeiapparat verhindern. Das ist die Hysterie der Diktatur, daß sie nur vergnügte Gesichter um sich sehen kann und selbst vereinzelter Widerspruch sie in ihrem Wesen erschüttert. Der umfangreiche Apparat, den sie zur Bekämpfung dieses Widerspruchs aufbieten muß, zeigt somit zugleich ihre Stärke und ihre Schwäche.»[103]

Der Krieg hatte die Situation des politischen Widerstands generell erheblich erschwert. Die ohnehin schon brüchigen Verbindungen nach draußen zu den Kampfgefährten im Exil wurden meist unterbrochen. Auch im Innern gestaltete sich die Kommunikation untereinander immer schwieriger. Die neu eingeführten drakonischen Strafen, Einberufungen zur Wehrmacht, Bespitzelungen, ein personell zwar ausgedünnter, aber sich umso radikaler gebärdender Sicherheitsapparat und ein straff organisierter Arbeitseinsatz stellten große Hürden dar. Hinzu kam eine wichtige psychologische Hemmschwelle, sah sich jeder Widerstand gegen das NS-Regime doch nun dem Vorwurf ausgesetzt, zugleich ein unpatriotischer, gar ein landesverräterischer Akt zu sein, der eine Niederlage Deutschlands herbeizuführen bereit sei. Breite Unterstützung im Volk – über den engen Kreis der Aktivisten hinaus – ließ sich nicht gewinnen, zumal die schnellen Siege der Anfangsphase Hitler und den Millionen seiner begeisterten Anhänger Recht zu geben schienen. Aktiver Widerstand in dieser

Lage musste geradezu als Bestätigung der Legende von den linken Vaterlandsverrätern erscheinen.

Eine solche Bestätigung für ihre Dolchstoß-Paranoia sollten die Nationalsozialisten bekommen, als am 9. November 1939 im Münchner Bürgerbräukeller, kurz nachdem Hitler den Ort verlassen hatte, eine Bombe detonierte. Was die NS-Führungsspitze und die Propaganda lange Zeit nicht wahrhaben wollten, erwiesen die Ermittlungen der Gestapo aber recht bald: Das Attentat war die Tat eines Einzelnen und nicht die große Verschwörung, gelenkt vom britischen Geheimdienst, wie man die Öffentlichkeit wissen ließ. Der passionierte Schreiner Georg Elser aus Württemberg, der das NS-Regime von Anfang an abgelehnt hatte, war angesichts der offenkundigen Kriegspolitik spätestens seit Herbst 1938 zu seiner Tat entschlossen. Elser war ein Mann mit ausgeprägtem Gerechtigkeitssinn, der eine stetige Verschlechterung der Lebensbedingungen im Nationalsozialismus erkannte und monierte. Zwar hatte er sich 1928/29 dem kommunistischen Roten Frontkämpferbund angeschlossen und die KPD gewählt, war aber politisch nie sonderlich aktiv. Seit 1933 verweigerte er sich konsequent dem Regime; er mied den Hitler-Gruß, entzog sich Aufmärschen und blieb dem Gemeinschaftsempfang von «Führerreden» fern.

Als Elser den Kriegskurs erkannte, entschloss er sich, die verantwortlichen Männer an der Spitze, allen voran Hitler, auszuschalten. Am 8. November 1938 fuhr er nach München, um sich den Ablauf und die Örtlichkeiten der alljährlichen Feierlichkeiten zum Jahrestag des Hitler-Putsches anzuschauen und Möglichkeiten zum Platzieren einer Bombe zu eruieren. Zugleich begann er, Fluchtmöglichkeiten in die Schweiz auszukundschaften. Monatelang arbeitete er dann daran, sich das Material für die Bombe und den Zeitzünder zu beschaffen und das System auszutüfteln. Von August bis November 1939 schließlich installierte er den Sprengkörper heimlich nachts in einer Säule im Bürgerbräukeller, die in unmittelbarer Nähe des Rednerpults stand, an dem Hitler sprechen würde. Ihm gelang das Kunststück, über Wochen unentdeckt arbeiten zu können und einen Zünder zu installieren, der sich auf Tage im Voraus präzise einstellen ließ. Was Elser aber nicht einplanen konnte, war, dass Hitler am Abend des 8. November sehr viel kürzer als gewöhnlich sprach und die Festveranstaltung unmittelbar nach seiner Rede, nur wenige Minuten vor der Detonation, verließ.

Der Zeitpunkt, Hitler als von der Vorsehung geretteten «Führer» präsentieren zu können, schien angesichts der keinesfalls überschwänglichen Kriegsbegeisterung zu gut gewählt, als dass Regimekritiker den Anschlag als tatsächlichen Widerstandsakt ernst nehmen konnten oder wollten. Sie fühlten sich vielfach an den Reichstagsbrand erinnert, dessen Urheberschaft sie auch schon den Nationalsozialisten zugeschrieben hatten. «Das angebliche Bomben-Attentat im Bürgerbräukeller hat keinen großen Eindruck hervorgerufen», schrieb zum Beispiel der Justizinspektor Friedrich Kellner im hessischen Laubach. «Das Volk ist müde und mürb. Es ist schon zu viel ‹gemacht› worden. Der geistig regsamere Teil der Bevölkerung hat eigene Gedanken und glaubt nicht an ein wirkliches Attentat, sondern an eine Art Reichstagsbrand-Komödie, in Scene gesetzt, um unliebsame Elemente verfolgen zu können.»[104]

Ruth Andreas-Friedrich und ihre Freunde in Berlin waren der gleichen Ansicht: «Flamm und Andrick sind der Meinung, man habe wieder mal einen ‹Reichstagsbrand› inszeniert», schrieb sie am 9. November. «Das heißt, sein Bombenattentat selber veranstaltet. In vielen Kreisen geht das Gerücht, Himmler habe dadurch seine Macht beweisen, Hitler die ‹Gnade der Vorsehung› veranschaulichen wollen.»[105] Das Attentat sollte dieser Lesart zufolge als Vorwand für die Ausschaltung oppositioneller Kräfte dienen.

Friedrich Kellner mutmaßte, dass es gegen Nationalsozialisten gehen sollte, die die radikale Kurswende vom unablässig propagierten Antibolschewismus zum sogenannten Hitler-Stalin-Pakt ablehnten. Durch die Meldungen in den folgenden Tagen sah er sich im Wesentlichen in seiner Einschätzung bestätigt: «Das aus Anlaß der Explosion im Bürgerbräukeller in München in den Zeitungen losgelassene Wutgeheul gegen England läßt klar und deutlich erkennen, daß dieser Fall weitgehend ausgenutzt wird, um die flaue Kriegsstimmung anzufachen.»[106] Das für ihn und für Regimegegner wie Ulrich von Hassell Naheliegendste, ein nationalsozialistischer Täter, werde nicht einmal in Erwägung gezogen. Kellner befürchtete schlimme Konsequenzen: «Hunderte von Menschen werden denunziert u. schikaniert werden. Die Sadisten brauchen Beschäftigung.»[107]

Doch all dies blieb aus. Georg Elser wurde noch am gleichen Tag an der Grenze zur Schweiz aufgegriffen und verhaftet. Nach Folter gestand er der Münchner Gestapo wenige Tage später schließlich seine Täterschaft. Der Propaganda von der großen Verschwörung lieferte er allerdings keine Nahrung. «Der Gedanke der Beseitigung der Führung», sagte er im Verhör, «ließ mich damals nicht mehr zur Ruhe kommen und bereits im Herbst 1938 – es war dies vor dem November 1938 – hatte ich auf Grund der immer angestellten Betrachtungen den Entschluß gefaßt, die Beseitigung der Führung selbst vorzunehmen.»[108]

Hitler, Himmler und andere an der Spitze mochten an einen einfachen Handwerker als Alleintäter nicht glauben. Himmler mobilisierte seinen gesamten Apparat, um an die vermeintlichen Hintermänner heranzukommen und Mittäter dingfest zu machen. Mitte November wies Heydrich die Gestapo und Kriminalpolizei im gesamten Reich an, besonderes Augenmerk auf solche Verdächtigen zu richten, die ein Interesse an der Münchner Veranstaltung gehabt und sich womöglich abfällig darüber geäußert hätten. Auch Fälle aus den Wochen zuvor, in denen es um Flugblattpropaganda und Ähnliches gegangen war, sollten noch einmal auf mögliche Verbindungen zum Attentat überprüft werden. Dies musste jedoch zwangsläufig ins Leere laufen. Der gesamte Aktionismus des Sicherheitsapparats konnte nicht darüber hinwegtäuschen, dass doch wahr war, was nicht sein sollte: Georg Elser hatte alleine gehandelt.

Elser wurde als Sondergefangener erst in das Konzentrationslager Sachsenhausen, später nach Dachau überführt. Im Lager bekam er eine Einzelzelle und wurde von den übrigen Häftlingen strengstens isoliert. Weil gegen ihn und zwei zufällig am gleichen Tag in Venlo verhaftete britische Agenten nach dem «Endsieg» ein Schauprozess inszeniert werden sollte, wurde er nicht sogleich hingerichtet. Erst als der totale Zusammenbruch des NS-Regimes unmittelbar bevorstand, wurde er, wie viele andere Widerstandskämpfer in den Lagern auch, getötet. Anfang April 1945 beschlossen Hitler und Himmler die Ermordung solcher Häftlinge. Gestapo-Chef Heinrich Müller gab seinen Männern sogleich detaillierte Anweisung zur Vertuschung des Mords mit an die Hand: «Bei einem der nächsten Terrorangriffe auf München bezw. auf die Umgebung von Dachau ist angeblich ‹Eller› tötlich verunglückt. Ich bitte, zu diesem Zweck ‹Eller› in absolut unauffälliger Weise nach Eintritt einer solchen Situation zu liquidieren. Ich bitte besorgt zu sein, dass darüber nur ganz wenige Personen, die ganz besonders zu verpflichten sind, Kenntnis erhalten.» Schließlich diktierte Müller sogar noch die Meldung, die danach an ihn geschickt werden sollte: «Die Vollzugsmeldung hierüber würde dann etwa an mich lauten: ‹Am .... anlässlich des Terrorangriffs auf ... wurde u.a. der Schutzhäftling ‹Eller› tötlich verletzt.›»[109] Am 9. April wurde Elser in Dachau erschossen. Dort hatte man sich angesichts der chaotischen Zustände nicht mehr mit der in Berlin ersonnenen Inszenierung aufgehalten, sondern war direkt zur Tat geschritten.

War mit dem Attentat nun der Fall eingetreten, vor dem *Das Schwarze Korps* 1938 nach den Novemberpogromen finster gewarnt hatte? Hatten die Nationalsozialisten wenige Wochen nach Kriegsbeginn den Vorwand für einen Massenmord an den Juden geschaffen, wie es Konrad Heiden nach der Lektüre des SS-Blattes geschrieben hatte? Der Anschlag auf einen, auf *den* führenden

Nationalsozialisten war geschehen. Anders als regimekritische Nichtjuden fühlten sich Juden in Deutschland weniger an den Reichstagsbrand als vielmehr an die blutigen Ereignisse vor genau einem Jahr erinnert, als ebenfalls ein Anschlag als Vorwand für massive antijüdische Gewalt herhalten musste. Victor Klemperer hatte nach der Nachricht eine unruhige Nacht, denn er fürchtete das Schlimmste, er rechnete «mit Verhaftung, Konzentrationslager, auch wohl Kugel»[110].

«Ich fürchte, daß die restlichen Juden in Deutschland das wieder zu spüren bekommen und dass sich die Ereignisse des vergangenen Jahres wiederholen werden», sorgte sich auch Willy Cohn in Breslau. «Aber man ist ja nur einen Tod schuldig», schrieb er in einer Mischung aus Trotz und Resignation, «und ich zittere nicht um mein Leben».[111] Wie viele andere war sich auch Jochen Klepper über die Konsequenzen sicher: «Strafe den Juden, Strafen, gegen die die Novembermaßnahmen des Vorjahres noch milde waren.»[112] Anders als 1938 blieb nun jedoch der große Schlag gegen Juden aus. Allerdings kam es in Konzentrationslagern zu individuellen «Racheakten» von SS-Leuten. Walter Poller, seinerzeit Schreiber im Häftlingskrankenbau in Buchenwald, berichtete, dass auf Befehl des SS-Manns Arnold Strippel am 9. November 21 jüdische Häftlinge im Steinbruch ermordet wurden.[113]

Wie die breite Mehrheit jenseits regimekritischer Kreise auf das misslungene Attentat reagierte, lässt sich kaum sicher sagen. Der Sicherheitsdienst der SS zeichnete in seinen regelmäßig erstellten «Berichten zur innenpolitischen Lage» naturgemäß ein klares Bild: Nachdem die verschiedensten Gerüchte durch Informationen widerlegt worden seien, habe man die Nachricht von der Unversehrtheit des «Führers» erleichtert aufgenommen. Mancherorts sei gegen Juden demonstriert, in Schulen das Lied «Nun danket alle Gott» angestimmt worden. «In der Freude, die über das Mißlingen des Attentates zum Ausdruck kam», schrieben die SD-Berichterstatter, «zeigten sich ein eindeutiges, die Gemeinschaft verbindendes Gefühl der Dankbarkeit gegen die Vorsehung und die Stärke des Vertrauens, das der Führer überall, auch in den Kreisen der früheren marxistischen Arbeiterschaft, besitzt.»[114]

Die Sozialdemokraten im Exil stellten fest, dass die Propaganda von der englischen Urheberschaft von vielen geglaubt werde. Das liege auch daran, dass von keiner Seite eine andere plausible Erklärung geboten werde. «Ich selber kann mir kein Bild machen», berichtete ein Informant ratlos aus dem Reich. «Ich habe selbst auch keine Erklärung für das Attentat. Nur soviel kann ich sagen: Es wird nicht lange dauern und diese Sache wird ihre Folgen zeitigen.»[115] Ein anderer Berichterstatter war der Meinung, dass die Frage der Täterschaft von nachrangiger Bedeutung sei. Entscheidend sei vielmehr, dass Zusammenhalt und Entschlossenheit der Bevölkerung durch das Attentat noch gewachsen seien. Er folgerte daraus, dass Widerstand von innen ein aussichtsloses Unterfangen sein müsse und «dass es nur eine Möglichkeit gibt, die Sachlage zu ändern: die überzeugende militärische Niederlage des Reiches»[116].

Ungeachtet der Frage, wie weit die Hitlerverehrung in den früher sozialdemokratischen und kommunistischen Teilen der Arbeiterschaft tatsächlich ging und wie die Erfolgsaussichten eines Umsturzversuches von innen einzuschätzen waren, war Widerstand der Linken im Krieg, mehr noch als schon in Friedenszeiten, ein Widerstand ohne Volk. Die partielle Unzufriedenheit in der Bevölkerung, die Schwankungen unterlief und sich nach der Niederlage von Stalingrad zum Kriegsende hin steigerte, blieb auf einzelne Erschwernisse des Kriegsalltags und eine zunehmende Kriegs- und Propagandamüdigkeit beschränkt. Den Schritt von der Unzufriedenheit zum Widerstand machten die wenigsten. Zugleich wurden die Reihen der Aktiven durch die Einberufungen zur Wehrmacht und durch Zugriffe der Gestapo immer weiter ausgedünnt. In der Linken ging es daher mehr und mehr darum, überhaupt den Krieg zu überdauern und die

Kräfte auf die Zeit danach zu konzentrieren. Der kommunistische Widerstand hatte überdies durch den Abschluss des Hitler-Stalin-Pakts im August 1939 eine erhebliche Schwächung erfahren, da der Pakt mit dem bis dahin unter großen Opfern bekämpften Faschismus vielen an der Basis kaum vermittelbar war. In der praktischen Arbeit schlug sich die Moskauer Annäherung an Deutschland aber kaum nieder. Die Genossen im Untergrund hielten an ihren bisherigen Methoden fest: Festigung und Ausbau der Parteiorganisation, Agitation und Sabotage in den Betrieben und immer wieder Flugblatt- und Parolenpropaganda als sichtbares Zeichen nach außen. Im Laufe der Zeit kam ein neues Betätigungsfeld hinzu, indem sich Kommunisten in der Hilfe für ausländische Zwangsarbeiter engagierten und versuchten, Widerstandsnetzwerke über den nationalen Rahmen hinaus zu knüpfen.

Trotz aller Bemühungen gelang es den Kommunisten aber nicht mehr, eine reichsweite Organisation aufzubauen. In der Theorie sollten drei Entscheidungszentren die Arbeit im Untergrund lenken: die Parteiführung in Moskau, die Auslandsleitung in Stockholm und eine Landesleitung in Berlin. Umfangreiche Verhaftungen, vor allem mit Hilfe eingeschleuster Spitzel, vereitelten immer wieder einen übergreifenden Zusammenhang kommunistischer Untergrundzellen. Diese arbeiteten zunehmend in der Isolation unabhängig voneinander. Ende 1940 stellte die Gestapo nach vielen Verhaftungen in Berlin triumphierend fest, dass kein «ordnungsmäßiger Zusammenhalt der in Berlin wohnenden Anhänger der KPD»[117] mehr festgestellt werden könne. Versuche der Neuformierung konnte die Gestapo im Frühjahr 1942 erneut durch Spitzel aufdecken. Sie verhaftete weit über einhundert kommunistische Widerstandskämpfer, von denen die meisten in ein Konzentrationslager kamen. Von wenigen Kleingruppen abgesehen, konnte danach kaum mehr von einem umfassenden kommunistischen Widerstand die Rede sein. Allein 1941 wurden gut 10 000 Kommunisten verhaftet. Sozialdemokraten waren auch in Kriegszeiten weit weniger von Verhaftungen betroffen, weil sie eine defensivere Strategie verfolgten und die meisten treuen Anhänger sich in ihr resistent Milieues zurückgezogen hatten. Hier hielten viele Kontakt untereinander, bestärkten sich gegenseitig in ihrer Haltung und tauschten Informationen aus. Nur mancherorts kam es zu sporadischem politischen Widerstand.

Jenseits der alten politischen Parteien oder des Militärs gab es jedoch kleinere, meist lokal begrenzte oppositionelle Zirkel, aus denen heraus schließlich auch aktiver Widerstand geleistet wurde, der allerdings kaum Wirkung zeigte. Den NS-Gegnern fehlten hierzu die Machtmittel und vor allem auch die breitere Unterstützung der Bevölkerung, die das Regime weiterhin stützte. Diese Kreise traten vor allem durch Flugblätter und Wandparolen in Erscheinung.

Zu den bekanntesten Widerstandsgruppen zählte die Weiße Rose, die kleine Gruppe um Hans und Sophie Scholl, Christoph Probst, Alexander Schmorell und Willi Graf in München. Sie wurden über die Stadt und sogar das Land hinaus bekannt, nicht zuletzt deswegen maß ihr die Gestapo eine große Bedeutung zu. Vom 27. Juni bis zum 12. Juli 1942 verfassten und verbreiteten sie vier Flugblätter, im Januar und Februar zwei weitere, bis Hans und Sophie Scholl am 18. Februar 1943 in der Universität verhaftet wurden. Der Volksgerichtshof verurteilte sie zusammen mit Christoph Probst zum Tode, im April wurden weitere Mitglieder der Gruppe zum Tode oder zu Haftstrafen verurteilt. In ihren Flugblättern hatten sie sich vor allem an ihre Kommilitonen und die intellektuelle Elite gewandt, später an alle Deutschen. Von christlich-moralischen Motiven getrieben, verurteilten sie die Verbrechen des NS-Regimes, den sinnlosen Krieg – den vor allem Willi Graf, aber auch Alexander Schmorell und Hans Scholl im Osten einige Zeit miterlebt hatten. Sie wollten ihre Leser aufrütteln und zumindest zum passiven Widerstand bewegen, riefen aber auch zu Taten auf: «Deutsche! Wollt Ihr und Eure Kinder dasselbe Schicksal erleiden, das den Juden widerfahren ist? Wollt Ihr mit dem gleichen Maße gemessen werden wie Eure Verführer? Sollen wir auf ewig das von aller Welt gehasste und ausgestoßene Volk sein? Nein! Darum trennt Euch von dem nationalsozialistischen Untermenschentum! Beweist durch die Tat, dass Ihr anders denkt! Ein neuer Befreiungskrieg bricht an. Der bessere Teil des Volkes kämpft auf unserer Seite. Zerreißt den Mantel der Gleichgültigkeit, den Ihr um Euer Herz gelegt!»[118]

Eines der größten oppositionellen Netzwerke war die sogenannte Rote Kapelle, in der mehrere verschiedene regimekritische Freundes- und Bekanntenkreise in Berlin zusammenkamen, die einen breiten Querschnitt durch die Gesellschaft und politischen Richtungen repräsentierten. Diese weit über 100 Intellektuellen und höheren Beamten waren in verschiedenen Umfeldern vielfach schon seit dem Regierungsantritt Hitlers 1933 aktive Gegner des Regimes. Um die zentralen Figuren Harro Schulze-Boysen, Oberleutnant der Luftwaffe, und Arvid Harnack, hoher Beamter im Reichswirtschaftsministerium, fanden sich Menschen mit den unterschiedlichsten Grundüberzeugungen zusammen: Kommunisten, Sozialdemokraten, Liberale, Nationalkonservative und Nationalbolschewisten, Leute aus der bündischen Jugendbewegung und andere mehr. Im Krieg kamen die zunächst unterschiedlichen Kreise um Schulze-Boysen und Harnack zusammen und diskutierten, ähnlich wie man es später im Kreisauer Kreis um Helmuth James Graf von Moltke tat, Alternativen und Zukunftsperspektiven jenseits des Nationalsozialismus. Während des Kriegs festigte sich der zuvor lose Kontakt, und man ging zu aktiven Formen des Widerstands über, verteilte Flugblätter gegen den Krieg und die ideologischen Grundlagen der NS-Diktatur. Diese Aktivitäten bemerkte die Gestapo im Frühjahr 1942. Im Sommer 1942 gelang ihr schließlich die Aufdeckung der meisten Angehörigen dieses Kreises, weil Schulze-Boysen zu einem nach Deutschland eingeschleusten sowjetischen Nachrichtenoffizier heimlich Kontakt hergestellt und diesem Informationen geliefert hatte. Ende August 1942 startete die Gestapo eine großangelegte Verhaftungsaktion, bei der sie mehr als 100 Menschen aus der Gruppe und deren Umfeld fasste. In mehreren Prozessen wurden über 50 von ihnen zum Tode verurteilt und hingerichtet.

Um den jungen jüdischen Kommunisten Herbert Baum in Berlin kam eine andere Gruppe sehr junger Menschen aus dem kommunistisch-sozialistischen Milieu und im Laufe der Zeit auch aus jüdischen Jugendorganisationen zusammen, darunter sehr viele Frauen. Vor dem Krieg trat dieser Kreis nicht offen in Erscheinung, man beschränkte sich auf gemeinsame Freizeitaktivitäten sowie politische Schulungen und Diskussionen. Es gab nur wenige Kontakte zu anderen Widerständlern; von diesen trennten viele Gruppenmitglieder die erlebte Verfolgung und Deklassierung als Juden. Nach außen traten sie erst nach dem Überfall auf die Sowjetunion in Aktion, als sie begannen, Flugblätter anderer zu vervielfältigen und weiterzuverbreiten. Schließlich verfassten sie auch selbst Schriften, unter anderem die Zeitung *Der Ausweg*, die sie an deutsche Soldaten schickten und in der sie diese zum Widerstand aufriefen: «Soldaten! Laßt nicht Hitler den Zeitpunkt bestimmen, an dem ihr für eine aussichtslose Sache geopfert werden sollt, bestimmt selbst den Zeitpunkt eurer Rückkehr. Der Krieg ist dann aus, wenn ihr euch mit den antifaschistischen Werktätigen darüber einig seid, wie ihr ihn beenden werdet: Durch den Sturz der Hitlerdiktatur!»[119] Als Anfang Mai 1942 mit lauter propagandistischer Begleitmusik im Berliner Lustgarten die antibolschewistische und antisemitische Ausstellung «Das Sowjetparadies» eröffnet wurde, entschlossen sich Herbert Baum und seine Mitstreiter zu einem sichtbaren Zeichen: In Zusammenarbeit mit einer anderen kommunistischen Widerstandsgruppe legten sie am 18. Mai Brandsätze in der Ausstellung. Das Feuer jedoch war schnell gelöscht, der Schaden gering, und in den Medien schwieg man das Ereignis tot. Zahlreiche Mitglieder der Gruppe aber wurden, womöglich aufgrund von Angaben eines Spitzels, innerhalb der nächsten Zeit verhaftet. In den folgenden Prozessen wurden mehr als 20 von ihnen zum Tode verurteilt und anschließend hingerichtet.

Offenen vernehmbaren Protest gegen die Vernichtungspolitik, vor allem gegen die Ermordung der Juden, hatte es auch von den Kirchenleitungen nicht gegeben. Weder der Papst in Rom noch die evangelischen Würdenträger erhoben ihre Stimme. Es waren Einzelne, die verfolgten Juden halfen, ihre Kirchen zu sichtbaren Taten drängten oder in ihren Gemeinden ein Zeichen der Solidarität setzten. Einer der bekanntesten war der Berliner Priester Bernhard Lichtenberg, der schon seit Längerem die bedrängten Juden, getaufte wie ungetaufte, während der Gottesdienste in das Gebet einschloss. Auch Pastor Heinrich Grüber, ebenfalls in Berlin, zeigte seine Verbundenheit mit den Opfern im öffentlichen Gebet. Überdies half er Juden mit seiner Hilfsstelle für nichtarische Christen bei der Auswanderung und protestierte immer wieder bei Göring und anderen gegen antijüdische Maßnahmen. Er wurde im Dezember 1940 verhaftet, kam zunächst ins KZ Sachsenhausen und anschließend bis zu seiner Entlassung im Juni 1943 nach Dachau. Auch Lichtenberg wurde sein Eintreten für die Verfolgten zum Verhängnis. Zwei Mädchen denunzierten ihn, woraufhin ihn die Gestapo im Oktober 1941 verhaftete. Lichtenberg starb am 5. November 1943 auf dem Weg nach Dachau.

Aussichtsreicher Widerstand, der auf ein schnelles Ende des Regimes zielte, konnte im Krieg de facto nur aus einer Organisation heraus gelingen – der Wehrmacht. Allen anderen Organisationen und Gruppierungen, so mutig und symbolträchtig ihr Handeln auch war, fehlten Machtmittel, Möglichkeiten sowie ein über ihren lokal sehr begrenzten Aktionsradius hinausreichender Wirkungskreis. Anders sah es bei der Wehrmacht aus, dort jedoch mangelte es lange am Willen zum Widerstand. Wenn schließlich doch aus ihren Reihen etwas gegen die NS-Führung unternommen wurde, war dies ein Unterfangen einer verschwindend kleinen Minderheit innerhalb der Armee. Das Gros auf allen Ebenen hielt an der Unterstützung des Regimes fest, sei es aus falsch verstandener patriotischer Gesinnung in einem Krieg oder aus weltanschaulicher Überzeugung. Die Wehrmacht war schon lange nicht mehr die unpolitische und über den Dingen stehende Organisation, als die viele alte Kräfte sie noch sehen wollten. Sie war auf dem Weg zu einer NS-Organisation. Der Treueeid, die militärischen Kardinaltugenden von Befehl und Gehorsam und vor allem die Kriegssituation wirkten auf viele, die dem Regime länger schon skeptisch bis ablehnend gegenüberstanden, wie ein Hemmschuh. Überdies sahen auch die Entschlosseneren kaum eine Möglichkeit: Solange die Erfolgsserie im Krieg anhielt, wollte man sich nicht dem Vorwurf des Verrats aussetzen. Breiterer Rückhalt, den auch die militärische Opposition benötigte, ließ diese Lage nicht erwarten.

Nachdem erste Planungen für einen Staatsstreich im Herbst 1938 gescheitert waren, hielten sich die verschiedenen Widerstandszirkel innerhalb der Wehrmacht und alter, vornehmlich adeliger Eliten lange Zeit zurück. Dennoch bildete sich ein Netzwerk von Regimegegnern heraus, in dem es zwischen den einzelnen Gruppierungen zahlreiche Querverbindungen gab. Im Kreisauer Kreis um Helmuth James Graf von Moltke, Referent in der Auslandsabwehr der Wehrmacht, und Peter Graf Yorck von Wartenburg aus dem Wehrwirtschaftsamt des Oberkommandos der Wehrmacht (OKW) fanden sich mehr als 20 Männer zusammen, die ab 1941 in festen Gesprächskreisen den gesellschaftlichen und politischen Neuaufbau nach dem Nationalsozialismus diskutierten und Pläne für die Gestaltung von Deutschlands Zukunft entwarfen. In die intensiven Debatten flossen recht unterschiedliche Vorstellungen ein, da die Mitglieder aus vielen verschiedenen Richtungen kamen: Theologen wie Eugen Gerstenmaier oder der Jesuitenpater Alfred Delp, der Pädagoge und Sozialdemokrat Adolf Reichwein, Sozialdemokraten wie Carlo Mierendorff und Julius Leber, Honorationen wie der ehemalige

Landrat Theodor Steltzer und junge Regimekritiker wie der Jurist und Diplomat Adam von Trott zu Solz.

Von ihnen gab es Verbindungen zu einem anderen Kreis um den ehemaligen Leipziger Oberbürgermeister Carl Goerdeler, der im April 1937 von seinem Amt zurückgetreten war und sich danach langsam in Richtung Widerstand bewegte. Goerdeler wurde zunehmend zu einer zentralen Gestalt im bürgerlich-konservativen Lager. Er hatte enge Beziehungen zu Ludwig Beck und über diesen zur Militäropposition im Amt Ausland/Abwehr und in der Heeresgruppe Mitte, aber auch zu Gewerkschaftern und Sozialdemokraten. Um Goerdeler war man gleichfalls mit alternativen Zukunftsplanungen für Deutschland beschäftigt, überdies drängte er jedoch auch in Richtung eines Staatsstreiches. Ranghohe Generäle allerdings ließen sich für eine Führungsrolle nicht gewinnen, daher trieben Männer aus dem Offizierskorps die Planungen entscheidend voran. Manche handelten aus moralischer Empörung über die Verbrechen des NS-Regimes, deren Zeugen sie an der Ostfront wurden, bei anderen erwuchs die Entscheidung zum aktiven Widerstand aus militärischen Gründen. Einig war man sich in der grundsätzlichen Ablehnung der NS-Diktatur und der Notwendigkeit, mit Hitler auch die Herrschaft von Partei und SS zu beseitigen. Über die Ausgestaltung der Zeit danach aber gingen die Meinungen auseinander; sie reichten von Vorstellungen einer autoritären, mindestens vorübergehenden Militärherrschaft bis hin zu gewissermaßen basisdemokratischen Strukturen.

Nach einer Reihe fehlgeschlagener Anläufe, ein Attentat auf Hitler zu verüben – mal entschwand dieser zu früh, ein anderes Mal versagte der Zünder der Bombe –, bot sich durch Claus Schenk Graf von Stauffenbergs direkten Zugang zu den Lagebesprechungen im Führerhauptquartier eine aussichtsreiche Möglichkeit. Zwar detonierte die von ihm am 20. Juli 1944 platzierte Bombe nach Plan, Hitler jedoch überlebte, und der angelaufene Umsturz konnte im Keim erstickt werden.

Ob ein erfolgreiches Attentat am Ausgang des Umsturzversuches etwas geändert hätte, kann bezweifelt werden. Aus Sicht der Alliierten jedenfalls kam der gescheiterte Putsch zu spät. Der Eindruck, dass damit eine lange Jahre in Komplizenschaft verstrickte Elite ihre eigene Haut retten wollte, lag nahe. Im Innern fehlte es nach elf Jahren Diktatur an breitem Rückhalt von Widerständlern, die zum aktiven Kampf bereit gewesen wären. Vor allem aber gab es kaum Aussicht, die Bevölkerung mitzureißen.

Die Nachricht vom Anschlag auf den «Führer» stieß auf ein geteiltes Echo. Regimekritische Kreise freilich begrüßten sie und waren wie elektrisiert, solange noch die Gerüchte über den Tod Hitlers schwirrten. «Es ist soweit!», schrieb Ruth Andreas-Friedrich am Tag nach dem Anschlag. «Und kam viel schneller, als wir alle dachten. Noch weiß kein Mensch Genaueres. Hitler verletzt ... Hitler tot! Ein Mordanschlag auf den Führer ... Umsturz, Gewalt ... Revolution ... Revolution! Wir stehen mitten drin. Trunken von Jubel die einen, fahl vor Entsetzen die anderen.»[120] Victor Klemperer und seine Frau mussten unweigerlich an den Anschlag im November 1939 denken und rätselten, ob auch der aktuelle Versuch bald schon in Vergessenheit gerate oder vielleicht doch ein Wendepunkt sei.[121] Manche Regimegegner jedoch sparten auch nicht mit Kritik. Friedrich Percyval Reck-Malleczewen, ein nationalkonservativer Gutsherr im Chiemgau, der die Nationalsozialisten verachtete, ließ kein gutes Haar an den Verschwörern: «Ein wenig spät, ihr Herren, die ihr diesen Erzzerstörer Deutschlands gemacht habt, die ihr ihm nachliefet, solange alles gut zu gehen schien, die ihr, alle Offiziere der Monarchie, unbedenklich jeden von euch gerade verlangten Treueid schworet, die ihr euch zu armseligen Mamelucken des mit hunderttausend Morden, mit dem Jammer und dem Fluch der Welt belasteten Verbrechers erniedrigt habt und ihn jetzt verratet, wie ihr vorgestern die Monarchie und gestern die Republik verraten habt.»[122] Gleichwohl bedauerte Reck-Malleczewen zutiefst, dass das Attentat fehlgeschlagen war.

Ganz anders sah Friedrich Kellner die Dinge. Er vermutete zunächst einmal sowieso einen Propagandacoup des Regimes. Sollten aber die Meldungen von der Offiziersrevolte wahr sein, dann, ereiferte er sich, «ist das ein ganz *stümperhaftes Unternehmen* gewesen. Eine Revolution kann nur auf breitester Grundlage erfolgversprechend sein. Eine Revolution, nur von Offizieren (ohne Volk) geführt, ist eine Totgeburt.»[123] Im Unterschied zu wohl den meisten anderen Regimekritikern und Gegnern war Kellner durchaus froh, dass der Anschlag gescheitert war, da auch er seine eigenen Lehren aus dem November 1918 gezogen hatte: «Es darf für künftige Zeiten keine Ausrede möglich sein. Er muß da bleiben bis es gar keinen Ausweg mehr gibt, bis selbst die ‹Vorsehung› nicht mehr helfend ihm zur Seite steht.»[124] Das Gerede von der Vorsehung, die den «Führer» gerettet habe, stieß, das musste Kellner wenige Tage später feststellen, bei etlichen «Volksgenossen» durchaus auf fruchtbaren Boden. Ein Eisenbahnbeamter sagte in einem Lokal, dass Hitler ein «Gesandter Gottes sei, der uns den Endsieg bringen würde. Wir müßten nur glauben, und dieser Glaube mache uns innerlich und äußerlich stark.»[125] Das war laut Kellner kein Einzelfall.

In Straßburg hatte der Heeresrichter Werner Otto Müller-Hill einige Tage zuvor noch darüber geklagt, dass wohl alle führenden Männer in der Armee weiter bis zum Schluss für Hitler und das NS-Regime kämpfen würden, weil sie wüssten, dass auch sie nach dessen Ende keine Perspektiven hätten. «So ist es zu erklären», schrieb er, «dass wohl von einem gewaltsamen Versuch, H. und seine Kumpane zu stürzen, keine Rede sein wird. *Vor* der Invasion hätte es vielleicht einen Sinn gehabt, um eventuell einen Verständigungsfrieden mit den Westmächten zu erreichen.»[126] Zehn Tage später erlebte er, womit er nicht mehr gerechnet hatte, schätzte die Lage aber sehr pessimistisch ein: «Es war ein erster und wohl letzter Versuch, Deutschland zu retten. Dass es, wie es den Anschein hat, missglückt ist, ist wahrhaft tragisch. Ganz furchtbar ist, dass nun Himmler Befehlshaber des Ersatzheeres geworden ist. Er und seine Schergen werden sicherlich eine ‹Säuberung› durchführen, gegen die die Schlächterei von 1934 ein Kinderspiel sein wird.»[127]

Die von Müller-Hill befürchtete «Säuberung» ließ nicht lange auf sich warten. Wer von den Verschwörern nicht unmittelbar erschossen worden war oder sich das Leben genommen hatte, wurde verhaftet, und ihm wurde vor dem Volksgerichtshof der Prozess gemacht, dessen Präsident Roland Freisler eine ganze Serie von Todesurteilen aussprach. Viele Angehörige nahm die Gestapo in «Sippenhaft».

Die Widerständler um Stauffenberg sowie die Teilnehmer des Kreisauer Kreises waren sich stets der Gefahr des Scheiterns bewusst gewesen. Es wenigstens versucht zu haben und vor allem ein wirkungsvolles Zeichen weit über die Zeit hinaus zu setzen war für viele von ihnen eine wichtige Triebfeder, meist bestärkt durch einen tief verwurzelten Glauben. Helmuth James Graf von Moltke, der schon am 19. Januar 1944 verhaftet worden war, schrieb im Oktober 1944 einer Diakonissin in Kreisau, die seit Jahrzehnten eng mit der Familie verbunden war: «Ich sterbe für eine gute und gerechte Sache, für eine, für die man eben auch bereit sein muss, sich umbringen zu lassen. [...] Der Samen aber, den ich gesät habe, wird nicht umkommen, sondern wird eines Tages seine Frucht bringen, ohne dass irgendjemand wissen wird, woher der Same kommt und wer ihn gesät hat. Des bin ich auch zufrieden und kann mir nichts Besseres wünschen. Vielleicht werden die, die ich lieb habe, und zu denen rechne ich Sie ganz besonders, von der Frucht noch Nutzen haben, vielleicht dauert es länger, vielleicht ist mein Tod nützlicher, als mein Leben hätte sein können. Wir müssen es dem Herrn überlassen.»[128]

Über den engeren Kreis der Männer des 20. Juli hinaus, das besprachen Hitler und Himmler Mitte August 1944, sollten auch Kommunisten, Sozialdemokraten, Funktionäre des Zentrums und der Bayerischen Volkspartei und andere festgenommen werden. «Gleichgültig ist», instruierte Gestapo-Chef Müller am 17. August seinen Apparat, «ob diesen im Augenblick etwas nachgewiesen ist oder nicht».[129] Am Morgen des 22. August begannen Gestapo-Beamte und andere Polizisten im ganzen Reich mit den Verhaftungen. Die meisten Gefangenen wiesen sie in Konzentrationslager ein – nach Dachau kamen 900, nach Neuengamme 800, nach Buchenwald circa 1000 und nach Sachsenhausen rund 2200 Verhaftete. Eine Reihe von ihnen war nach einigen Wochen wieder frei, für viele dauerte die Haft aber deutlich länger und endete in etlichen Fällen mit ihrem Tod. Unter den eilig Verhafteten waren Leute wie der ehemalige Kölner Oberbürgermeister Konrad Adenauer, der nur knapp mit dem Leben davonkam, und sein späterer Widerpart, der ehemalige Reichstagsabgeordnete und erste Nachkriegsvorsitzende der SPD, Kurt Schumacher, der schon von 1933 bis 1943 in Konzentrationslagern inhaftiert gewesen war.

Das Ende

Ungeachtet einer wachsenden Kriegsmüdigkeit und der schwindenden Wirkung der Endsieg-Propaganda folgte die Bevölkerung im Großen und Ganzen dem Regime bis zum Schluss und funktionierte auf den jeweiligen Positionen – in der Wehrmacht, in den Betrieben, den Ämtern und Nachbarschaften – ganz in seinem Sinne. Je weiter der Krieg vorangeschritten war, desto stärker erwies sich die Furcht vor den Folgen einer Niederlage als Bindeglied zwischen Führung und Volk. Die Angst vor einem Einmarsch der Roten Armee, das schlechte Gewissen wegen der Massenverbrechen, der Mitwisserschaft und auch der Komplizenschaft waren Gründe für das widerstandslose Durchhalten bis zuletzt. Ein weiterer Faktor war sicherlich der Terror, der sich aber erst in den letzten Wochen und Monaten des Kriegs spürbar nach innen zu richten begann. In den Jahren zuvor war der durchschnittliche «Volksgenosse» mit den Verfolgungsorganen kaum jemals in Berührung gekommen.

Und auch jetzt richtete sich die Gewalt vor allem noch einmal gegen «rassische» und politische Feinde des Regimes sowie gegen Abweichler. Für sie, für die untergetauchten Juden, die Häftlinge in den Konzentrationslagern, die Zwangsarbeiter in den Betrieben, Lagern oder auf der Flucht, begann ein dramatischer Wettlauf mit der Zeit. Zahllose Menschen fielen noch kurz vor Schluss dem fanatisierten Terror von Gestapo-Beamten, Polizisten, Lageraufsehern und einfachen «Volksgenossen» zum Opfer. Vielerorts brach die bis dahin noch mühsam aufrechterhaltene Ordnung in einem Chaos zusammen, und es entwickelte sich eine Schattengesellschaft aus entflohenen Häftlingen und Zwangsarbeitern, Deserteuren, Kriegsgefangenen, Kriminellen und Glücksrittern. Plünderungen und Diebstähle waren in den zerbombten Städten an der Tagesordnung.

Der Sicherheitsapparat, örtliche Parteifunktionäre, SS- und Wehrmachtverbände reagierten darauf mit verschärfter Repression. Das Reichssicherheitshauptamt überließ ab November 1944 den lokalen Gestapo-Stellen die Entscheidung über Exekutionen von «Fremdarbeitern», wovon diese rege Gebrauch machten. Involviert waren zunehmend auch einfache Volkssturmmänner und «Volksgenossen», die Jagd auf plündernde Zwangsarbeiter machten, sie der Gestapo auslieferten oder sie kurzerhand selbst töteten. In Oberhausen zum Beispiel sah ein Werkschutzmitarbeiter auf dem Heimweg vier Ostarbeiter mit Diebesgut aus einem Haus kommen. Er konnte einen erwischen und prügelte aus ihm ein Geständnis heraus. Jugendliche schlossen sich an und schlugen auf ihn ein. Sie brachten ihn schließlich zu einer Wehrmachtstelle, wo der Werkschutzmann eine Pistole bekam. Die Menge, zu der immer mehr Schaulustige stießen, zog, weiter auf den Mann einprügelnd, zum Sportplatz, wo er erschossen wurde. Ähnliche Szenen wiederholten sich vielerorts. Gestapo-

Beamte ermordeten vielfach noch in den letzten Kriegstagen die Häftlinge in ihren Hausgefängnissen.

Für SS, Gestapo und Justiz in den westlichen Regionen spitzte sich die Lage im Herbst 1944 zu, als Briten und Amerikaner sich der deutschen Grenze näherten und schließlich Aachen einnahmen. Der Höhere SS- und Polizeiführer West, Karl Gutenberger, rief Ende September Polizeivertreter und die Generalstaatsanwälte der Region in der Nähe Düsseldorfs zusammen und beriet mit ihnen die Lage. Wie einer der Beteiligten nach dem Krieg aussagte, berief sich Gutenberger auf Himmler und stellte die Häftlinge der Polizeigefängnisse als große Gefahr dar, die «unter allen Umständen beseitigt werden», das heißt aus den Haftanstalten «abgeholt und liquidiert» werden müssten.[130] Die Kölner Gestapo begann Ende Oktober mit der Auswahl der zu ermordenden Häftlinge. Sie erhängte oder erschoss von Oktober 1944 bis März 1945 mindestens 300 bis 400 ihrer Gefangenen, wahrscheinlich sogar deutlich mehr.

Auch in der Justiz entfaltete sich in der Kriegsendphase ein noch einmal gesteigerter Terror. Das Reichsjustizministerium verschickte Mitte Januar 1945 Richtlinien für den Fall einer Räumung von Gefängnissen. Während Häftlinge mit geringfügigen Reststrafen freigelassen werden konnten, sollten die Haftanstalten vor allem «rassisch Minderwertige» wie Juden, Polen, Sinti und Roma, «Asoziale» und politische Gegner unter keinen Umständen entlassen oder in die Hände der Alliierten fallen lassen. Sie waren «der Polizei zur Beseitigung zu überstellen» oder «durch Erschießen unschädlich zu machen»[131]. Zahllose Justizgefangene fielen dieser entfesselten Gewaltorgie in den letzten Kriegswochen noch zum Opfer. In Sonnenburg östlich von Berlin ermordeten Polizisten und SS-Leute Ende Januar 1945 an einem Tag mehr als 800 Gefangene, die in den Tagen zuvor unter anderem vom Zuchthausdirektor persönlich ausgewählt worden waren. Vielerorts kam es zu ähnlichen, wenn auch nicht derart umfangreichen Massenmorden. Die übrigen

Gefangenen führte man weiter ins Landesinnere in andere Gefängnisse, die bald schon heillos überfüllt waren, bis auch diese geräumt wurden und neue Häftlingskolonnen durch das Land irrten. Nur wenige Gefängnisdirektoren und Vollzugsbeamten verweigerten sich dem Terror und versuchten Zeit zu gewinnen.

Viele Staatsanwälte und Richter ließen auch nicht ab von drakonischen Urteilen und bemühten dabei die alte Vorstellung von der Gefahr einer Wiederholung des November 1918. Das Hamburger Oberlandesgericht verurteilte Mitte Januar 1945 einen Mann zum Tode, der einem anderen gegenüber Zweifel am siegreichen Ausgang des Kriegs geäußert hatte, und begründete das Urteil als eine geradezu präventive Maßnahme: «Es kann auch kein Zweifel daran bestehen, dass der Angeklagte im Falle innerer Unruhen oder eine Bürgerkrieges sofort aufseiten eines Umsturzes aktiv mitwirken und, nach seinem äußeren Eindruck zu schließen, hierbei keinerlei Rücksichten kennen würde.»[132] Er wurde am 24. März hingerichtet.

Was für die Gefängnisinsassen galt, traf in ähnlicher, wenn auch radikalerer Form auch die Insassen der Konzentrationslager. Seit Herbst 1944 begann die SS mit der Verlegung von Häftlingen aus den frontnahen Lagern im Osten und Westen. Mehr und mehr wurden daraus überstürzte Fluchten, bei denen die Begleitmannschaften Tausende Häftlinge zu Fuß durch das Land trieben, von einem Lager zum nächsten, bis sich auch dort die Alliierten näherten. Zahlreiche solcher Todesmärsche irrten in den letzten Wochen durch das Land, über die Dörfer und durch die Städte. Unterwegs erschossen die Wachleute alle, die das Tempo nicht halten konnten, die, von Hunger und Krankheiten gezeichnet, entkräftet niedersanken. Manche dieser Märsche endeten in einem Massaker, in dem die SS-Männer alle Häftlinge umbrachten. Viele Lager im Reichsinneren waren hoffnungslos überfüllt, eine geregelte Versorgung der Häftlinge fand nicht mehr statt. Sie wurden, wie beispielsweise Bergen-Belsen in der

Lüneburger Heide, zu Sterbelagern, in denen noch kurz vor Kriegsende Tausende zugrunde gingen.

In Dachau, das ohnehin schon überfüllt war, stieg die Häftlingszahl innerhalb weniger Tage Ende April 1945 um rund 9000 Menschen. Alleine von Flossenbürg aus waren Mitte April 25 000 bis 30 000 Häftlinge dorthin in Marsch gesetzt worden, drei Tage bevor amerikanische Soldaten das Lager befreiten. Zuvor hatten sich die Zustände dort rapide verschlechtert; in den einzelnen Baracken kamen nun über 1000 Häftlinge zusammen, wo früher ein Fünftel hauste; Krankheiten griffen um sich, durch Herabsetzung der Rationen verschärfte sich der Hunger. Die Anspannung der Häftlinge, die ihre Befreiung so nah wussten, war groß. Carl Schrade, der im Krankenrevier von Flossenbürg gearbeitet hatte, erinnerte sich kurz nach dem Krieg an diese Zeit: «Von Stunde zu Stunde stieg unsere Ungeduld. Der Befreiung so nah zu sein, sie schon spüren zu können und vielleicht im letzten Augenblick doch noch einen schrecklichen Tod sterben zu müssen! Alles war erlaubt, alles war möglich, im Guten wie im Schlechten. Diese Tage kamen einem wie Jahrhunderte vor.»[133]

Die chaotischen Zustände in der Auflösungsphase boten auch Spielräume zur Rettung von Kameraden. Schrade und anderen aus dem Krankenrevier gelang es am Tag des Abmarsches aller als gesund registrierten Häftlinge, noch 300 von ihnen als Kranke aufzunehmen und vor dem Abtransport zu bewahren. Rund 1500 Gefangene blieben nach der Räumung Flossenbürgs dort als Kranke zurück. Als am Abend die letzten SS-Männer verschwunden waren, waren sie auf sich gestellt. In der Nacht beobachtete Schrade, wie sich Menschen aus der Umgebung zu den Magazinen schlichen und dort plünderten. «Diese Leute», empörte er sich, «die keinerlei Gefühl für Moral besaßen, diese Bevölkerung, die über Leid und Not der Häftlinge immer schon Bescheid gewusst hatte – jetzt waren sie zynisch genug, um die Kleidung der Männer zu stehlen, die durch die Schuld Deutschlands ihr Leben verloren hatten.»[134]

Von den bis zu 30 000 Häftlingen, die Flossenbürg verlassen hatten, erreichten nur rund 6700 Dachau. Andere Kolonnen irrten kreuz und quer durch Oberbayern, da der Vormarsch der Alliierten ihnen immer wieder den Weg versperrte. In der letzten Aprilwoche wurden in Dachau und aus etlichen Außenlagern rund 25 000 Gefangene nach Süden in Marsch gesetzt. Die Häftlinge waren in vollkommener Ungewissheit, was mit ihnen passieren würde. Edgar Kupfer-Koberwitz mutmaßte am 23. April 1945 über das Schicksal einer Gruppe von Juden, die zum Transport antreten mussten: «Ich glaube, die Juden gehen in den Tod. – Es ist so schrecklich, das zu denken.»[135]

In den letzten Monaten, als die Befreiung so nah schien und jedem in Deutschland klar sein musste, dass der Krieg nur noch verloren werden konnte, starben noch mehr als 200 000 der Ende 1944 registrierten 714 000 Konzentrationslager-Häftlinge.

Auch für die bislang von Deportationen verschonten Juden, die in «privilegierten Mischehen» lebten, spitzte sich die Lage 1945 dramatisch zu. Mitte Januar fiel die Entscheidung, sie zu deportieren. Wegen der Bombenangriffe und des um sich greifenden Zusammenbruchs der Strukturen konnte dies jedoch nicht im vollen Umfang verwirklicht werden. Dennoch wurden etwa 2500 Menschen noch nach Theresienstadt verschleppt. Auch in Dresden machte man sich noch im Februar an die Organisation eines Transports. Victor Klemperer musste am 13. Februar Schreiben an diejenigen Juden verteilen, die «evakuiert» werden sollten. Die Verzweiflung war allgemein groß, doch der englische Angriff wenige Tage später ließ die Stadt im Chaos versinken. Für die wenigen dort noch lebenden Juden war dies die Rettung. Viele nutzten die Gelegenheit und entfernten, wie Klemperer auch, kurz entschlossen den Stern von ihrer Kleidung. Klemperer und seine Frau flohen nach Bayern und erlebten dort das Kriegsende; im gesamten Reichsgebiet überlebten ungefähr 15 000 deutsche Juden.

Schluss

Die NS-Diktatur wurde durch zahlreiche Verheißungen im Innern und politische Erfolge nach außen über viele Jahre von der Zustimmung der weitüberwiegenden Mehrheit der «Volksgenossen» getragen, während sie gegen eine kleine Minderheit «rassischer» und politischer Gegner auf Abschreckung und Terror setzte. Beide Seiten waren für die Formierung der nationalsozialistischen Volksgemeinschaft zentral; sie bedingten einander und standen in einem wechselseitigen dynamischen Verhältnis zueinander. Wer nicht unter den Feindbegriff der Nationalsozialisten, fiel, lebte bis in den Krieg hinein ein vergleichsweise «normales» Leben und kam mit den Verfolgungsinstanzen schwerlich in Berührung. Gleichwohl war diese Mehrheit der «Volksgenossen» für die Verbrechensgeschichte von 1933 bis 1945 von erheblicher Bedeutung. Denn das Regime war in seinem Handeln in hohem Maße auf Zustimmung, wenigstens aber stille Hinnahme durch die Volksgemeinschaft angewiesen. Jene große Mehrheit, die den Terror gegen politische Gegner in der Anfangszeit, die sich langsam steigernde Verfolgung der Juden, Sinti und Roma, Homosexuellen und vieler anderer schweigend hingenommen hatte, bestärkte letztlich die Akteure. Hatte man die frühen Schritte erst einmal unwidersprochen geschehen lassen, wurden diese bald schon Normalität und Grundlage für die Bewertung der weiteren, darauf aufbauenden Maßnahmen. In diesem fortschreitenden Prozess wurde Widerspruch immer unwahrscheinlicher, je weiter die Verbrechen vorangeschritten waren, denn das hätte das gesamte eigene Verhalten der Zeit zuvor in Frage gestellt.

Überdies entfalteten die Nationalsozialisten ein dynamisches System von Be- und Entschleunigung, von Terror und Ordnung, von Radikalisierung und Mäßigung. Dadurch und durch das Stillhalten vieler wurde die Verfolgungspolitik vorangetrieben. Dieser Prozess folgte keinem von vornherein festgefügten Masterplan und keinem festen Schema, vielmehr experimentierten die Führung und regionale Gewalten auch mit dem richtigen und für andere gerade noch hinnehmbaren Maß an Beschleunigung und Radikalisierung. Skeptische, beunruhigte und von Erscheinungen offenen Terrors abgeschreckte Bürger ließen sich vielfach «besänftigen», indem auf Ausbrüche der Gewalt «von unten» – seien sie inszeniert oder spontan gewesen – «von oben» mit Regelungen reagiert wurde, die dem Ordnungssinn der Bürger Rechnung trugen und den Anschein von Gesetzmäßigkeit wahrten.

In diesem dynamischen Beziehungsgeflecht musste jeder Stellung beziehen. Große Teile der Bevölkerung teilten rassistische Anschauungen – Antisemitismus, Homophobie sowie Hass und Verachtung für «Zigeuner» hatten lange Traditionen und waren tief im Alltag und Denken der Menschen verwurzelt. Diese rassistische Durchdringung der Gesellschaft wurde durch die Nationalsozialisten vertieft; wie selbstverständlich sprachen auch Regimegegner von «Rasse», «Ariern», «Asozialen» oder von der «Judenfrage». «Daß wir ‹Jude› sagen und ‹Arier›», schrieb Ruth Andreas-Friedrich im Oktober 1938, «beweist nur, wie sehr selbst die Andersdenkenden sich schon von der menschlichen Wertung entfernt haben.»[1] Tatenlosigkeit und Schweigen waren in dieser Gemengelage keine neutralen Haltungen mehr, sondern in letzter Konsequenz – wenn auch oft ungewollt – Bestätigung und Stütze für das Regime. Darauf konnte es bei jedem nächsten Schritt von Neuem aufbauen. Die Akteure auf allen Ebenen wurden nicht nur getragen von der Zustimmung vieler, sie konnten sich auch von einer stillen Masse in ihrem Handeln bekräftigt fühlen.

Aus diesem moralischen Dilemma konnten nur aktiver Widerstand und Solidarität mit den Verfolgten befreien. Die Abschreckungsseite des Regimes war darauf ausgerichtet, beides im Keim zu ersticken. Daher suchte die Gestapo durchaus die Öffentlichkeit und inszenierte ihren eigenen Mythos. Auch die Konzentrationslager befanden sich im Halbdunkel zwischen medialer Präsenz und Tabu. Das diente nicht allein der Abschreckung, sondern entsprach einer auf Zustimmung der Volksgemeinschaft ausgerichteten Propaganda, die Gefangene als Kriminelle und «Asoziale» darstellte und das Handeln der Regierung als überfälliges hartes Durchgreifen vermarktete. In der zweiten Hälfte der dreißiger Jahre waren die Konzentrationslager medial weniger präsent, doch in der zweiten Kriegshälfte änderte sich das erneut. Jetzt aber waren es keine Propagandabilder, sondern die Lager und ihre Häftlinge selbst, die im ganzen Land massiv sichtbar wurden. Terror und Gewalt traten gewissermaßen aus dem Halbdunkel wieder hinaus: auf die Straßen, mitten in die Orte hinein.

Verfolgung, Demütigung und Gewalt gingen nicht allein aus von den vielen Akteuren in Partei, Verwaltung oder SS und Polizei. Zahlreiche Berichte zeugen von Diskriminierung und Gewalt als zwischenmenschlichem Phänomen des Alltags, angefangen vom «kalten Boykott», der gesellschaftlichen Isolierung der Verfolgten, über Beschimpfungen und Denunziationen bis hin zu körperlicher Gewalt. Dabei waren es immer wieder Kinder und Jugendliche, die als besonders aktiv geschildert wurden. Diese wuchsen inmitten eines rassistisch aufgeladenen Umfelds auf, sogen die Ideologie nolens volens in der Schule und in der Hitler-Jugend auf und sahen, wie bestimmte Erwachsene straflos verächtlich gemacht und geschlagen wurden. Gegen die moralische Korrumpierung und Verrohung vieler Kinder und Jugendlicher waren die Eltern zunehmend machtlos – vorausgesetzt, sie erkannten darin überhaupt ein Problem, dem es sich zu widersetzen galt. Diese Prägungen großer Teile einer ganzen Generation konnten, das sahen bereits zeitgenössische Beobachter, kaum ohne langfristige moralische und psychische Folgen bleiben. Diese Hypothek ebenso wie die moralische Deformation vieler

Erwachsener, die durch ihr Mittun, ihre Komplizenschaft und Mitwisserschaft oder ihr Schweigen belastet waren, drohten einen politischen und gesellschaftlichen Neuanfang nach dem Ende der NS-Herrschaft erheblich zu belasten.

Darunter litten auch die überlebenden Verfolgten. Nachdem sie über Jahre hinweg an den Rand gedrängt und in ihrer Not weitgehend alleine gelassen worden waren, nachdem sie kaum beschreibbares körperliches und seelisches Leid erlitten hatten, viele Angehörige und ihren Besitz verloren hatten, trugen sie schwer an den psychischen Folgen des Erlittenen, die vielfach bis in die Gegenwart reichen. Viele berichteten in den ersten Jahren nach der Befreiung in Büchern, Broschüren und Artikeln von ihrer Verfolgung. Die postnationalsozialistische Volksgemeinschaft aber verschloss ihre Ohren davor, nur wenige nahmen die Zeugnisse der Opfer überhaupt zur Kenntnis, und viele taten sie als «Gräuelpropaganda» der Alliierten ab. Bereits Ende 1946 stellte Walter Adam fest, dass «schon jetzt eine Propaganda von Mund zu Mund eifrigst bemüht ist, die bisher erschienenen Berichte aus den Konzentrationslagern als Tendenzlügen oder als maßlose Übertreibungen abzutun. Das sind Symptome einer wiedererwachenden nationalistischen Gesinnung, der nicht rasch und scharf genug begegnet werden kann.»[2] Adams Hoffnung, solchen Entwicklungen mit der Publikation seiner schon im April 1945 verfassten Erinnerungen an die Haft in Dachau und Flossenbürg entgegenwirken zu können, erfüllten sich nicht. Sein Werk wurde, wie viele andere auch, kaum gelesen. Opfergruppen wie Homosexuelle, «Asoziale», «Berufsverbrecher» oder Sinti und Roma hatten nicht einmal die Gelegenheit, ihre Geschichte zu erzählen. Ihre Diskriminierung und Kriminalisierung reichte weit über das Kriegsende hinaus: bis in die siebziger Jahre, zum Teil bis in unsere Tage.

Anmerkungen

«Ihr wißt, wollt es aber nicht wissen»

1 Thomas Mann: Deutsche Hörer! Radiosendungen nach Deutschland aus den Jahren 1940 bis 1945, Frankfurt a.M. 1987, S. 45.

2 Ebd.

3 Ebd., S. 46.

4 Ebd.

I. «Warum macht man uns zu Parias?»

1 Die Verfolgung und Ermordung der europäischen Juden durch das nationalsozialistische Deutschland, hrsg. von Götz Aly u.a., Band 1: Deutsches Reich 1933–1937, München 2008, Dok. 6, S. 78 (Künftig: VEJ 1).

2 Die Aufschrift «Ich werde mich nie mehr bei der Polizei beschweren» ist eine nachträgliche Rekonstruktion. Es waren und sind bis heute hiervon verschiedene Versionen im Umlauf.

3 Stefan Lorant: Ich war Hitlers Gefangener. Ein Tagebuch 1933, München 1987, S. 103 f.

4 VEJ 1/6. S. 78.

5 *Vossische Zeitung*, Abend-Ausgabe, 30. 1. 1933, S. 1.

6 *Jüdische Rundschau*, 31. 1. 1933, S. 1. Zitiert nach VEJ 1/1, S. 65 f.

7 Erich Ebermayer: Denn heute gehört uns Deutschland ... Persönliches und politisches Tagebuch. Von der Machtergreifung bis zum 31. Dezember 1935, Hamburg/Wien 1959, S. 17 (Eintrag vom 2. 2. 1933).

8 Willy Cohn: Kein Recht, nirgends. Tagebuch vom Untergang des Breslauer Judentums 1933–1941. Band 1, hrsg. von Norbert Conrads, Köln/Wien/Weimar 2006, S. 6 (Eintrag vom 30. 1. 1933).

9 Harry Graf Kessler: Das Tagebuch. Band 9 : 1926–1937, hrsg. von Sabine Gruber/Ulrich Ott, Stuttgart 2010, S. 538 (Eintrag vom 31. 1. 1933).

10 Johann Wilhelm Brügel/Norbert Frei: Berliner Tagebuch 1932–1934. Aufzeichnungen des tschechoslowakischen Diplomaten Camill Hoffmann in: VfZ 36 (1988), S. 159 (Eintrag vom 30. 1. 1933).

11 Sebastian Haffner: Geschichte eines Deutschen. Die Erinnerungen 1914–1933, München 2002, S. 107.

12 Tagebuch Luise Solmitz, in: Frank Bajohr/Beate Meyer/Joachim Szodrzynski (Hrsg.): Bedrohung, Hoffnung, Skepsis. Vier Tagebücher des Jahres 1933, Göttingen 2013, S. 143–270, hier S. 152 (Eintrag vom 30. 1. 1933).
13 Elisabeth Gebensleben-von Alten an ihre Tochter Irmgard Brester-Gebensleben, 3. 2. 1933 in: Hedda Kalshoven: Ich denk so viel an Euch. Ein deutsch-holländischer Briefwechsel 1920–1949, München 1995, S. 160 f.
14 Der Aufruf der Reichsregierung. In: *Vossische Zeitung*, Morgen-Ausgabe, 2. 2. 1933, S. 3 (Hervorhebung im Original).
15 Max Domarus: Hitler. Reden und Proklamationen 1932–1945. Kommentiert von einem deutschen Zeitgenossen. Band I: Triumph. Erster Halbband 1932–1934, München 1965, S. 195.
16 Klaus Mann: Tagebücher 1931 bis 1933, hrsg. von Joachim Heimannsberg/Peter Laemmle/Wilfried F. Schoeller, München 1989, S. 117 (Eintrag vom 16. 2. 1933).
17 «Jede Freundschaft mit mir ist verderblich». Joseph Roth und Stefan Zweig. Briefwechsel 1927–1938, hrsg. von Madeleine Rietra/Rainer Joachim Siegel, Göttingen 2011, S. 91.
18 Kurt Tucholsky an Walter Hasenclever, 4. 3. 1933, in: Kurt Tucholsky: Gesamtausgabe Texte und Briefe. Band 20: Briefe 1933–1934, hrsg. von Antje Bonitz/Gustav Huonker, Reinbek 1996, S. 15.
19 Kessler, Tagebuch, S. 542 (Eintrag vom 17. 2. 1933).
20 Brügel/Frei, Tagebuch, S. 163 (Eintrag vom 20. 2. 1933).
21 Kessler, Tagebuch, S. 544 (Eintrag vom 19. 2. 1933).
22 Ebd., S. 545 (Eintrag vom 22. 2. 1933).
23 So überliefert es Rudolf Diels, der erste Chef der Gestapo: Rudolf Diels: Lucifer ante Portas. ... es spricht der erste Chef der Gestapo ..., Stuttgart 1950, S. 194.
24 Verordnung des Reichspräsidenten zum Schutz von Volk und Staat, 28. 2. 1933, RGBl I, Nr. 17, 1933, S. 83.
25 Ebermayer, Deutschland, S. 33 (Eintrag vom 28. 2. 1933).
26 *Vossische Zeitung*, Morgen-Ausgabe, 4. 3. 1933, S. 3.
27 Vgl. u. a. die Berichterstattung der Vossischen Zeitung im März 1933.
28 Vgl. Cohn, Recht, S. 16 (Eintrag vom 4. 3. 1933).
29 Elisabeth Gebensleben an Irmgard Brester-Gebensleben, 10. 3. 1933, in: Kalshoven, Briefwechsel, S. 169.
30 Vgl. u. a. Halbmonatsbericht des Regierungspräsidenten von Oberbayern, 20. 3. 1933, in: Bayern in der NS-Zeit. Soziale Lage und politisches Verhalten der Bevölkerung im Spiegel vertraulicher Berichte, hrsg. von Martin Broszat/Elke Fröhlich/Falk Wiesemann, München 1977, S. 209.
31 Solmitz, Tagebuch, S. 179 (Eintrag vom 24. 3. 1933).
32 Ebermayer, Deutschland, S. 47 (Eintrag vom 25. 3. 1933).
33 Ebd.
34 Tagebuch Nikolas Sieveking, in: Frank Bajohr/Beate Meyer/Joachim Szodrzynski (Hrsg.): Bedrohung, Hoffnung, Skepsis. Vier Tagebücher des Jahres 1933, Göttingen 2013, S. 403–461, hier S. 419 (Eintrag vom 24. 3. 1933).

35 Ebd.

36 Vgl. Victor Klemperer, Tagebücher 1933–1934, hrsg. von Walter Nowojski unter Mitarbeit von Hadwig Klemperer, Berlin [3]1999, S. 9 (Eintrag vom 10. 3. 1933).

37 Cohn, Recht, S. 14 (Eintrag vom 28. 2. 1933).

38 VEJ 1/3, S. 69.

39 Vgl. *Jüdische Rundschau*, 7. 2. 1933. Zitiert nach: Wolfgang Benz (Hrsg.): Die Juden in Deutschland 1933–1945. Leben unter nationalsozialistischer Herrschaft, dritte, durchgesehene Auflage, München 1993, S. 20.

40 Cohn, Recht, S. 7 (Eintrag vom 31. 1. 1933).

41 Walter Tausk: Breslauer Tagebuch 1933–1940, Berlin 1975, S. 35 (Eintrag vom 11. 3. 1933).

42 Preußische Politische Polizei, Bericht, 11. 3. 1933, in: Otto Dov Kulka/Eberhard Jäckel (Hrsg.): Die Juden in den geheimen NS-Stimmungsberichten 1933–1945, Düsseldorf 2004, S. 46.

43 VEJ 1/9, S. 81 f.

44 Vgl. die ausführliche Dokumentation anhand der deutschen Presse in: Das Schwarzbuch. Tatsachen und Dokumente. Die Lage der Juden in Deutschland 1933, hrsg. vom Comité des Délégations Juives, Paris 1934, S. 94–101; Tausk, Tagebuch, S. 37–41; Cohn, Recht, S. 18–21.

45 Tausk, Tagebuch, S. 41 (Eintrag vom 17. 3. 1933).

46 Preußische Politische Polizei, Bericht, 11. 3. 1933, in: Kulka/Jäckel (Hrsg.), Juden, S. 46.

47 *Manchester Guardian*, 27. 3. 1933. Zitiert nach: Schwarzbuch, S. 497.

48 Elisabeth Gebensleben an Irmgard Brester-Gebensleben, 14. 3. 1933, in: Kalshoven, Briefwechsel, S. 175.

49 Ebd., S. 176.

50 Cohn, Recht, S. 18 (Eintrag vom 13. 3. 1933).

51 Thea Sternheim: Tagebücher 1903–1971. Band 2: 1925–1936, hrsg. von Thomas Ehrsam/Regula Wyss, Göttingen 2002, S. 489 (Eintrag vom 16. 3. 1933).

52 Konrad Heiden: Die Geburt des dritten Reiches. Die Geschichte des Nationalsozialismus bis Herbst 1933, Zürich 1934, S. 115.

53 Michael Wildt: Volksgemeinschaft als Selbstermächtigung. Gewalt gegen Juden in der deutschen Provinz 1919 bis 1939, Hamburg 2007, S. 106.

54 Sternheim, Tagebücher, S. 491 (Eintrag vom 31. 3. 1933).

55 Kurt Tucholsky an Walter Hasenclever, 4. 3. 1933, in: Tucholsky, Gesamtausgabe, Bd. 20, S. 15 f.

56 Kulka/Jäckel, Juden, S. 47 f.

57 VEJ 1/17, S. 101 f.

58 Telegramm des deutschen Botschafters vom 20. 3. 1933. In: VEJ 1/11, S. 88 f.

59 *New York Times*, 27. 3. 1933. In: VEJ 1/14, S. 92 f.

60 Bericht des französischen Botschafters vom 30. 3. 1933. In: Bajohr/Strupp (Hrsg.), Blicke, S. 361.

61 Bericht des amerikanischen Generalkonsuls vom 31. 3. 1933. In: ebd., S. 363.

62 Thomas Mann, Tagebücher 1933–1934, hrsg. von Peter de Mendelssohn, Frankfurt a.M. 1977, S. 29 (Eintrag vom 31. 3. 1933).

63 Klemperer, Tagebücher 1933–1934, S. 15 (Eintrag vom 30. 3. 1933).

64 Tausk, Tagebuch, S. 48 (Eintrag vom 30. 3. 1933).

65 Elisabeth Gebensleben an Irmgard Brester-Gebensleben, 30. 3. 1933. In: Kalshoven, Briefwechsel, S. 187.

66 Solmitz, Tagebuch, S. 182 (Eintrag vom 29. 3. 1933).

67 So etwa Nikolas Sieveking und Cornelius Freiherr von Berenberg-Goßler.

68 Das Tagebuch der Hertha Nathorff. Berlin – New York. Aufzeichnungen 1933 bis 1945, hrsg. von Wolfgang Benz, Frankfurt a.M. 1988, S. 38 (Eintrag vom 1. 4. 1933).

69 Erich Leyens/Lotte Andor: Die fremden Jahre. Erinnerungen an Deutschland, Frankfurt a.M. 1991, S. 17 f. Zitat S. 18.

70 Darüber berichtete der *Lübecker Generalanzeiger* am 6. April 1933. Abgedruckt in: Schwarzbuch, S. 314.

71 Jochen Klepper: Unter dem Schatten deiner Flügel. Aus den Tagebüchern der Jahre 1932–1942, Stuttgart 1971, S. 41 (Eintrag vom 27. 3. 1933).

72 Zitiert nach: Wildt, Volksgemeinschaft, S. 123.

73 Solmitz, Tagebuch, S. 191 (Eintrag vom 12. 4. 1933).

74 Rede des Polizeipräsidenten von Frankfurt a.M., General von Westrem, 21. 3. 1933. Abgedruckt in: Schwarzbuch, S. 60 f.

75 Joseph Walk (Hrsg.): Das Sonderrecht für die Juden im NS-Staat. Eine Sammlung der gesetzlichen Maßnahmen und Richtlinien – Inhalt und Bedeutung, Heidelberg ^{2}1996, S. 5–18.

76 Gesetz zur Wiederherstellung des Berufsbeamtentums, 7. 4. 1933. In: VEJ 1/29, S. 130–134.

77 Erste Verordnung zur Durchführung des Gesetzes zur Wiederherstellung des Berufsbeamtentums, 11. 4. 1933. In: ebd./32, S. 137 f.

78 Klemperer, Tagebücher 1933–1934, S. 20 (Eintrag vom 10. 4. 1933).

79 Walk, Sonderrecht, S. 12.

80 Kurt F. Rosenberg: «Einer, der nicht mehr dazugehört». Tagebücher 1933–1937, hrsg. von Beate Meyer/Björn Siegel, Göttingen 2013, S. 87 (Eintrag vom 1. 5. 1933).

81 Ebd.

82 Solmitz, Tagebuch, S. 198 f. (Eintrag vom 28. 4. 1933).

83 Zahlen nach Gellately, Robert: Hingeschaut und weggesehen. Hitler und sein Volk, Stuttgart/München 2002, S. 86 f.; Schneider, Michael: Unterm Hakenkreuz. Arbeiter und Arbeiterbewegung 1933 bis 1939, Bonn 1999, S. 455.

84 Tausk, Tagebuch, S. 108 (Eintrag Ende August 1933).

85 Ebd., S. 109.

86 Tausk, Tagebuch, S. 82 f. u. 87 (Einträge vom 30. 6. u. 3. 7. 1933); Cohn, Recht, S. 55 (Eintrag vom 24. 6. 1933).

87 Ein Konzentrationslager für politische Gefangene. In: *Münchner Neueste Nachrichten*, 21. 3. 1933. Die *Vossische Zeitung* brachte die Nachricht schon am 20. 3. 1933 auf Seite 2 in ihrer Abend-Ausgabe.

88 *Dachauer Zeitung*, 23.5.1933. Zitiert nach: Sybille Steinbacher, Dachau. Die Stadt und das Konzentrationslager in der NS-Zeit. Die Untersuchung einer Nachbarschaft, Frankfurt a.M. u.a. [2]1994, S. 151.
89 *Dachauer Zeitung*, 23.3.1933. Zitiert nach: ebd., S. 186.
90 Mann, Klaus, Tagebücher, S. 128 (Eintrag vom 31.3.1933). Ähnlich auch ebd. S. 149 (Eintrag vom 22.6.1933).
91 Mann, Thomas, Tagebücher 1933–1934, S. 42 (Eintrag vom 8.4.1933).
92 Kurt Tucholsky an Walter Hasenclever, 4.3.1933, in: Tucholsky, Gesamtausgabe, S. 14.
93 Bericht des stellvertretenden italienischen Generalkonsuls in Hamburg, 26.4.1933, in: Bajohr/Strupp, Blicke, S. 371.
94 *New York Times*, 24.12.1933, S. 10, in: VEJ 1/91, S. 271–273.
95 Rosenberg, Tagebücher, S. 76 (Eintrag vom 6.4.1933).
96 Ebd., S. 128 (Eintrag vom 7.8.1933).

II. «Wie ein langsames Sterben»

1 O. Schmeil: Naturkunde für Mittelschulen. Sechstes Heft: Menschenkunde, bearbeitet von L. Koopmann/E. Reimers, Leipzig [2]1938, S. 100.
2 Ebd., S. 105.
3 Bericht des polnischen Generalkonsuls vom 24.5.1933, in: Bajohr/Strupp, Fremde Blicke, S. 376.
4 Kirchengesetz betreffend die Rechtsverhältnisse der Geistlichen und Kirchenbeamten, 6.9.1933, in: VEJ 1/75, S. 239.
5 Zahlen nach Kaplan, Marion: Der Mut zum Überleben. Jüdische Frauen und ihre Familien in Nazideutschland, Berlin 2003, S. 140, 145 u. 152.
6 Hans Winterfeldt, Ein Kind erlebt die Ausgrenzung, in: Margarete Limberg/Hubert Rübsaat (Hrsg.): Sie durften nicht mehr Deutsche sein. Jüdischer Alltag in Selbstzeugnissen 1933–1938, Frankfurt a.M./New York 1990, S. 213.
7 Ernst Loewenberg, Ich möchte gern ein Nazi sein, in: ebd., S. 218.
8 Cohn, Recht, S. 149 (Eintrag vom 18.8.1934).
9 Nathorff, Tagebuch, S. 42 (Eintrag vom 1.5.1933).
10 Ebd., S. 52 (Eintrag vom 13.10.1933).
11 Ebd., S. 54 (Eintrag vom 10.1.1934).
12 Rosenberg, Tagebücher, S. 87 (Eintrag vom 1.5.1933).
13 Ebd., S. 96 (Eintrag vom 4.5.1933).
14 Ebd., S. 125 (Eintrag vom 25.6.1933).
15 Ebd., S. 111 u. 129 (Einträge vom 30.5. u. 20.8.1933).
16 Ebd., S. 105 (Eintrag vom 27.5.1933).
17 Ebd., S. 132 (Eintrag vom 20.8.1933).
18 Ebd., S. 144 (Eintrag vom 6.9.1933).
19 VEJ 1/151, S. 403.
20 Rosenberg, Tagebücher, S. 196 (Eintrag vom 19.5.1934).
21 Ebd., S. 204 (Eintrag vom 1.6.1934).

22 Ebd., S. 218 (Eintrag vom 28. 6. 1934).
23 Ebd., S. 282 (Eintrag vom 22. 3. 1935).
24 Klemperer, Tagebücher 1933–1934, S. 22 (Eintrag vom 12. 4. 1933).
25 Klemperer, Tagebücher 1935–1936,, hrsg. von Walter Nowojski unter Mitarbeit von Hadwig Klemperer, Berlin ³1999, S. 38 (Eintrag vom 21. 7. 1935).
26 Cohn, Recht, S. 32 (Eintrag vom 17. 4. 1933).
27 Ebd., S. 118 (Eintrag vom 31. 12. 1933).
28 Nathorff, Tagebuch, S. 42 (Eintrag vom 5. 5. 1933).
29 Ebd., S. 44 (Eintrag vom 17. 5. 1933).
30 Ebd., S. 49 (Eintrag vom 30. 8. 1933).
31 Kardinal Faulhaber an Alois Wurm, 8. 4. 1933, in: VEJ 1/30, S. 135.
32 VEJ 1/151, S. 404.
33 Lagebericht der Staatspolizeistelle für den Regierungsbezirk Münster für Mai 1935, in: Meldungen aus Münster 1924–1944. Geheime und vertrauliche Berichte von Polizei, Gestapo, NSDAP und ihren Gliederungen, staatlicher Verwaltung, Gerichtsbarkeit und Wehrmacht über die politische und gesellschaftliche Situation in Münster, eingeleitet und bearbeitet von Joachim Kuropka, Münster 1992, S. 285.
34 U. a. in ihren Berichten vom 2. 10. 1933, 16. 4. u. 4. 5. 1934. Vgl. Die Lageberichte der Geheimen Staatspolizei über die Provinz Hessen-Nassau 1933–1936, hrsg. von Thomas Klein, Band 1, Köln/Wien 1986, S. 71, 80 f. u. 88.
35 Lagebericht Mai 1934, 1. 6. 1934. In: ebd., S. 111.
36 Regierungspräsident Ober- und Mittelfranken, Bericht für die zweite Hälfte September, 6. 10. 1933, in: Kulka/Jäckel, Juden, S. 56.
37 Stapostelle Regierungsbezirk Kassel, Lagebericht für August, 29. 8. 1933, in: ebd., S. 54.
38 Klepper, Schatten, S. 95 (Eintrag vom 6. 10. 1933).
39 Monatsbericht der Polizeidirektion München, 4. 6. 1935, in: Bayern in der NS-Zeit. Band 1: Soziale Lage und politisches Verhalten der Bevölkerung im Spiegel vertraulicher Berichte, hrsg. von Martin Broszat/Elke Fröhlich/Falk Wiesemann, München 1977, S. 443 f.
40 Schreiben von Leopold Weinmann an das Reichsministerium des Innern, 26. 5. 1935, in: VEJ 1/168, S. 441.
41 VEJ 1/169, S. 442.
42 Nathorff, Tagebuch, S. 71 (Eintrag vom 18. 6. 1935).
43 Klepper, Schatten, S. 179 (Eintrag vom 21. 7. 1935).
44 Bericht über die Lage in Deutschland Nr. 7, Juli 1935. In: Deutschland-Berichte. Band 2, S. 800.
45 Rosenberg, Tagebücher, S. 298 (Eintrag vom 25. 7. 1935).
46 Ebd.
47 Zitiert nach: Wildt, Volksgemeinschaft, S. 233.
48 Stapostelle Regierungsbezirk Breslau, Übersicht über die Staatspolizeistellen Breslau, Liegnitz und Oppeln, 5. 7. 1935, in: Kulka/Jäckel, Juden, S. 142.

49 Stapostelle Regierungsbezirk Breslau, Übersicht über die Staatspolizeistellen Breslau, Liegnitz und Oppeln, 3. 8. 1935, in: ebd., S. 149.
50 Bericht über die Lage in Deutschland Nr. 8, August 1935, in: Deutschland-Berichte, Band 2, S. 930.
51 Landrat Gelnhausen, Bericht für Juli und August 1935, 31. 7. 1935, in: Kulka/Jäckel, Juden, S. 157.
52 Stapostelle Regierungsbezirk Köln, Bericht für Juni 1935, 7. 7. 1935, in: ebd., S. 143.
53 Bericht über die Lage in Deutschland, Nr. 8, August 1935, in: Deutschland-Berichte, Band 2, S. 922.
54 Rosenberg, Tagebücher, S. 298 (Eintrag vom 25. 7. 1935).
55 Runderlass des Reichs- und Preußischen Ministers des Innern, 27. 7. 1935, in: VEJ 1/181, S. 459.
56 Vermerk, 20. 12. 1934, in: VEJ 1/146, S. 391 f.
57 Schreiben des Gestapa Berlin an den Reichsjustizminister, 28. 5. 1935, in: VEJ 1/170, S. 443.
58 Walk, Sonderrecht, S. 115 f.
59 Vermerk des Geheimen Staatspolizeiamts, 20. 8. 1935, in: VEJ 1/189, S. 473.
60 Ebd., S. 474.
61 Ebd., S. 478.
62 Schreiben des Geheimen Staatspolizeiamts, 9. 9. 1935, in: VEJ 1/195, S. 486–489.
63 Reichsbürgergesetz, 15. 9. 1935, in: VEJ 1/198, S. 492.
64 Gesetz zum Schutze des deutschen Blutes und der deutschen Ehre, 15. 9. 1935, in: VEJ 1/199, S. 493.
65 Die Tagebücher von Joseph Goebbels, hrsg. von Elke Fröhlich. Teil I: Aufzeichnungen 1923–1941. Band 3/I: April 1934 – Februar 1936, München 2005, S. 294 (Eintrag vom 17. 9. 1935).
66 *Westdeutscher Anzeiger*, 16. 9. 1935. Zitiert nach: Peter Longerich, «Davon haben wir nichts gewusst!» Die Deutschen und die Judenverfolgung 1933–1945, München 2006, S. 93.
67 Rosenberg, Tagebücher, S. 309 (Eintrag vom 29. 12. 1935).
68 Klemperer, Tagebücher 1935–1936, S. 49 (Eintrag vom 17. 9. 1935).
69 Ebd., S. 50 (Eintrag vom 5. 10. 1935). Das folgende Zitat ebd. (Hervorhebung im Original).
70 Cohn, Recht, S. 276 (Eintrag vom 16. 9. 1935).
71 Ebd., S. 277 (Eintrag vom 19. 9. 1935).
72 Ebd.
73 Rosenberg, Tagebücher, S. 309 (Eintrag vom 29. 12. 1935).
74 Erklärung der Reichsvertretung, *Jüdische Rundschau*, 24. 9. 1935, in: VEJ 1/201, S. 499.
75 Stapostelle Landespolizeibezirk Berlin, Bericht für September 1935, ohne Datum, in: Kulka/Jäckel, Juden, S. 158.
76 Stapostelle Regierungsbezirk Magdeburg, Bericht für September 1935, 5. 10. 1935, in: ebd., S. 161.

77 Bericht über die Lage in Deutschland, Nr. 1, Januar 1936, in: Deutschland-Berichte, Band 3, S. 24.
78 Ebd., S. 26.
79 Ebd., S. 27.
80 Ebd., S. 26.
81 Bericht des französischen Botschafters vom 30. 10. 1935, in: Bajohr/Strupp, Blicke, S. 438.
82 Ebd.
83 Stapostelle Regierungsbezirk Hannover, Bericht für Oktober 1935, 4. 11. 1935, in: Kulka/Jäckel, Juden, S. 169.
84 Erste Verordnung zum Reichsbürgergesetz, 14. 11. 1935, in: VEJ 1/210, S. 521 f.
85 Zahlen nach: Saul Friedländer: Das Dritte Reich und die Juden. Die Jahre der Verfolgung 1933–1939, München 2000, S. 168.
86 Runderlass des Reichs- und Preußischen Ministers des Innern, 5. 2. 1936, in: VEJ 1/225, S. 558 f.
87 Ein Paradies für Erpresser, *Pariser Tageszeitung*, 23. 6. 1935, in: VEJ 1/235, S. 580.
88 Rosenberg, Tagebücher, S. 343 (Eintrag vom 26. 4. 1936).
89 Ebd., S. 347 (Eintrag vom 6. 5. 1936).
90 Klemperer, Tagebücher 1935–1936, S. 89 (Eintrag vom 28. 4. 1936).
91 Nathorff, Tagebuch, S. 86 (Eintrag vom 8. 8. 1936).
92 Vermerk, gez. Stuckart (RMI), 29. 9. 1936, in: VEJ 1/248, S. 602.
93 Ebd.
94 SD-Hauptamt II 112, Zum Judenproblem, Januar 1937, in: Kulka/Jäckel, Juden, S. 215.
95 Ebd., S. 217.
96 Rede des Reichsminister des Innern, Wilhelm Frick, auf der ersten Sitzung des Sachverständigenbeirats für Bevölkerungs- und Rassenpolitik, 28. 6. 1933, in: «Gemeinschaftsfremde». Quellen zur Verfolgung von «Asozialen» 1933–1945, bearbeitet von Wolfgang Ayaß, Koblenz 1998, S. 7.
97 Zitiert nach: Hans-Walter Schmuhl: Rassenhygiene, Nationalsozialismus, Euthanasie. Von der Verhütung zur Vernichtung «lebensunwerten Lebens», 1890–1945, Göttingen 1987, S. 155.
98 Vorwort zum Kommentar zum Gesetz zur Verhütung erbkranken Nachwuchses, in: Ernst Klee (Hrsg.), Dokumente zur «Euthanasie,» Frankfurt a. M. 1992, S. 52.
99 Forschungsstelle für Zeitgeschichte, Hamburg (FZH), 11/Sx Solmitz Tagebücher, S. 124 (Eintrag vom 1. 1. 1934).
100 Zitiert nach: Christoph Braß, Zwangssterilisation und «Euthanasie» im Saarland 1933–1945, Paderborn u. a. 2004, S. 160.
101 Zahlen nach Schmuhl, Hans-Walter: Rassenhygiene, Nationalsozialismus, Euthanasie. Von der Verhütung zur Vernichtung ‹lebensunwerten Lebens› 1890–1945, Göttingen 1987, S. 159.
102 Zitiert nach: Sonja Endres: Zwangssterilisation in Köln 1934–1945, Köln 2010, S. 187.

103 Zitiert nach: Schmuhl, Rassenhygiene, S. 173.

104 Schmeil, Naturkunde, S. 95.

105 Zitiert nach: Rainer Pommerin: Sterilisierung der Rheinlandbastarde. Das Schicksal einer farbigen deutschen Minderheit 1918–1937, Düsseldorf 1979, S. 62.

106 Zitiert nach: Pommerin, Sterilisierung, S. 72.

107 Zitiert nach: Michael Zimmermann: Rassenutopie und Genozid. Die nationalsozialistische «Lösung der Zigeunerfrage», Hamburg 1996, S. 82.

108 Zitiert nach: Richard Evans: Das Dritte Reich. Band 1. Aufstieg, München 2004, S. 458.

109 Zitiert nach: Carsten Dams/Michael Stolle: Die Gestapo. Herrschaft und Terror im Dritten Reich, München 2008, S. 19.

110 Ebermayer, Erinnerungen, S. 75 (Eintrag vom 8. 5. 1933).

111 Gesetz gegen gefährliche Gewohnheitsverbrecher und über Maßregeln der Sicherung und Besserung, 24. 11. 1933, in: Ayaß, «Gemeinschaftsfremde», S. 48.

112 Gesetz zur Änderung des Strafgesetzbuches, 28. 6. 1935, RGBl. I, S. 839.

113 Geheimerlass Himmlers betr.: Bekämpfung der Homosexualität und der Abtreibung, 10. 10. 1936, in: Günter Grau (Hrsg.): Homosexualität in der NS-Zeit. Dokumente einer Diskriminierung und Verfolgung, Frankfurt am Main 1993, S. 122.

114 Vortrag von Josef Meisinger auf der Dienstversammlung der Medizinaldezernenten und -referenten in Berlin, 5./6. 4. 1936, in: Grau, Homosexualität, S. 148.

115 Ansprache Himmlers vor SS-Gruppenführern, Bad Tölz, 18. 2. 1937, in: ebd., S. 131.

116 Lutz van Dijk (Hrsg.): «Ein erfülltes Leben – trotzdem ...» Erinnerungen Homosexueller 1933–1945, Reinbek 1992, S. 29–31.

117 Ebermayer, Erinnerungen, S. 24 (Eintrag vom 17. 2. 1936).

118 Ebermayer, Erinnerungen, S. 83 (Eintrag vom 25. 6. 1936).

119 Zitiert nach: Nikolaus Wachsmann: Gefangen unter Hitler. Justizterror und Strafvollzug im NS-Staat, München 2006, S. 173.

120 Deutschland-Bericht der SPD, Nr. 1, Januar 1935. In: Deutschland-Berichte der Sozialdemokratischen Partei Deutschlands (Sopade) 1934–1940. Zweiter Jahrgang. 7. Auflage. Salzhausen/Frankfurt a. M. 1989, S. 138

121 Zitiert nach: Thomas Gebauer: Das KPD-Dezernat der Gestapo Düsseldorf, Hamburg 2011, S. 191.

122 Ebd., S. 193.

123 Ebb., S. 199.

124 Lagebericht der Staatspolizeistelle für den Regierungsbezirk Münster für Oktober 1935. In: Meldungen aus Münster, S. 270.

125 Detlev Garbe: Zwischen Widerstand und Martyrium. Die Zeugen Jehovas im «Dritten Reich», München 1993, S. 150.

126 Ebd., S. 173.

127 Ebd., S. 184.

128 Ebd., S. 207.

129 Ebd., S. 235.
130 Rundschreiben des Gaupersonalamtsleiters an alle Gauamtsleiter, Gauinspekteure und Kreisleiter, 14. 1. 1937, in: Meldungen aus Münster, S. 288.
131 Hans Werner Kusserow: Der lila Winkel. Die Familie Kusserow. Zeugen Jehovas unter der Nazidiktatur, Bonn 1998, S. 55.

III. «Von denen sitzt keiner zu Unrecht»

1 Sales Hess: Dachau eine Welt ohne Gott, Nürnberg 1946, S. 201. Das folgende Zitat ebd.
2 Zitiert nach: Peter Longerich: Heinrich Himmler. Biographie, München 2008, S. 255.
3 Ebd., S. 253.
4 Dok. 1992(A)-PS, in: IMT Bd. XXIX, S. 220.
5 Konzentrationslager-Schau, in: *Neuer Vorwärts*, Nr. 52, 10. 6. 1934.
6 Ebermayer, Erinnerungen, S. 44 (Eintrag vom 20. 3. 1933).
7 Gerhart Seger: Oranienburg. Erster authentischer Bericht eines aus dem Konzentrationslager Geflüchteten, Prag 1934, S. 76.
8 Werner Schäfer: Konzentrationslager Oranienburg. Das Anti-Braunbuch über das erste deutsche Konzentrationslager, Berlin 1934.
9 Max Abraham: Juda verrecke. Ein Rabbiner im Konzentrations-Lager, Teplitz-Schönau 1934.
10 Hans Beimler: Im Mörderlager Dachau. Vier Wochen in den Händen der braunen Banditen, Moskau 1933.
11 Ebermayer, Erinnerungen, S. 144 (Eintrag vom 27. 7. 1933).
12 Bericht von Francesco Pitaalis, dem italienischen Generalkonsul in München, 19. 11. 1933, in: Bajohr/Strupp, Blicke, S. 393 f.
13 Bericht über die Lage in Deutschland, Nr. 5, Mai 1937, in: Deutschland-Berichte. Band 4, S. 689.
14 Abraham, Juda verrecke.
15 Bericht des französischen Generalkonsuls in München, 15. 6. 1937, in: Bajohr/Strupp, Blicke, S. 471.
16 Zitiert nach: Detlev Garbe: Der lila Winkel. Die «Bibelforscher» (Zeugen Jehovas) in den Konzentrationslagern, in: Dachauer Hefte 10 (1994), S. 3–31, hier S. 9.
17 Ebd., S. 13.
18 Ebd., S. 16, FN 31.
19 Zitiert nach: Karin Orth: Das System der nationalsozialistischen Konzentrationslager. Eine politische Organisationsgeschichte, Hamburg 1999, S. 61.
20 Zitiert nach: Günter Morsch: Sachsenhausen. Das «Konzentrationslager bei der Reichshauptstadt». Gründung und Ausbau, Berlin 2014, S. 18.
21 Patrick Wagner: Volksgemeinschaft ohne Verbrecher. Konzeption und Praxis der Kriminalpolizei in der Zeit der Weimarer Republik und des Nationalsozialismus, Hamburg 1996, S. 254 f.
22 Zitiert nach: Gebauer, KPD-Referat, S. 87.

23 Erlass des Reichs- und Preußischen Innenministers Frick an die Landesregierungen, den Reichskommissar für das Saarland, das Reichskriminalpolizeiamt, die Kriminalpolizei(leit)stellen und die Kriminalabteilungen sowie in Preußen an den Ministerpräsidenten, die Ober- und Regierungspräsidenten und den Polizeipräsidenten von Berlin, 14.12.1937, betr.: Vorbeugende Verbrechensbekämpfung durch die Polizei. In: Ayaß, «Gemeinschaftsfremde», S. 95 f.

24 Erlass Heydrichs an die Kriminalpolizeileitstellen, 1. 6. 1938. Zitiert nach: Wolfgang Ayaß: «Asoziale» – die verachteten Verfolgten, in: Dachauer Hefte 14 (1998), S. 50–66, hier S. 57.

25 Zitiert nach: Wagner, Volksgemeinschaft, S. 280.

26 Zitiert nach: Ayaß, «Asoziale» – die verachteten Verfolgten, S. 59 f.

27 Ebd., S. 60.

28 Tagebuch der Hertha Nathorff., S. 107 (Eintrag vom 16. 6. 1938).

29 Julius Freund: O Buchenwald, Klagenfurt 1945, S. 100.

30 Deutschland-Bericht Nr. 8, August 1938, S. 856 f.

31 Otto Rosenberg: Das Brennglas. Aufgezeichnet von Ulrich Enzensberger, Berlin 2012, S. 25.

32 Zitiert nach: Stefan Goch: «Mit einer Rückkehr nach hier ist nicht mehr zu rechnen». Verfolgung und Ermordung von Sinti und Roma während des «Dritten Reiches» im Raum Gelsenkirchen, Essen 1999, S. 76.

33 Victor Klemperer, Tagebücher 1937–1939, hrsg. von Walter Nowojski unter Mitarbeit von Hadwig Klemperer, Berlin [3]1999, S. 66 (Eintrag vom 28. 12. 1937).

34 Ebd., S. 69 (Eintrag vom 18. 1. 1938).

35 Tagebuch von Luise Solmitz, FZH, 11/Sx Solmitz Tagebücher, S. 384 (Eintrag vom 1. 1. 1938).

36 Deutschland-Berichte Nr. 2, Februar 1938, S. 199.

37 Klepper, Schatten, S. 354, (Eintrag vom 8. 5. 1938).

38 Die Verfolgung und Ermordung der europäischen Juden durch das nationalsozialistische Deutschland 1933–1945, hrsg. von Götz Aly u.a. Band 2: Deutsches Reich – 1938–August 1939, München 2009, S. 114 (Künftig VEJ 2).

39 Bajohr/Strupp, Blicke, S. 481.

40 Ebermayer, Erinnerungen, S. 260 (Eintrag vom 27. 4. 1938).

41 Adolf Eichmann an Herbert Hagen, 8. 5. 1938. In: Christian Faludi (Hrsg.): Die «Juni-Aktion» 1938. Eine Dokumentation zur Radikalisierung der Judenverfolgung, Frankfurt a. M./New York 2013, S. 141.

42 *Völkischer Beobachter*, 2. 6. 1938, in: ebd., S. 195.

43 *Pariser Tageszeitung*, 3. 6. 1938,in: ebd., S. 198.

44 Klemperer, Tagebücher 1937–1939, S. 95 (Eintrag vom 24. 8. 1938).

45 Ebd., S. 102 (Eintrag vom 2. 10. 1938).

46 Zahlen nach Jörg Osterloh: Nationalsozialistische Judenverfolgung im Reichsgau Sudetenland 1938–1945, München 2006, S. 202 f.

47 Tausk, Tagebuch, S. 161 (Eintrag vom 3. 10. 1938).

48 Bajohr/Strupp, Blicke, S. 495.

49 Zitiert nach: Manfred Gailus: Elisabeth Schmitz und ihre Denkschrift gegen die Judenverfolgung 1935/36. Biografie einer «protestierenden Protestantin», in: ders./Clemens Vollnhals (Hrsg.): Mit Herz und Verstand – Protestantische Frauen im Widerstand gegen die NS-Rassenpolitik, Göttingen 2013, S. 81–99, hier S. 91.

50 Ebd. Hervorhebung im Original.

51 Zitiert nach: Michael Grüttner: Das Dritte Reich 1933–1939. Gebhardt Handbuch der deutschen Geschichte. Band 19, Stuttgart 2014, S. 535 f.

IV. «Antisemitismus – gut! Aber doch nicht so»

1 Alle Zitate in: Angelika Schindler: Der verbrannte Traum. Jüdische Bürger und Gäste in Baden-Baden, Bühl-Moos 1992, S. 132.

2 Ebd.

3 Ebd., S. 134.

4 Zitiert nach: Bettina Goldberg: Die Zwangsausweisung der polnischen Juden aus dem Deutschen Reich im Oktober 1938 und die Folgen, in: Zeitschrift für Geschichtswissenschaft 46 (1998), S. 971–984, hier S. 974.

5 VEJ 2/118, S. 348.

6 Marcel Reich-Ranicki: Mein Leben, Stuttgart 1999, S. 159.

7 Cohn, Recht, S. 535 (Eintrag vom 8. 11. 1938).

8 VEJ 2/121, S. 358.

9 VEJ 2/123, S. 360.

10 Bericht des Bürgermeisters der Stadt Bebra an den Landrat des Kreises Rotenburg, 23. 11. 1938. In: Wolf-Arno Kropat, Kristallnacht in Hessen. Der Judenpogrom vom November 1938. Eine Dokumentation, Wiesbaden 1988, S. 33.

11 Goebbels-Tagebuch, Eintrag vom 10. 11. 1938. Zitiert nach: VEJ 2/124, S. 364.

12 Ebd., S. 365.

13 Funkspruch des Regierungspräsidenten in Wiesbaden an alle Polizeidienststellen, 9. 11. 1938, in: Kropat, Kristallnacht, S. 74.

14 Funkspruch des Regierungspräsidenten in Wiesbaden an alle Polizeidienststellen, 10. 11. 1938, in: ebd., S. 78.

15 Anonymer Bericht in: November 1938. Die Augenzeugenberichte der Wiener Library, London, hrsg. von Ben Barkow/Raphael Gross/Michael Lenarz, Frankfurt a. M. 2008, S. 339.

16 Ebd.

17 Konrad Heiden, Eine Nacht im November 1938. Ein zeitgenössischer Bericht, hrsg. von Markus Roth/Sascha Feuchert/Christiane Weber, Göttingen 2013, S. 41.

18 Bajohr/Strupp, Blicke, S. 511.

19 «Simultaneous Attacks/Orgy of destruction», in: *The Daily Telegraph and Morning Post*, 11. 11. 1938, S. 17, «Many Suicides in Vienna», in: ebd.

20 VEJ 2/125, S. 366.

21 Tausk, Tagebuch, S. 186 (Eintrag vom 12. 11. 1938).

22 Ebd., S. 187.

23 Barkow/Gross/Lenarz, November, S. 566.

24 Ebd., S. 571 f.

25 VEJ 2/261, S. 702.

26 Ebd., S. 704.

27 Zahlen nach: Raphael Gross: November 1938. Die Katastrophe vor der Katastrophe, München 2013, S. 45.

28 Nathorff, Tagebuch, S. 125 (Eintrag vom 10. 11. 1938).

29 Klemperer, Tagebücher 1937–1939, S. 125 (Eintrag von Silvester 1938).

30 Cohn, Recht, S. 537 (Eintrag vom 11. 11. 1938).

31 Ebd., S. 577 u. 578 (Eintrag vom 31. 12. 1938).

32 Deutschland-Bericht Nr. 11, November 1938, in: Deutschland-Berichte. 5. Jahrgang 1938, S. 1177.

33 FZH, 11/Sx Solmitz Tagebücher, S. 457 u. 458 (Eintrag vom 10. 11. 1938).

34 Deutschland-Bericht Nr. 11, November 1938, in: Deutschland-Berichte. 5. Jahrgang 1938, S. 1204.

35 Deutschland-Bericht Nr. 12, Dezember 1938, in: ebd., S. 1352.

36 «Widerstand im Volke», in: *Neuer Vorwärts*, Nr. 284, 27. 11. 1938, S. 1.

37 «Der Abscheu der Welt über die deutschen Pogrome», in: *Pariser Tageszeitung*, 12. 11. 1938, S. 1.

38 Heiden, Nacht, S. 96.

39 «Die Judenverfolgung in Deutschland», in: *Telegraf og Telefon*, 9. Jg., Nr. 1, 1. 1. 1939, in: Willy Brandt, Berliner Ausgabe. Band 1: Hitler ist nicht Deutschland. Jugend in Lübeck – Exil in Norwegen 1928–1940, bearbeitet von Einhart Lorenz, Bonn 2002, S. 397.

40 Bajohr/Strupp, Blicke, S. 519.

41 Ebd., S. 509.

42 Ebd., S. 510.

43 Ebd., S. 516.

44 Ebd., S. 518.

45 Ulrich von Hassell: Die Hassell-Tagebücher 1938–1944. Aufzeichnungen vom Anderen Deutschland, hrsg. von Friedrich Freiherr Hiller von Gaertingen, München 1991, S. 67 (Eintrag vom 27. 11. 1938).

46 Zitiert nach: Gailus, Schmitz, S. 94 f.

47 Ebd., S. 95.

48 Regierungspräsident Ober- und Mittelfranken, Bericht für Februar 1939, 7. 3. 1939, in: Kulka/Jäckel, Juden, S. 388.

49 VEJ 2/142–144, S. 403–405.

50 VEJ 2/146, S. 408.

51 Ebd., S. 409.

52 Ebd., S. 421.

53 VEJ 2/146, S. 433.

54 Runderlass vom 15. 11. 1938. Zitiert nach: Walk, Sonderrecht, S. 256.

55 Vgl. die Anordnungen und Gesetze in Walk, Sonderrecht, S. 260–272.
56 FZH, 11/Sx Solmitz Tagebücher, S. 470 (Eintrag vom 18. 1. 1939).
57 Klemperer, Tagebücher 1937–1939, S. 118 (Eintrag vom 6. 12. 1938).
58 Klepper, Schatten, S. 407 (Eintrag vom 1. 12. 1938).
59 SD-Unterabschnitt Württemberg-Hohenzollern, Bericht für Januar, Februar und März 1939, 1. 4. 1939, in: Kulka/Jäckel, Juden, S. 384.
60 VEJ 2/146, S. 432.
61 Susanne Heim/Götz Aly: Staatliche Ordnung und «organische Lösung». Die Rede von Hermann Göring «über die Judenfrage» vom 6. Dezember 1938, in: Jahrbuch für Antisemitismusforschung 2 (1993), S. 378–404, hier S. 390.
62 Ebd., S. 384.
63 Ebd., S. 399.
64 Klemperer, Tagebücher 1937–1939, S. 112 (Eintrag vom 27. 11. 1938).
65 Zahlen nach: Juliane Wetzel: Auswanderung aus Deutschland, in: Wolfgang Benz (Hrsg.): Die Juden in Deutschland 1933–1945. Leben unter nationalsozialistischer Herrschaft, München 1993, S. 413–498, hier S. 417 f.
66 Zitiert nach: Avraham Barkai/Paul Mendes-Flohr: Deutsch-jüdische Geschichte in der Neuzeit. Band IV: Aufbruch und Zerstörung 1918–1945, München 2000, S. 313.
67 «Schöpferische Pause?», in: *C. V.-Zeitung*, 28. 7. 1938, S. 1.
68 Andreas-Friedrich, Schattenmann, S. 48 (Eintrag vom 24. 2. 1939).
69 Ebd.
70 VEJ 2/273, S. 736.
71 Nathorff, Tagebuch, S. 144 (Eintrag vom 20. 1. 1939).
72 Ebd., S. 147 (Eintrag vom 25. 2. 1939).
73 Ebd., S. 164 (Eintrag vom 28. 4. 1939).
74 VEJ 2/325, S. 819.
75 Tausk, Tagebuch, S. 227 (Eintrag vom 26. 8. 1939).
76 Zahlen nach: SD-Hauptamt II 1, Bericht für 1938, ohne Datum, in: Kulka/Jäckel, Juden, S. 372 f.
77 Zahlen nach: Avraham Barkai: Vom Boykott zur «Entjudung». Der wirtschaftliche Existenzkampf der Juden im Dritten Reich 1933–1943, Frankfurt a. M. 1987, S. 168.
78 Klemperer, Tagebücher 1937–1939, S. 153 (Eintrag vom 25. 7. 1939).
79 Tausk, Tagebuch, S. 218 (Eintrag vom 31. 1. 1939).
80 FZH, 11/Sx Solmitz Tagebücher, S. 471 (Eintrag vom 22. 1. 1939).
81 Cohn, Recht, S. 591 (Eintrag vom 22. 1. 1939).
82 Tausk, Tagebuch, S. 207 (Eintrag vom 11. 12. 1938).
83 «Juden, was nun?», in: *Das Schwarze Korps*, 24. 11. 1938, S. 1. Die folgenden Zitate ebd. Hervorhebung im Original.
84 Heiden, Nacht, S. 87 f.
85 Adolf Hitler: Mein Kampf, 204.–208. Auflage, München 1936, S. 772.
86 Heiden, Nacht, S. 88.

87 VEJ 2/248, S. 679 f.
88 Heiden, Nacht, S. 103.

V. «Beweist durch die Tat, dass Ihr anders denkt»

1 Zitiert nach: Wolfgang Benz/Barbara Distel (Hrsg.): Der Ort des Terrors. Geschichte der nationalsozialistischen Konzentrationslager. Band 5: Hinzert, Auschwitz, Neuengamme, München 2007, S. 368.
2 Verhandlungen des Reichstags, 4. Wahlperiode 1939, 3. Sitzung, Berlin 1939, S. 48.
3 Ebd.
4 Zitate nach: Wachsmann, Gefangen, S. 202.
5 Verordnung gegen Volksschädlinge, 5. 9. 1939, in: RGBl I 1939, S. 1679.
6 Ebd.
7 Zitiert nach: Longerich, Himmler, S. 490.
8 Zahlen nach: Wachsmann, Gefangen, S. 451.
9 Friedrich Kellner, «Vernebelt, verdunkelt sind alle Hirne». Tagebücher 1939–1945, hrsg. von Sascha Feuchert u. a., Göttingen 2011, S. 528 (Eintrag vom 20. 9. 1943).
10 Ebd., S. 529.
11 Ebd., S. 765 (Eintrag vom 28. 7. 1944).
12 Ebd., S. 711 (Eintrag vom 26. 5. 1944).
13 Zitiert nach: Eric A. Johnson: Der nationalsozialistische Terror. Gestapo, Juden und gewöhnliche Deutsche, Berlin 2001, S. 344.
14 Zitiert nach: Wachsmann, Gefangen, S. 221.
15 Beschluss des Großdeutschen Reichstags, 26. 4. 1942, RGBl I 1942, S. 247.
16 Kellner, Vernebelt, S. 242 (Eintrag vom 27. 4. 1942).
17 Vermerk des Reichsjustizministers, 18. 9. 1942,in: Ayaß (Hrsg.), «Gemeinschaftsfremde», S. 313.
18 Zitiert nach: Wachsmann, Gefangen, S. 314.
19 Name geändert.
20 Zahlen nach Wachsmann, Gefangen, S. 315–319.
21 Erlass des Reichsjustizministers an die Richter, 1. 1. 1943, in: Ayaß (Hrsg.), «Gemeinschaftsfremde», S. 320.
22 Ebd., S. 321.
23 Ebd.
24 Ebd., S. 322.
25 Zitiert nach: Zimmermann, Rassenutopie, S. 169.
26 Zitiert nach: Guenter Lewy: «Rückkehr unerwünscht». Die Verfolgung der Zigeuner im Dritten Reich, München/Berlin 2001, S. 128 f.
27 Zimmermann, Rassenutopie, S. 190.
28 Rosenberg, Brennglas, S. 45 f.
29 Zitiert nach: Lewy, Rückkehr, S. 146.
30 Ebd., S. 147.

31 Zitiert nach: Lewy, «Rückkehr», S. 231.
32 Zitiert nach: Michael Burleigh: Tod und Erlösung. Euthanasie in Deutschland 1900–1945, Zürich/München 2002, S. 125.
33 Zitiert nach: ebd., S. 130.
34 Klee, Dokumente, S. 85.
35 Zitiert nach: Götz Aly: Die Belasteten. «Euthanasie» 1939–1945. Eine Gesellschaftsgeschichte, Frankfurt a. M. 2013, S. 45.
36 Ebd., S. 38.
37 Zitiert nach: ebd., S. 79.
38 Hassell, Tagebücher, S. 248 (Eintrag vom 19. 1. 1941).
39 Kellner, Vernebelt, S. 147 (Eintrag vom 10. 6. 1941).
40 Ebd., S. 176 (Eintrag vom 28. 7. 1941).
41 Aly, Die Belasteten, S. 76 f.
42 Klee, Dokumente, S. 167.
43 Ebd., S. 194.
44 Zitiert nach: Aly, Die Belasteten, S. 177.
45 Orth, System, S. 86.
46 Walter Adam: Nacht über Deutschland. Erinnerungen an Dachau. Ein Beitrag zur Kulturgeschichte des Dritten Reiches, Wien 1947, S. 80.
47 Zahlen nach: Orth, System, S. 103.
48 Zahlen nach: ebd., S. 192 u. 222.
49 Emil Büde: 1470 KZ-Geheimnisse. Heimliche Aufzeichnungen aus der Politischen Abteilung des KZ Sachsenhausen Dezember 1939 bis April 1943, Berlin 2010, S. 244 f.
50 Ebd., S. 269.
51 Ebd., S. 212.
52 Zitiert nach: Konzentrationslager Buchenwald 1937–1945. Begleitband zur ständigen historischen Ausstellung, hrsg. von der Gedenkstätte Buchenwald, Göttingen 1999, S. 125.
53 Zitiert nach: ebd., S. 126.
54 Zitiert nach: Orth, System, S. 190 f.
55 FZH, 11/Sx Solmitz Tagebücher, S. 916 (Eintrag vom 10. 4. 1944).
56 Zitiert nach: Karola Fings: Sklaven für die «Heimatfront». Kriegsgesellschaft und Konzentrationslager, in: Jörg Echternkamp (Hrsg.), Die deutsche Kriegsgesellschaft 1939 bis 1945. Das Deutsche Reich und der Zweite Weltkrieg. Band 9. Erster Halbband: Politisierung, Vernichtung, Überleben, München 2004, S. 195–271, hier S. 247.
57 Zitiert nach: ebd., S. 253.
58 Zitiert nach: Ulrich Herbert: Fremdarbeiter. Politik und Praxis des «Ausländer-Einsatzes» in der Kriegswirtschaft des Dritten Reiches, Bonn 1999, S. 89.
59 Zitiert nach: ebd., S. 92.
60 Zitiert nach: Robert Gellately: Die Gestapo und die deutsche Gesellschaft. Die Durchsetzung der Rassenpolitik 1933–1945, Paderborn [2]1993, S. 265.

61 Ebd.
62 Klemperer, Tagebücher 1937–1939, S. 159 (Eintrag vom 3. 9. 1939).
63 Kulka/Jäckel, Juden, S. 412.
64 Klepper, Schatten, S. 468 (Eintrag vom 3. 9. 1939).
65 Cohn, Recht, S. 688 (Eintrag vom 10. 9. 1939).
66 Kulka/Jäckel, Juden, S. 416.
67 Kulka/Jäckel, Juden, S. 411.
68 Cohn, Recht, S. 697 (Eintrag vom 25. 9. 1939).
69 Zitiert nach: Konrad Kwiet, Nach dem Pogrom. Stufen der Ausgrenzung, in: Wolfgang Benz (Hrsg.), Die Juden in Deutschland 1933–1945. Leben unter nationalsozialistischer Herrschaft, dritte, durchgesehene Auflage, München 1993, S. 600.
70 Zitiert nach: ebd., S. 601.
71 Klemperer, Tagebücher 1940–1941, hrsg. von Walter Nowojski unter Mitarbeit von Hadwig Klemperer, Berlin [3]1999, S. 25 (Eintrag vom 26. 5. 1940).
72 Ebd., S. 29 (Eintrag vom 6. 6. 1940).
73 Klemperer, Tagebücher 1942, hrsg. von Walter Nowojski unter Mitarbeit von Hedwig Klemperer, Berlin [3]1999, S. 215 f. (Eintrag vom 20. 8. 1942).
74 Ebd., S. 107 (Eintrag vom 2. 6. 1942).
75 Klemperer, Tagebücher 1943, hrsg. von Walter Nowojski unter Mitarbeit von Hadwig Klemperer, Berlin [3]1999, S. 122 (Eintrag vom 17. 8. 1943).
76 Klemperer, Tagebücher 1940–1941, S. 159 (Eintrag vom 8. 9. 1941).
77 Cohn, Recht, S. 978 (Eintrag vom 8. 9. 1941).
78 Ebd., S. 982 (Eintrag vom 19. 9. 1942).
79 Klemperer, Tagebücher 1940–1941, S. 166 (Eintrag vom 18. 9. 1941).
80 Die Verfolgung und Ermordung der europäischen Juden durch das nationalsozialistische Deutschland 1933–1945, hrsg. von Susanne Heim u. a., Band 3: Deutsches Reich und Protektorat 1939–1941, München 2012, S. 545 (Künftig VEJ 3).
81 Klemperer, Tagebücher 1940–1941, S. 179 (Eintrag vom 1. 11. 1941).
82 Das Leben im Krieg 1939–1946. Ein Tagebuch. Aufgezeichnet in der damaligen Gegenwart von Paulheinz Wantzen, Bad Homburg 1999, S. 551 (Eintrag vom 25. 9. 1941).
83 Ebd.
84 Ebd.
85 Ebd., S. 552.
86 Kulka/Jäckel, Juden, S. 456.
87 Ingrid Schupetta/Angela Genger: Die lokale Organisation der Deportation vom Oktober 1941 aus dem Gestapobezirk Düsseldorf nach Łódź/Litzmannstadt, in: Angela Genger/Hildegard Jakobs (Hrsg.): Düsseldorf – Getto Litzmannstadt 1941, Essen 2010, S. 59–83, hier S. 61.
88 Zitiert nach: Schupetta/Genger, Organisation, S. 64 f.
89 Zitiert nach: Ulrike Schrader: Reaktionen von Wuppertaler Juden auf die Aufforderung zur «Umsiedlung» ins Getto von Łódź vom Oktober 1941, in: Angela

Genger/Hildegard Jakobs (Hrsg.): Düsseldorf – Getto Litzmannstadt 1941, Essen 2010, S. 369–375, hier S. 371.

90 Zitiert nach: ebd., S. 373.

91 FZH, 11/Sx Solmitz Tagebücher, S. 747 (Eintrag vom 14. 7. 1942).

92 Klemperer, Tagebücher 1942, S. 68 (Eintrag vom 19. 4. 1942).

93 Klepper, Schatten, S. 577 (Eintrag vom 20. 12. 1941).

94 Kellner, Vernebelt, S. 311 (Eintrag vom 16. 9. 1942).

95 Ebd., S. 314 (Eintrag vom 25. 9. 1942).

96 Andreas-Friedrich, Schattenmann, S. 96 (Eintrag vom 2. 12. 1942).

97 Zitiert nach: Gebauer, KPD-Dezernat, S. 87.

98 Ebd., S. 88.

99 Zitiert nach: ebd., S. 94. Name geändert.

100 Ebd.

101 Ebd., S. 95.

102 Ebd., S. 97.

103 Konrad Heiden: Ein Mann gegen Europa, Zürich 1937, S. 147.

104 Kellner, Vernebelt, S. 46 f. (Eintrag vom 10. 11. 1939).

105 Andreas-Friedrich, Schattenmann, S. 65 (Eintrag vom 9. 11. 1939).

106 Kellner, Vernebelt, S. 47 (Eintrag vom 11. 11. 1939).

107 Ebd. (Eintrag vom 13. 11. 1939).

108 Zitiert nach: Peter Steinbach/Johannes Tuchel: Georg Elser. Der Hitler-Attentäter, Berlin 2010, S. 266.

109 Zitiert nach: ebd., S. 131.

110 Klemperer, Tagebücher 1937–1939, S. 175 (Eintrag vom 12. 11. 1939).

111 Cohn, Recht, S. 715 f. (Eintrag vom 9. 11. 1939).

112 Klepper, Schatten, S. 477 (Eintrag vom 9. 11. 1939).

113 Walter Poller: Arztschreiber in Buchenwald. Bericht des Häftlings 996 aus Block 39, Hamburg 1946, S. 134.

114 Bericht zur innenpolitischen Lage (Nr. 14), 10. 11. 1939, in: Heinz Boberach (Hrsg.), Meldungen aus dem Reich. Die geheimen Lageberichte des Sicherheitsdienstes der SS 1938–1945. Band 2, Herrsching 1984, S. 442.

115 Deutschland-Berichte Nr. 9, in: Deutschland-Berichte, 6. Jahrgang, S. 1024.

116 Ebd., S. 1025.

117 Zitiert nach: Michael Schneider: In der Kriegsgesellschaft. Arbeiter und Arbeiterbewegung 1939 bis 1945, Bonn 2014, S. 1099.

118 Flugblatt der Weißen Rose, in: Ulrich Chaussy/Gerd R. Ueberschär, «Es lebe die Freiheit!» Die Geschichte der Weißen Rose und ihrer Mitglieder in Dokumenten und Berichten, Frankfurt a. M. 2013, S. 39.

119 Zitiert nach: Konrad Kwiet/Helmut Eschwege: Selbstbehauptung und Widerstand. Deutsche Juden im Kampf um Existenz und Menschenwürde 1933–1945, Hamburg 1984, S. 123.

120 Andreas-Friedrich, Schattenmann, S. 155 (Eintrag vom 21. 7. 1944).

121 Klemperer, Tagebücher 1944, hrsg. von Walter Nowojski unter Mitarbeit von Hadwig Klemperer, Berlin ³1999, S. 86 (Eintrag vom 21. 7. 1944).

122 Friedrich Percyval Reck-Malleczewen: Tagebuch eines Verzweifelten. Zeugnis einer inneren Emigration, Frankfurt a. M. 1971, S. 142 (Eintrag vom 21. 7. 1944).

123 Kellner, Vernebelt, S. 762 (Eintrag vom 27. 7. 1944). Hervorhebung im Original.

124 Ebd., S. 762 f.

125 Ebd., S. 787 (Eintrag vom 4. 8. 1944).

126 Werner Otto Müller-Hill: «Man hat es kommen sehen und ist doch erschüttert». Das Kriegstagebuch eines deutschen Heeresrichters 1944/45, München 2012, S. 57 (Eintrag vom 11. 7. 1944).

127 Ebd., S. 59 (Eintrag vom 21. 7. 1944).

128 Zitiert nach: Günter Brakelmann: Helmuth James von Moltke. 1907–1945. Eine Biographie, München 2007, S. 341.

129 Zitiert nach: Michael Kissener, Die Aktion «Gewitter», in: Manuel Becker/Christoph Studt (Hrsg.): Der Umgang des Dritten Reiches mit den Feinden des Regimes, Berlin 2010, S. 185–197, hier S. 189.

130 Zitate nach: Gabriele Lofti: KZ der Gestapo. Arbeitserziehungslager im Dritten Reich, Stuttgart/München, S. 292 f.

131 Zitate nach: Wachsmann, Gefangene, S. 364.

132 Zitiert nach: ebd., S. 361.

133 Carl Schrade: Elf Jahre. Ein Bericht aus deutschen Konzentrationslagern, Göttingen 2014, S. 295.

134 Ebd., S. 302.

135 Zitiert nach: Albert Knoll: Die Todesmärsche des KZ Dachau im Spiegel der Berichte Überlebender, in: Freilegungen. Auf den Spuren der Todesmärsche. Jahrbuch des International Tracing Service 1, hrsg. von Jean-Luc Blondel/Susanne Urban/Sebastian Schönemann, Göttingen 2012, S. 198–213, hier S. 201.

Schluss

1 Andreas-Friedrich, Schattenmann, S. 19.

2 Adam, Nacht, S. 3.

Bildnachweis

S. 12	SZ-Photo/Scherl
S. 48	bpk/Staatsbibliothek zu Berlin/Dietmar Katz
S. 106	BArch, Bild B 162 Bild-03233, Fotograf: ohne Angabe
S. 148	SZ-Photo
S. 182	bpk

Auswahlbibliographie

Adam, Uwe-Dietrich: Judenpolitik im Dritten Reich, Düsseldorf 1972.

Adler, Hans Günther: Der verwaltete Mensch. Studien zur Deportation der Juden aus Deutschland, Tübingen 1974.

Aly, Götz: Die Belasteten. «Euthanasie» 1939–1945. Eine Gesellschaftsgeschichte, Frankfurt a. M. 2013.

Ayaß, Wolfgang: «Asoziale» im Nationalsozialismus, Stuttgart 1995.

Bajohr, Frank/Strupp, Christoph (Hrsg.): Fremde Blicke auf das «Dritte Reich». Berichte ausländischer Diplomaten über Herrschaft und Gesellschaft in Deutschland 1933–1945, Göttingen 2011.

Barkai, Avraham: Vom Boykott zur «Entjudung». Der wirtschaftliche Existenzkampf der Juden im Dritten Reich 1933–1943, Frankfurt a. M. 1988.

Barkai, Avraham/Mendes-Flohr, Paul/Lowenstein, Steven M.: Deutsch-jüdische Geschichte in der Neuzeit. Band 4: 1918–1945, München 2000.

Beck, Dorothea: Julius Leber. Sozialdemokrat zwischen Reform und Widerstand. Mit den Briefen aus dem Zuchthaus, Berlin 1983.

Benz, Wolfgang (Hrsg.): Die Juden in Deutschland 1933–1945. Leben unter nationalsozialistischer Herrschaft, München 1988.

– Der deutsche Widerstand gegen Hitler, München 2014.

Benz, Wolfgang/Distel, Barbara (Hrsg.): Der Ort des Terrors. Geschichte der nationalsozialistischen Konzentrationslager. 9 Bände, München 2005–2009.

– Instrumentarium der Macht. Frühe Konzentrationslager 1933–1937, Berlin 2003.

Berschel, Holger: Bürokratie und Terror. Das Judenreferat der Gestapo Düsseldorf 1935–1945, Essen 2001.

Blatman, Daniel: Die Todesmärsche 1944/45. Das letzte Kapitel des nationalsozialistischen Massenmords, Reinbek 2011.

Brakelmann, Günter: Helmuth James von Moltke. 1907–1945. Eine Biographie, München 2007.

Braß, Christoph: Zwangssterilisation und ‹Euthanasie› im Saarland 1933–1945, Paderborn u. a. 2004.

Burleigh, Michael: Tod und Erlösung. Euthanasie in Deutschland 1900–1945, Zürich/München 2002.

Büttner, Ursula (Hrsg.): Die Deutschen und die Judenverfolgung im Dritten Reich, Frankfurt a. M. 2003.

Chaussy, Ulrich/Ueberschär, Gerd R.: «Es lebe die Freiheit!» Die Geschichte der Weißen Rose und ihrer Mitglieder in Dokumenten und Berichten, Frankfurt a. M. 2013.

Darms, Carsten/Stolle, Michael: Die Gestapo. Herrschaft und Terror im Dritten Reich, München 2008.

Dörner, Bernward: Die Deutschen und der Holocaust. Was niemand wissen wollte, aber jeder wissen konnte, Berlin 2007.

Evans, Richard J.: Das Dritte Reich. Band 2: Diktatur, München 2006.

– Das Dritte Reich. Band 3: Krieg, München 2009.

Faludi, Christian: Die «Juni-Aktion» 1938. Eine Dokumentation zur Radikalisierung der Judenverfolgung, Frankfurt a. M./New York 2013.

Friedlander, Henry: Der Weg zum NS-Genozid. Von der Euthanasie zur Endlösung, Berlin 1997.

Friedländer, Saul: Das Dritte Reich und die Juden. Die Jahre der Verfolgung 1933–1939, München 2000.

– Das Dritte Reich und die Juden. Die Jahre der Vernichtung 1939–1945, München 2006.

Fuchs, Petra u.a. (Hg.): «Das Vergessen der Vernichtung ist Teil der Vernichtung selbst». Lebensgeschichten von Opfern der nationalsozialistischen «Euthanasie», Göttingen [2]2008.

Garbe, Detlef: Zwischen Widerstand und Martyrium. Die Zeugen Jehovas im «Dritten Reich», München 1993.

Gebauer, Thomas: Das KPD-Dezernat der Gestapo Düsseldorf, Hamburg 2011.

Gellately, Robert: Hingeschaut und weggesehen. Hitler und sein Volk, Stuttgart/München 2002.

– Die Gestapo und die deutsche Gesellschaft. Die Durchsetzung der Rassenpolitik 1933–1945, Paderborn 1993.

«Gemeinschaftsfremde». Quellen zur Verfolgung von «Asozialen» 1933–1945. Bearbeitet von Wolgang Ayaß, Koblenz 1998.

Grau, Günter (Hrsg.): Homosexualität in der NS-Zeit. Dokumente einer Diskriminierung und Verfolgung, Frankfurt a. M. 1993.

Gross, Raphael: November 1938. Die Katastrophe vor der Katastrophe, München 2013.

Gruner, Wolf: Der geschlossene Arbeitseinsatz deutscher Juden. Zur Zwangsarbeit als Element der Verfolgung 1938–1943, Berlin 1996.

Grüttner, Michael: Das Dritte Reich 1933–1939. Stuttgart 2014.

Heinemann, Ulrich: Ein konservativer Rebell. Fritz-Dietlof Graf von der Schulenburg und der 20. Juli, Berlin 1990.

Herbert, Ulrich: Fremdarbeiter. Politik und Praxis des «Ausländer-Einsatzes» in der Kriegswirtschaft des Dritten Reiches, Bonn 1999.

Hilberg, Raul: Die Vernichtung der europäischen Juden. 3 Bände, Frankfurt a. M. 1990.

Jellonek, Burkhardt: Homosexuelle unter dem Hakenkreuz. Die Verfolgung von Homosexuellen im Dritten Reich, Paderborn 1990.

Johnson, Eric A.: Der nationalsozialistische Terror. Gestapo, Juden und gewöhnliche Deutsche, Berlin 2001.

Kaplan, Marion: Der Mut zum Überleben. Jüdische Frauen und ihre Familien in Nazideutschland, Berlin 2003.

Keller, Sven: Volksgemeinschaft ohne Ende. Gesellschaft und Gewalt 1944/1945, München 2013.

Kershaw, Ian: Das Ende. Kampf bis in den Untergang. NS-Deutschland 1944/45, München 2011.

Klee, Ernst: «Euthanasie» im NS-Staat. Die «Vernichtung lebensunwerten Lebens», Frankfurt a.M. 1983.

– Dokumente zur «Euthanasie», Frankfurt a.M. [2]1992.

Krusenstjern, Benigna von: «daß es Sinn hat zu sterben – gelebt zu haben». Adam von Trott zu Solz 1909–1944. Biographie, Göttingen 2009.

Kundrus, Birthe/Beate Meyer (Hrsg.): Die Deportation der Juden aus Deutschland. Pläne – Praxis – Reaktionen 1938–1945, Göttingen 2004.

Kwiet, Konrad/Eschwege, Helmut: Selbstbehauptung und Widerstand. Deutsche Juden im Kampf um Existenz und Menschenwürde 1933–1945, Hamburg 1984.

Lewy, Guenter: «Rückkehr nicht erwünscht». Die Verfolgung der Zigeuner im Dritten Reich, München/Berlin 2001.

Longerich, Peter: «Davon haben wir nichts gewusst!» Die Deutschen und die Judenverfolgung 1933–1945, München 2006.

– Politik der Vernichtung. Eine Gesamtdarstellung der nationalsozialistischen Judenverfolgung, München 1998.

– Heinrich Himmler. Biographie, München 2008.

Lotfi, Gabriele: KZ der Gestapo. Arbeitserziehungslager im Dritten Reich, Stuttgart 2000.

Mehringer, Hartmut: Widerstand und Emigration. Das NS-Regime und seine Gegner, München 1997.

Meyer, Beate: Tödliche Gratwanderung. Die Reichsvereinigung der Juden in Deutschland zwischen Hoffnung, Zwang, Selbstbehauptung und Verstrickung (1939–1945), Göttingen 2011.

– «Jüdische Mischlinge». Rassenpolitik und Verfolgungserfahrung 1933–1945, Hamburg 1999.

Orth, Karin: Das System der nationalsozialistischen Konzentrationslager. Eine politische Organisationsgeschichte, Hamburg 1999.

– Die Konzentrationslager-SS. Sozialstrukturelle Analysen und biographische Studien, Göttingen 2000.

Osterloh, Jörg: Nationalsozialistische Judenverfolgung im Reichsgau Sudetenland 1938–1945, München 2006.

Peukert, Detlev: Volksgenossen und Gemeinschaftsfremde. Anpassung, Ausmerze und Aufbegehren unter dem Nationalsozialismus, Köln 1982.

Pientka, Patricia: Das Zwangslager für Sinti und Roma in Berlin-Marzahn. Alltag, Verfolgung und Deportation, Berlin 2013.

Pommerin, Reiner: «Sterilisierung der Rheinlandbastarde». Das Schicksal einer farbigen deutschen Minderheit 1918–1937, Düsseldorf 1979.

Rabinovici, Doron: Instanzen der Ohnmacht: Wien 1938–1945. Der Weg zum Judenrat, Frankfurt a.M. 2000.

Schmädeke, Jürgen/Steinbach, Peter (Hrsg.): Der Widerstand gegen den Nationalsozialismus. Die deutsche Gesellschaft und der Widerstand gegen Hitler, München 1985.

Schneider, Michael: Unterm Hakenkreuz. Arbeiter und Arbeiterbewegung 1933 bis 1939, Bonn 1999.

Schmuhl, Hans-Walter: Rassenhygiene, Nationalsozialismus, Euthanasie. Von der Verhütung zur Vernichtung ‹lebensunwerten Lebens› 1890–1945, Göttingen 1987.

– In der Kriegsgesellschaft. Arbeiter und Arbeiterbewegung 1939 bis 1945, Bonn 2014.

Schwerin, Detlef Graf von: «Dann sind's die besten Köpfe, die man henkt». Die junge Generation im deutschen Widerstand, München 1991.

Steinbach, Peter/Tuchel, Johannes (Hrsg.): Widerstand gegen die nationalsozialistische Diktatur 1933–1945, Bonn 2004.

– Georg Elser. Der Hitler-Attentäter, Berlin 2010.

Steinweis, Alan E.: Kristallnacht 1938. Ein deutscher Pogrom, Stuttgart 2011.

Die Verfolgung und Ermordung der europäischen Juden durch das nationalsozialistische Deutschland 1933–1945. Band 1: Deutsches Reich 1933–1937. Hrsg. von Götz Aly u.a., München 2008.

– Band 2: Deutsches Reich 1938 – August 1939. Hrsg. von Götz Aly u.a., München 2009.

– Band 3: Deutsches Reich und Protektorat September 1939 – September 1941. Hrsg. von Susanne Heim u.a., München 2012.

Wachsmann, Nikolaus: Gefangen unter Hitler. Justizterror und Strafvollzug im NS-Staat, München 2006.

– Steinbacher, Sybille (Hrsg.): Die Linke im Visier. Zur Errichtung der Konzentrationslager 1933, Göttingen 2014.

Wagner, Patrick: Volksgemeinschaft ohne Verbrecher. Konzeptionen und Praxis der Kriminalpolizei in der Zeit der Weimarer Republik und des Nationalsozialismus, Hamburg 1996.

Walk, Joseph (Hrsg.): Das Sonderrecht für die Juden im NS-Staat. Eine Sammlung der gesetzlichen Maßnahmen und Richtlinien – Inhalt und Bedeutung, Heidelberg 1996.

Wildt, Michael: Volksgemeinschaft als Selbstermächtigung. Gewalt gegen Juden in der deutschen Provinz 1919 bis 1939, Hamburg 2007.

– Generation des Unbedingten. Das Führungskorps des Reichssicherheitshauptamtes, Hamburg 2002.

Zimmermann, Michael: Rassenutopie und Genozid. Rassenutopie und Genozid. Die nationalsozialistische «Lösung der Zigeunerfrage», Hamburg 1996.

Register